JN418152

수도원,

그 현장을 가다

수도원,

그 현장을 가다

박경수

대한기독교서회

수도원, 그 **현장**을 가다

2023년 8월 25일 초판 1쇄

지은이 박경수
펴낸이 서진한
펴낸곳 대한기독교서회

등 록 1967년 8월 26일 제1967-000002호
주 소 서울특별시 강남구 테헤란로103길 14(삼성동)
전 화 출판국 (02) 553-0873~4, 영업국 (02) 553-3343
팩 스 출판국 (02) 3453-1639, 영업국 (02) 555-7721
e-mail editor@clsk.org
https://www.clsk.org
facebook.com/clskbooks
instagram.com/clsk1890

책번호 2371
ISBN 978-89-511-2133-3 03230

The Christian Literature Society of Korea, Seoul
Printed in Korea

· 이 도서는 한국출판문화산업진흥원의 '2023년 우수출판콘텐츠 제작 지원' 사업 선정작입니다.

· 책값은 뒤표지에 있습니다.

머리말

내가 숨 쉬는 한,
하나님 안에서 더 좋은 것을 희망한다!

인간은 영적인 존재입니다. 인간의 영혼에는 오직 하나님만이 채우실 수 있는 빈 공간이 있기에, 하나님과 교통하고자 하는 갈망은 시공간을 초월하여 모든 인간에게 공통적입니다. 수도원은 인간이 영적인 것을 추구하는 존재임을 단적으로 보여주는 공간입니다. 그렇기에 교회사에서는 언제나, 어디서나 수도원 운동의 흐름이 면면히 이어져왔습니다.

이 책에 소개된 수도원들은 필자가 오랜 시간에 걸쳐 이런저런 기회로 방문한 곳입니다. 30여 년 전에 방문한 곳도 있고, 3년 전에 찾아간 곳도 있습니다. 사실 2020년 9월부터 1년 동안 연구년을 맞아 수도원 현장을 다시 한번 돌아보려고 거창한 계획을 세워두었습니다. 그런데 2020년 초 갑자기 들이닥친 코로나19라는 불청객으로 인해 모든 계획을 내려놓아야 했습니다. 1년 동안 국외는 고사하고 국내에서조차 움직임을 자제하면서 '방콕'해야만 했습니다.

코로나바이러스로 이전처럼 해외로 나갈 수 없는 상황에서, 또 어렵고 힘든 시기를 지나면서 오히려 영적인 것에 대한 열망은 커졌습니다. 이 기회에 안방에서 누리는 수도원 여행이라도 제공하고자 하는 마음으로 「기독교사상」에 연재를 제안했습니다. 저의 제안을 흔쾌히 받아주셔서 11개월 동안(2020.11.-2021.9.) 수도원들을 소개할 수 있었습니다. 독자들에게 작은 위안이 되었기를 바라는 마음입니다. 이 책은 그 연재를 보완하여 묶은 열매입니다.

많은 수도원 중 역사적으로나 지역적으로 중요한 대표적 수도원들을 선별하여 소개하였습니다. 위치한 국가로 보면 이집트, 튀르키예, 그리스, 이탈리아, 프랑스, 영국, 독일, 스페인에 속하고, 전통으로 보면 콥트정교회, 동방정교회, 그리스정교회, 베네딕투스회, 프란체스코회, 도미니크회, 시토회, 맨발의 카르멜회, 예수회에 속한 수도원들입니다. 아쉽지만 시간과 역량이 부족하여 프로테스탄트 수도원은 소개하지 못했습니다. 누군가 이 공백을 메꾸어주면 더없이 고맙겠습니다.

어쩌면 개신교 목사인 필자가 왜 정교회와 로마가톨릭의 수도원을 소개하느냐고 의문을 가지는 사람이 있을지도 모르겠습니다. 그렇지만 16세기에 등장한 개신교는 그 이전 1,500년의 초대와 중세의 유산과 전통에서 결코 분리된 것이 아닙니다. 초대와 중세의 수도 전통은 우리 프로테스탄트 신자들을 포함한 모든 그리스도인이 간직하고 누려야 할 공동의 유산입니다. 다만 프로테스탄트 신자로서 다른 수도 전통의 빛과 그림자를 비판적으로 분별하고 선택적으로 받아들일 필요가 있을 것입니다.

이 책은 『종교개혁, 그 현장을 가다』(2013)와 『개혁교회, 그 현장을 가다』(2018)에 이은 필자의 현장탐방 세 번째 책입니다. 처음부터 그렇게 의도한 것은 아니지만 어쩌다 보니 현장탐방 시리즈가 되었습니다. 그래도 나름의 역할과 의미가 있다고 생각하니 감사합니다. 늘 그렇지만 이 책이 세상에 빛을 보기까지 도움을 주신 분들이 많습니다. 거친 글을 세련되게 교정해준 「기독교사상」과 대한기독교서회의 편집부 식구들, 항상 든든하게 응원군이 되어주시는 대한기독교서회 서진한 사장님, 특히 필자와 함께 수도원을 방문한 동료들과 제자들에게 진심으로 감사드립니다.

이제야 코로나19 바이러스의 어두운 터널을 거의 빠져나온 듯하지만, 이로 인해 우리는 수많은 사회 변화에 직면하게 되었고, 해결해야 할 숙제를 안게 되었습니다. 막막한 심정으로 어디로 가야 할지, 무엇을 붙들어야 할지 묻지 않을 수 없습니다.

'Dum spiro, spero meliora in Deo!'(내가 숨 쉬는 한, 하나님 안에서 더 좋은 것을 희망한다!)라는 라틴어 격언처럼, 상황이 힘들고 앞이 캄캄한 것 같이 보일지라도 우리는 하나님 안에서 새로운 소망을 가질 수 있음을 믿습니다. 하나님 안에서 갖는 이 희망이 우리를 살게 하고, 춤추게 하고, 손잡게 하는 원동력이기를 간절히 바랍니다.

2023년 7월

장로회신학대학교 연구실에서

박경수

차례

파운틴스 수도원
영국
독일
아이빙엔 수도원
퐁트네 수도원
프랑스
이탈리아
산마르코 수도원
이냐시오 순례길
프란체스코 수도원
몬테카시노 수도원
아빌라의 수도원
스페인

메테오라 수도원
그리스
튀르키예
카파도키아 수도원
이집트
안토니오스 수도원

그리스도교 최초의 수도원

안토니오스 수도원

튀르키예
이
키프로스
시리아
레바논
이라크
요르단
이스라엘
카이로
안토니오스 수도원
성 카트린 수도원
파울로스 수도원
리비아
이집트
사우디아라비아
파코미우스 수도원
수단

오래된, 그러나 선명한 기억

1993년 8월 8일 주일, 안토니오스 수도원을 방문했다. 세월이 많이 지났지만 당시 받은 강렬한 인상은 선명한 사진처럼 기억에 또렷이 남아 있다. 그리스도교 최초의 수도원은 이집트 나일강 동쪽 사막 한가운데 깊숙이 자리 잡고 있다. 수도인 카이로 국제공항에서 230km 정도 떨어져 있으며 홍해에서 멀지 않다. 안토니오스 수도원은 모든 수도자의 아버지라 불리는 안토니오스(c. 251-356)의 수도생활을 기리기 위해 그의 사후에 제자들이 세운 것이다. 제자들은 스승의 모범을 따라 흩어져 은수자(隱修者)로 수도생활을 하면서 때때로 이 수도원에 모여 공동체를 이루기도 하였다. 지리적 요인으로 인해 오랫동안 사람들이 접근하기 어려운 곳이었지만, 1946년 수에즈와 라스 가리브(Suez-Ras Gharib)를 연결하는 도로가 생기

안토니오스 수도원 입구 안토니오스가 자신의 생애 마지막 45년을 은둔하며 수도생활에 힘쓴 자리에 세워진 수도원이다.

면서 상황이 바뀌었다. 사람들의 발길이 빈번해졌고, 지금은 최초의 수도원이라는 역사적 의미와 중요성 때문에 영성과 경건에 관심을 가진 사람들이 많이 찾는 성지가 되었다. 오늘날 콥트정교회 소속인 이 수도원에는 120여 명의 수도자가 생활하고 있으며, 방문객을 위해 남녀 각각 150명씩 수용할 수 있는 숙소도 갖추고 있다.

출애굽의 땅으로 구약성서의 중심 무대였던 이집트는 신약성서와 초대교회 시기에도 중요한 역할을 한 역사적 사건의 현장이다. 이집트는 요셉과 마리아가 아들 예수와 함께 헤롯의 박해를 피해 피신한 곳이며, 마가의 복음 전파로 40년경 일찍이 신앙공동체가 세워졌다고 전해지는 유서 깊은 땅이다. 특히 알렉산더 대왕의 이름을 딴 알렉산드리아는 헬레니즘 문명의 중심지로서 로마, 콘스탄티노플, 안티오케이아(안디옥), 예루살렘과 더불어 초대교회 5대 중심지 가운데 하나이다. 히브리어로 된 구약성서를 그리스어로 옮긴 칠십인역 또한 이 알렉산드리아에서 탄생했다. 게다가 이집트의 광활한 사막은 수도원 운동이 싹트고 발전한 무대였다. 이처럼 이집트는 다양한 측면에서 초기 그리스도교 역사의 중요한 장소이다. 7세기 이슬람 세력에게 점령당하면서 무슬림의 땅이라 불리게 되었지만, 지금도 여전히 이집트에는 전체 인구의 10%에 이르는 콥트정교회 소속 그리스도인들이 자신의 신앙 유산을 지키고 있다. 오늘날 콥트정교회는 세계적으로 약 2,000만 명의 신자가 있고, 그중 70% 정도가 이집트에 살고 있다. 다시 말해 이집트는 콥트정교회의 심장부와 같은 곳이다.

사막, 수도자들의 고향

사막은 수도자들의 고향이다. 이집트를 탈출한 이스라엘 민족이 광야 같은 사막을 지나고서야 가나안에 도달했듯이, 사막은 그리스도와 연합에 이르기 전에 그리스도인이 반드시 거쳐야 하는 영혼의 광야 같은 곳이다. 세례자 요한은 '광야의 소리'였고, 예수 그리스도는 공생애를 시작하기 전 사막에서 유혹을 받고 이겨냈다. 바울도 복음 사역을 감당하기 전 아라비아 사막에 머물렀다. 사막은 사람이 살기에 적합하지 않은 장소이다. 그렇기에 철저히 자신을 버리고 하나님만 의지할 수밖에 없는 곳이기도 하다. 이렇듯 사막은 포기와 은총을 동시에 경험하는 곳이다. 그리스도교 역사의 최초 수도자들도 자신을 버리고 예수를 찾기 위해 사막으로 들어갔다.

수도원 운동이 로마제국의 콘스탄티누스 황제가 밀라노칙령(313)을 통해 그리스도교를 공인한 이후에 번성하기 시작했다는 사실은 의미하는 바가 있다. 밀라노칙령 이전의 그리스도교는 박해당하는 종교였다. 이교가 창궐한 로마제국에서 그리스도인으로 산다는 것은 위험을, 때로는 죽음을 각오해야 하는 선택이었고 실제로 수많은 사람이 신앙을 지키기 위해 순교의 제물이 되었다. 그러나 밀라노칙령으로 상황이 바뀐다. 로마제국의 공인을 받게 된 후 그리스도인이 된다는 것은 세상을 살아가는 데 필요하고 유리한 선택이 되었다. 이제 자신의 이익을 위해 명목상으로만 그리스도인의 무늬를 갖추는 자들이 생겨났고, 그리스도인의 길은 좁고 험한 길이라기보다 넓고 편안한 탄탄대로가 되었다. 이런 상황에서 복음의 본질과 십자가의 정수를 지키고자 하는 사람들은 분주한 세속을 떠나 고독한 사막으로 향하였다. 그리스도교의 번성이 오히려 사막의 수도자들을 배출했다는 사실이 참으로 역설적이다.

안토니오스 수도원과 파울로스 수도원

이집트는 수많은 은수자와 수도원의 영적 모태였다. 그리스도교 초기부터 샘이 있는 사막에서 은수처(隱修處)와 수도원이 발흥하였는데, 물이 생존의 필수조건이기 때문이다. 이집트의 수도원은 나일강을 중심으로 동쪽 지역과 서쪽 지역으로 나누어볼 수 있다.

먼저 나일강 동쪽 사막지대에는 안토니오스 수도원과 파울로스 수도원이 있다. 홍해가 멀지 않아서인지 사막 지역인데도 샘이 있어 수도생활이 가능했고, 지금도 수도자들은 그 샘의 물로 생활하고 있다. 필자에게 안토니오스 수도원의 샘은 특별한 기억으로 남아 있다. 수도원을 방문했던 1993년은 휴대전화나 디지털카메라가 없던 시절이라 필요한 경우에는 필름카메라와 녹음기를 들고 다녔다. 수도자들의 이야기를 기록으로 남기려는 야무진 포부를 갖고서 녹음기를 새로 구입하고 30여 개의 카세트테이프를 챙겨 갔다. 그런데 사막 한가운데 샘이 있다는 것이 신기해 들여다보다가 그만 셔츠 앞주머니에 들어 있던 녹음기가 샘물에 빠져버린 것이다.

이집트 사막 수도원들

↑ 안토니오스 수도원

← 안토니오스가 기도하던 동굴 내부

↓ 안토니오스 수도원 샘물에서 필자의 셔츠 앞주머니에 있는 녹음기가 빠지기 일보 직전이다. 1993년 인화지 사진을 스캔한 것이다.

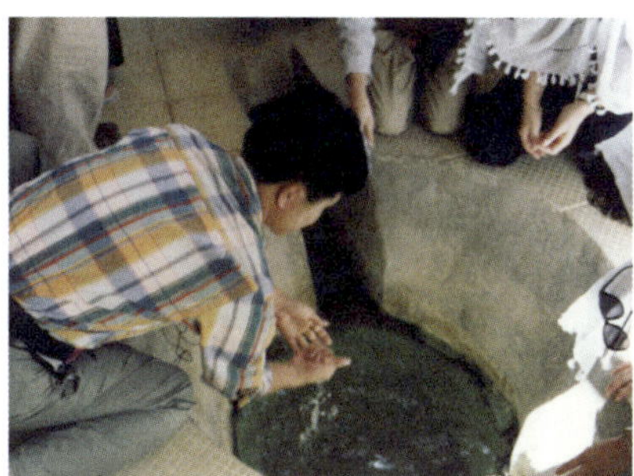

나중에야 알게 되었지만 그런 경우에는 물기가 자연 건조될 때까지 기다려야 하는데 전기, 전자에 완전 문외한이던 역사학도는 급한 마음에 재생 버튼을 눌렀고 그 바람에 완전히 고장 나고 말았다. 한 달 가까운 여정의 첫 목적지에서 벌어진 '참사'였다. 새로 산 것이라 혹시나 하는 마음으로 내내 짐 속에 넣고 다니다가 귀국해 서비스센터에 갔지만 되살릴 방법은 없었다. 아득히 오래전 방문한 안토니오스 수도원을 또렷이 기억하는 것은 어쩌면 '녹음기 풍덩 사건' 때문인지도 모르겠다.

파울로스 수도원은 안토니오스 수도원과 그리 멀지 않은 거리에 있지

스테파노 디 조반니 디 콘솔레, 〈성 안토니오스와 테베의 성 파울로스의 만남〉(c.1445) 길을 떠난 안토니오스가 그리스신화에 나오는 반인반마(半人半馬) 켄타우로스를 만난 뒤 마침내 파울로스와 인사하고 있다.

벨라스케스, 〈성 안토니오스와 최초의 은자 파울로스〉(c.1635) 안토니오스와 파울로스에게 까마귀가 빵을 가져다주고 있다.

파울로스 수도원

만, 중간에 험준한 바위산이 가로막고 있어 홍해 쪽으로 돌아가야 하기 때문에 차로 1시간 정도 걸린다. 파울로스 수도원은 은자 파울로스가 80년 이상 수도생활을 한 동굴 위에 세워진 콥트정교회 소속 수도원이다. 파울로스가 우리에게 알려질 수 있었던 것은 라틴어 불가타 성서를 펴낸 히에로니무스가 쓴 『파울로스의 생애』 덕분이다. 전승에 따르면 안토니오스는 사막에서 수도생활을 시작하면서 먼저 선배 수도자인 파울로스를 찾아갔다. 파울로스는 매일 까마귀가 물어다주는 빵 반쪽으로 생활하고 있었는데, 안토니오스가 방문한 날에는 까마귀가 빵 한 덩어리를 가져다주었다고 한다. 안토니오스와 파울로스를 둘러싼 이야기들은 이후 여러 미술 작품에 등장하게 된다.

파울로스 수도원은 안토니오스의 제자들이 세운 것으로, 이후 멜카이트(Melkites), 시리아 수도승 등 다양한 부류의 사람들이 사용하게 되었고, 베두인의 습격으로 파괴되는 아픔을 겪는다. 16세기 알렉산드리아 주교 가브리엘 7세의 후원으로 시리아 수도승들이 거주하면서 활기를 띠었지만 또다시 베두인에게 약탈당하고 만다. 이후 한동안 방치되어 있다가 18

세기 초에 이르러서야 알렉산드리아 주교 요한 16세의 보호 아래 안토니오스 수도원의 수도자들이 옮겨와 살게 되면서 새롭게 재건되었다. 수도원은 18-19세기에 걸친 건축 과정을 통해 현재의 모습을 갖추게 되었다. 현재 파울로스 수도원에는 3개의 교회가 있는데, 파울로스가 수도생활을 하며 살던 동굴에 건축된 은자 파울로스(Paulus the Anchorite) 교회, 성 마르쿠리오스(St. Mercurios) 교회, 대천사 미카엘(Archangel Michael) 교회이다. 수도원에는 콥트정교회의 예식서, 요한 크리소스토모스가 티투스에게 보낸 편지 등 다양한 귀중 필사본이 보관되어 있다.

이집트의 여러 수도원

나일강 서쪽 지역의 경우 카이로에서 알렉산드리아로 가는 도중에 만나게 되는 니트리아(Nitria), 켈리아(Kellia), 스케티스(Sketis)가 과거 대표적인 수도처였다. 이곳에서 많은 수도자가 홀로 떨어져 혹은 무리 지어 수도생활을 했다. 『사막 교부들의 금언집』에 따르면 알렉산드리아로 가던 안토니오스가 잠시 니트리아에 들렀는데, 이때 그곳에서 수행하던 암모니오스에게 수도승이 너무 많아져 고민이라는 말을 듣고는 그를 데리고 남쪽으로 하룻길을 걸어가서 그곳에 새로운 은수처를 마련하라고 조언했다고 한다. 그곳이 니트리아에서 18km 떨어진 켈리아로, 은수처(Celle)를 뜻하는 단어에서 유래한 지명이다. 현재 니트리아와 켈리아에서는 수도생활의 흔적을 거의 찾아볼 수 없지만, '금욕주의'라는 뜻을 담고 있는 스케티스에서는 아직도 마카리오스(Makarios), 비쇼이(Bishoi), 시리안(Syrian), 바라무스(Baramus) 수도원에서 수도생활이 이어지고 있다. 스케티스는 오늘날 '와디 엘 나트룬'(탄산염 계곡)이라 불리는 지역이다. 나일강 서쪽 사막에서 수도생활에 전념한 암모니오스, 벤야민, 팜부스, 켈리아의 이삭, 에바그리오스, 이집트의 마카리오스, 다니엘, 난쟁이 요한, 이시도로스 등 수많은 인물을 우리는 흔히 '사막 교부' 혹은 '사막 수도자'라고 부른다.

이집트의 수도원 역사에 대해 더 깊이 알고 싶다면 나일강 동쪽의 안토니오스와 파울로스 수도원, 서쪽의 스케티스 지역뿐만 아니라 이집트 남쪽 나일강 상류에 있는 룩소나 타벤네시 인근 파코미오스 수도원의 흔적을 탐방해보는 것도 좋다. 안토니오스와 파울로스가 홀로 떨어져 수도생활에 집중한 은수자들이라면, 파코미오스는 함께 모여 거주하면서 공동으로 수도생활을 하는 공주(共住)수도회의 창설자라 할 수 있다. 수에즈만을 사이에 두고 안토니오스 수도원 건너편 시내산 아래 시나이반도에 위치한 성 카트린 수도원도 빠뜨릴 수 없다. 알렉산드리아의 순교자 카트린의 이름을 딴 성 카트린 수도원은 동방정교회 소속으로, 비잔틴 황제 유스티

성 카트린 수도원

니아누스 1세의 명에 따라 560년경 건축되었다. 수도원 앞에 펼쳐져 있는 바위산인 시내산은 그리스도교 전통에서 모세가 십계명을 받은 호렙산이라 전해진다. 수도원 안에는 모세가 하나님의 부르심을 받은 '불타는 떨기나무'로 알려진 나무가 있어 순례자들의 발길을 멈추게 한다. 2002년 유네스코 세계유산으로 지정된 이 수도원은 '시내산 사본'을 포함해 희귀한 책들을 소장한 도서관으로도 유명하다.

안토니오스는 누구인가

안토니오스는 그리스도교 역사상 최초의 수도자나 은자는 아니지만, 수도원 운동의 창시자로 인정받고 있다. 안토니오스에 관한 기록은 크게 세 가지이다. 첫째는 알렉산드리아의 주교 아타나시오스가 쓴 『안토니오스의 생애』이고, 둘째는 『사막 교부들의 금언집』에 나오는 안토니오스의 38개 금언이며, 셋째는 안토니오스가 쓴 것으로 여겨지는 일곱 통의 편지이다. 특별히 우리는 아타나시오스가 남긴 안토니오스 전기를 통해 그의 삶, 유혹에 대항한 분투, 신앙, 수도생활의 면모를 제법 소상히 알 수 있다. 아타나시오스는 자신이 목회하던 알렉산드리아의 장로 아리오스와 그리스도의 신성의 성격을 두고 격렬한 논쟁을 벌였으며, 니케아공의회에 참석하여 그리스도와 하나님은 동일한 본질을 가진 분이라는 사실을 니케아신조로 결정하는 데 중요한 역할을 하였다. 그 후 알렉산드리아의 주교로 선임되었으나 주교직을 수행하는 동안 무려 다섯 차례나 망명길에 오르는 파란만장한 삶을 살았다. 안토니오스 전기를 쓴 시기는 그가 세 번째 망명길에 올랐을 때로, 안토니오스가 죽은 지 얼마 지나지 않은 360년경으로 추정된다.

아타나시오스의 『안토니오스의 생애』는 그리스도교 성인전(聖人傳, hagiography)이라는 장르의 시작이라 할 수 있다. 책이 나오자 곧장 안티오케이아의 에바그리오스(Evagrios of Antioc)가 라틴어로 번역하였고, 이로 인해 서방교회 내에도 안토니오스가 널리 알려지게 되었다. 안토니오스는 성 안토니오스, 위대한 안토니오스, 이집트의 안토니오스, 은자 안토니오스, 사막의 안토니오스 등 다양한 이름으로 불린다. 동방정교회와 로마 가톨릭 모두 안토니오스가 죽은 1월 17일을 축일로 지키고 있다. 콥트정교회는 자신들 고유의 달력에 따라 '토비'(Tobi)달 22일을 안토니오스 축일로 지키는데, 율리우스력으로는 1월 17일, 그레고리력으로는 1월 30일에 해당한다.

안토니오스는 이집트 카이로 남쪽 헤라클레오폴리스 마그나(Heracleopolis Magna) 인근의 작은 마을 코마(Coma)의 유복한 가정에서 태어났다고 전해진다. 부모를 여의고 스무 살쯤 되었을 때, 예수께서 부자 청년에게 하신 말씀, "네가 온전하고자 할진대 가서 네 소유를 팔아 가난한 자들에게 주라 그리하면 하늘에서 보화가 네게 있으리라 그리고 와서 나를 따르라"(마 19:21)라는 명령이 회심의 동기가 되었다. 복음서의 부자 청년은 재물이 많은 까닭에 쉽게 결단하지 못하고 근심하며 돌아갔지만, 안토니오스는 즉시 부모의 유산을 이웃 사람들과 가난한 사람들에게 나누어주고 자신은 금욕적 삶을 살기로 결단한다. 처음에는 마을 변두리와 무덤가에서 수행하다가 나중에는 사막으로 향한다. 교회사의 전승과 기록을 살펴보면 안토니오스를 비롯해 피에르 발도, 프란체스코같이 복음적 가난의 삶을 살기로 결단한 인물들의 경우 부자 청년에게 하신 예수의 명령과 초청이 중요한 전환점이 된 것을 알 수 있다.

후일 안토니오스의 명성이 높아지자 그에게 도시로 나가 많은 사람을 가르치고 영향력을 행사하라고 권유하는 사람들도 있었지만, 그는 "물고

기가 물을 떠나면 죽는 것처럼, 은둔지를 떠난 수도자는 하나님 안에서의 깊은 평화를 빼앗기고 죽게 됩니다."라고 답했다고 한다. 안토니오스의 명성이 콘스탄티누스 황제에게까지 알려지자, 황제는 그에게 편지하여 자신을 위한 조언과 기도를 요청하였다. 안토니오스의 동료들은 황제의 편지에 무척 들떴지만 정작 그는 대수롭지 않게 여겼으며, 황제에게 이 세상에 연연하지 말고 미래의 심판을 기억하면서 그리스도만이 참되고 영원한 왕임을 인정하라고 권면하는 답장을 보냈다.

안토니오스는 35세 때 사막으로 들어간 후 평생을 은수자로 살았지만, 특별한 경우에는 도시를 방문하기도 했다. 아타나시오스의 기록에 따르면 안토니오스는 알렉산드리아를 두 차례 방문하였다. 첫 번째는 막시미누스 다이아(부황제 305-309년, 황제 309-313년)의 박해로 알렉산드리아 교회가 시련을 겪게 되자 고통받는 사람들과 함께하기 위해, 또한 시련 가운데 있는 그리스도인들을 격려하고 위로하기 위해 알렉산드리아로 달려갔다. 두 번째는 338년경 아리오스파 사람들이 안토니오스가 자신들을 지지한다는 거짓말을 퍼트리자 그들의 가르침을 논박하기 위해 사막을 떠나 알렉산드리아로 갔다. 안토니오스는 기본적으로 사막의 은수자였지만 교회를 바로 세우고 지키기 위해서라면 거침없이 은둔지를 떠나 도시로 향했다. 그가 떠난 것은 세속이지 교회가 아니었기 때문이다.

안토니오스는 자신의 죽음을 예감하고는 제자들을 이집트의 수도자 마카리오스에게 보냈고, 지니고 있던 양털 외투 두 벌을 알렉산드리아의 아타나시오스와 제자 세라피온에게 남겼다고 전해진다. 마치 엘리야가 엘리사에게 자신의 외투를 물려준 것처럼 말이다. 아타나시오스는 그에게서 물려받은 외투를 특별한 날에만 입을 정도로 아꼈다고 한다. 사실 오래되어 어쩌면 냄새나고 볼품없는 외투였을 터이지만, 아타나시오스에게는 스승의 정신과 체취가 오롯이 배어 있는 세상 그 무엇과도 바꿀 수 없는 보물이었을 것이다. 전승에 따르면 안토니오스의 유해는 알렉산드리아를 거쳐 콘스탄티노플로 옮겨졌다가 11세기 비잔틴제국 황제가 프랑스 백작 조스랭에게 넘겨주어 그가 프랑스로 가져갔다고 한다. 그 유해를 모시기 위해 1297년 프랑스 남부 도시 이제르에 성 안토니오스 수도원(Saint-Antoine-l'Abbaye, Isère, France)이 세워졌다.

안토니오스의 영적 유혹과 투쟁

안토니오스의 생애에서 마귀의 유혹은 평생 동안 그를 괴롭히며 따라다녔다. 홀로 하나님과 자신의 내면에 집중하는 수도생활이 결코 쉽지 않았던 것이다. 인간의 기본적 욕망을 자극하는 마귀의 시험은 시도 때도 없이 그를 괴롭혔다. 아타나시오스의 기록에 따르면 마귀는 권태, 게으름, 여성에 대한 환상 등 여러 가지 방법으로 안토니오스를 유혹했지만, 그는 오로지 빵, 소금, 물만 섭취하며 하루 한 끼만 먹는 금욕적인 식생활을 유지하면서 기도의 힘으로 이러한 유혹을 어렵사리 물리쳤다고 한다. 『사막 교부들의 금언집』에는 "유혹을 경험하지 못하면 아무도 하늘나라에 들어갈 수 없습니다."라는 안토니오스의 금언이 담겨 있다. 안토니오스가 고독한 수도생활 가운데 닥쳐오는 수많은 유혹을 이기기 위해 얼마나 몸부림쳤을지 짐작하게 해준다.

안토니오스가 수도생활을 하면서 겪은 유혹은 서양의 미술과 문학에서 자주 다루어지는 주제이다. 성인들의 이야기를 모은 중세의 『황금전설』(*Golden Legend*)에도 안토니오스가 겪은 유혹이 소개되어 있다. 그가 겪은 유혹이 시대를 거치면서 반복적으로 회자되는 것은 그것이 인간이라면 누구나 겪는 보편적 시험이기 때문일지도 모른다. 안토니오스의 유혹을 주

숀가우어, 〈마귀에게 유혹을 받는 성 안토니오스〉(c.1470-75)

미켈란젤로, 〈안토니오스의 유혹〉(1487-89) 마르틴 숀가우어의 밑그림을 모사하여 채색한 것이다.

제로 한 몇 개의 미술 작품을 살펴보자.

〈안토니오스의 유혹〉은 15세기 말 도메니코 기를란다요(Domenico Ghirlandajo) 공방의 작품으로 알려졌는데, 2008년 소더비 경매에 나온 것을 미국의 한 미술판매상이 200만 달러에 구매했다고 한다. 그런데 통관 절차를 밟는 중에 자세한 감정이 이루어지면서 이것이 기를란다요 공방에서 도제로 수련하던 때의 미켈란젤로 작품이라는 새로운 판정이 내려지게 된다. 그렇다면 이 그림은 미켈란젤로가 열두세 살에 그린 가장 초기 작품이 되는 것이다. 일찍이 르네상스 시대의 화가이자 미술사가인 조르주 바사리는 미켈란젤로의 최초의 그림이 마르틴 숀가우어의 〈마귀에게 유혹을 받는 성 안토니오스〉를 모사한 것이라고 말한 바 있다. 이에 미국의 킴벨 미술관이 나서서 이 그림을 재구입하였는데, 가격은 공개되지 않았다.

히에로니무스 보쉬(Hieronymus Bosch)가 목판에 유화로 그린 삼면 제

보쉬, 〈안토니오스의 유혹〉(c.1500)

단화는 안토니오스의 정신적, 영적 고뇌를 표현하고 있다. 왼쪽 패널에는 2명의 수도자와 붉은 옷을 입은 신도(보쉬 자신)가 안토니오스를 부축하면서 나무다리 위를 지나고 있다. 그들 바로 뒤에는 유혹하는 여성이 등장한다. 하늘 위 괴물의 등에 실려 있는 안토니오스의 모습도 보인다. 오른쪽 산 위에서는 가짜 등대가 배의 방향을 유혹하고 있다. 중앙 패널에서는 긴 꼬리의 드레스를 입은 여인이 안토니오스를 유혹하고 있지만, 그는 기도에 열중하며 이를 물리치고 있다. 오른쪽 패널에서 안토니오스는 나체로 자신을 유혹하는 여인을 보지 않으려고 애써 고개를 돌리고 있다.

니콜라스 드 아그노(Nicolas de Haguenau)와 마티아스 그뤼네발트(Matthias Grünewald)의 공동 작품인 〈이젠하임 제단화〉는 프랑스 콜마르에서

아그노·그뤼네발트, 〈이젠하임 제단화〉(c.1515) 중앙의 패널과 창문처럼 여닫을 수 있는 양쪽 날개로 이루어진 제단화로 여러 장면을 포함하고 있다.

그뤼네발트, 〈십자가에 못 박히신 예수〉(c.1515) 〈이젠하임 제단화〉의 패널을 완전히 닫았을 때의 작품으로 오른쪽에는 안토니오스, 왼쪽에는 세바스티아누스, 프레델라에는 '십자가에서 내려진 예수 그리스도'가 그려져 있다.

남쪽으로 25km 정도 떨어진 이젠하임의 안토니오스 구빈수도원에서 제작된 것으로, 현재는 콜마르의 운터린덴 박물관에 보관되어 있다. 이 제단화는 3개의 패널로 구성되어 있는데, 먼저 중앙 패널은 니콜라스 아그노의 목조 작품으로 안토니오스, 아우구스티누스, 히에로니무스 세 사람이 조각되어 있다. 중앙에 안토니오스가 앉아 있고 그 왼쪽 발치에 돼지가 있는데 이 돼지는 안토니오스를 상징한다. 안토니오스가 기도 시간을 맞추는 데 돼지가 도움을 주었다는 이유로, 혹은 안토니오스가 처음에 돼지 기르는 일을 했다는 이유로 그는 가축과 양돈업자들의 수호성인으로 여겨지고 있다. 또한 안토니오스 발 옆에는 봉헌하고 있는 두 사람이 조각되어 있다. 관람자 쪽에서 볼 때 왼편에 있는 아우구스티누스 초상 아래쪽에 작게 조각되어 있는 사람은 당시 안토니오스 수도원의 책임자로 제단화를 의뢰한 귀이 귀이에(Guy Guers)이다. 오른편에는 히에로니무스가 자신의 상징물인 사자를 발치에 둔 모습으로 조각되어 있다. 그뤼네발트가 그린 제단화의 왼쪽 패널에는 안토니오스와 파울로스가 만나는 장면이 묘사되어 있는데 두 사람을 위해 빵 한 덩어리를 물어다 주는 까마귀도 보인다. 오른쪽 패널에는 안토니오스가 마귀의 온갖 시험을 받는 모습이 그려져 있다. 그림의 제일 아래쪽 받침대 부분인 '프레델라'에는 예수와 열두 사도가 묘사되어 있다. 3개의 패널로 구성된 이 제단화를 닫으면 우리에게 더욱 잘 알려진 그뤼네발트의 그림 〈십자가에 못 박히신 예수〉가 나타난다.

적색순교, 백색순교, 녹색순교

초기 그리스도교는 박해받는 종교였다. 로마의 다신교와 달리 오직 하나님만을 믿는 유일신교인 그리스도교는 초창기 수많은 순교자를 배출하였다. 순교(Martyrdom)라는 말은 그리스어 '마르튀리온'(μάρτυριον)과 라틴어 '마르티리움'(Martyrium)에서 유래하는데, '증언' 혹은 '증거'라는 뜻을 지니고 있다. 초대교회 순교자들은 하나님의 영광과 예수 그리스도의 복음을 증언하기 위해 기꺼이 자신의 목숨을 내놓았던 것이다. 일찍이 초대교회 지도자 중 한 사람인 테르툴리아누스(c.160-220)가 "순교자의 피는 교회의 씨앗"이라고 말한 것은 결코 과장이 아니다. 교회는 순교자들의 피 위에서 자란 나무와 같기 때문이다.

그러나 콘스탄티누스가 그리스도교를 공인한 이후부터 더 이상 그리스도인이라는 이유로 순교를 당하는 일은 없어졌다. 물론 그때나 지금이나 복음의 증인이 되기 위해 세계 곳곳에서 핍박을 무릅써야 하는 경우가 여전히 있기는 하지만, 그럼에도 불구하고 이제는 순교가 초대교회에서처럼 그리스도인들이 맞닥뜨려야 하는 일상적인 상황이 아니다.

그렇다면 순교 신앙은 이제 우리에게 아무런 의미가 없는 것일까? 그렇지 않다. 박해의 시기에는 복음의 증인들에게 피를 흘리는 '적색순교'가 요구되었다면, 오늘날 우리에게는 어쩌면 또 다른 형태의 순교가 요구될지도 모른다. 이제는 매일의 생활 속에서 수도자와 같은 성결한 삶을 살고자 노력하는 '백색순교', 하나님이 허락하신 생명의 가치를 회복하고 복음에 합당하게 살고자 애쓰는 '녹색순교'가 절실히 필요하다. 이것은 적색순교 못지않게 힘든 일이다. 잠깐의 용기가 아니라 평생의 인내와 훈련과 투쟁이 요구되기 때문이다.

어떤 사람이 안토니오스를 찾아가 "하나님을 기쁘시게 하려면 제가 무엇을 해야 합니까?" 하고 물었더니 이렇게 대답했다고 한다. "당신이 어디를 가든지 항상 당신 눈앞에 하나님을 두시오. 당신이 무슨 일을 하든지 항상 성경의 증언에 의지하시오. 당신이 어디에 거주하든지 즉시 떠나가지는 마시오. 이 세 가지를 지키시오. 그러면 구원을 받을 것이오." 분주함보다는 고독함을, 안락함보다는 불편함을 택한 사막의 은자 안토니오스를 통해 단순한 삶이 그리스도인에게 얼마나 고귀한 것인지 배우게 된다.

✤ 후기

2014년 2월 16일 이집트 시나이반도 북동부 국경 도시 타바에서 폭탄테러가 발생했다. 성지순례 중이던 진천중앙교회 버스를 향한 테러였다. 현지 가이드 제진수 씨를 포함해 5명이 숨지고 여러 사람이 다치는 안타까운 사고였지만, 제진수 씨가 테러범의 버스 진입을 막아내어 출입구 쪽에서 폭발이 일어나 더 큰 참사를 피할 수 있었다. 교회 집사였던 제진수 씨는 이후 보건복지부의 결정에 따라 의사자로 선정되었다.

당시 이 소식을 듣고 제진수라는 이름이 귀에 익어 1993년 안토니오스 수도원을 방문한 기록을 찾아보았다. 예감한 대로 필자와 함께 수도원을 방문한 바로 그분이었다. 이집트에 한국인 현지 가이드가 그리 많지 않으니 필자뿐 아니라 과거 이집트 순례를 다녀온 상당수의 사람이 제진수 씨를 만났을 것이다. 부디 종교가 이 땅에서 갈등과 전쟁의 이유가 아니라 평화의 도구가 되기를 간절히 기도한다.

자연의 신비와 인간의 역사가 만나다

카파도키아 수도원

카파도키아의 괴레메 계곡과 인근 지역을 방문해본 적이 있는가? 요정이 살 것만 같은 신비로운 모습에 분명 매혹당할 것이다. 시간이 켜켜이 쌓여 역사가 되고 그 역사가 다시 선물이 되어 다가오는 곳, 그곳이 카파도키아이다. 튀르키예의 카파도키아 지역은 안토니오스와 파코미오스를 비롯한 사막 수도자들의 영적 고향인 이집트와 더불어 동방교회 수도원 운동의 또 다른 요람이었다. 먼저 카파도키아, 특히 괴레메에 있는 교회와 수도원을 살펴본 다음 동방수도원 운동의 아버지라 불리는 바실리오스의 생애와 수도규칙에 대해 알아보자.

카파도키아

카파도키아는 튀르키예 중앙부에 해당하는 지역으로, 남쪽 토로스 산맥과 북쪽 흑해 사이에 넓게 자리 잡고 있다. 고고학적 연구조사에 의해 1만 년 전 신석기 시대와 5,000년 전 초기 청동기 시대의 유물이 발굴되었을 만큼 긴 역사를 지닌 땅이다. 이 지역에 있던 고대 도시 하투샤(오늘날 보아즈칼레, Boğazkale)가 지금으로부터 3,000년 전 후기 청동기 시대 히타이트제국의 수도였을 정도로 카파도키아는 역사의 중심무대였지만, 이후 페르시아, 알렉산더 대왕의 그리스, 로마의 지배를 차례로 겪기도 했다.

팔레스타인에서 시작된 그리스도교가 카파도키아로 전해지면서부터 이 지역은 동방 그리스도교 역사에서 중요한 위치를 차지하게 된다. 흔히 카파도키아의 세 교부라 불리는 카이사레이아의 바실리오스, 니사의 그레고리오스, 나지안조스의 그레고리오스는 카파도키아는 물론이고 다른 지역까지 폭넓게 영향력을 행사해 동방 그리스도교 형성에 중요한 역할을 하였다. 사람들의 발길이 잘 닿지 않았을 계곡과 동굴에는 지금까지도 교회와 수도원의 흔적이 남아 있어 당시 카파도키아 교회의 초기 신앙생활을 짐작할 수 있게 해준다. 특히 괴레메 지역의 버섯 모양으로 신기하게 생긴 '요정의 굴뚝', 동굴 속으로 파고 들어가 만들어진 수도원과 교회의 모습 및 벽화는 당시 그리스도인의 예배와 생활을 잘 보여준다. 괴레메를 비롯한 카파도키아 지역의 동굴 교회와 기도처, 지하도시는 중세 이슬람 세력, 즉 11세기 셀주크제국과 15세기 오스만제국이 이 지역을 점령했을 당시 그리스도인의 피난처 역할을 하였다. 괴레메 및 인근 데린쿠유와 카이마클리의 지하도시는 1985년 유네스코 세계유산으로 지정되었다. 현재 괴레메를 비롯

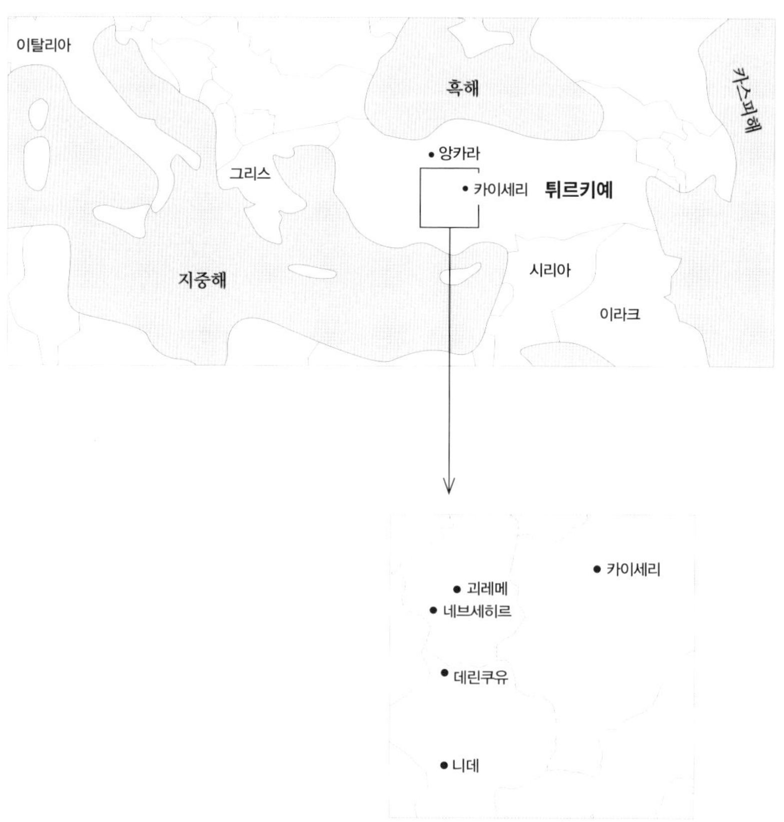

한 카파도키아 지역에는, 정확히 셀 수는 없지만 400여 개의 교회, 예배처소, 은수처가 남아 있다.

726년에 비잔틴제국의 황제 레오 3세가 성화상을 조각하거나 그리는 것을 금지하는 법을 공포하면서 성화상 문제가 카파도키아가 속한 동방 그리스도교 세계의 주요 논쟁 주제로 달아오르기 시작했다. 성화상을 반대하는 사람들은 성화상 제조가 우상을 만드는 것과 다르지 않다고 비판하였고, 성화상을 찬성하는 사람들은 그것이 예배의 대상이 아니라 신심을 위한 보조적 수단이라며 옹호하였다. 성화상 논쟁은 무려 117년이 지난 843년에 콘스탄티노플 총대주교인 메토디우스의 합법 선언으로 비로소 일단락되었다. 현재 남아 있는 성상과 화상의 대부분은 성화상 논쟁 이후의 작품들이다. 성화상 논쟁이 끝나면서 괴레메 계곡에도 다양한 조각상과 그림이 있는 새로운 교회와 수도원이 재건되었고, 그 덕분에 오늘날 이곳을 방문하는 사람은 아름다운 프레스코 벽화와 장식을 감상할 수 있다.

괴레메

'괴레메'(Göreme)라는 이름은 '이 같은 장소는 어디에서도 볼 수 없다.'라는 뜻을 지니고 있다. 그 이름 그대로 카파도키아의 괴레메는 화산암과 풍화작용이 만나 동화 속에 나오는 나라에서나 봄직한 신비로운 장관을 연출한다. 고대 도시 니사(오늘날 네브셰히르, Nevşehir)에서 동쪽으로 15km 정도 떨어진 괴레메 지역은 6-9세기 동방 그리스도교의 주요 거점 가운데 하나로, 400여 개의 동굴 교회와 은수처가 흩어져 있다. 대표적인 동굴 교회로는 허리띠교회(Tokalı, Buckle), 샌들교회(Çarıklı, Sandals), 암흑교회(Karanlık, Dark), 사과교회(Elmalı, Apple), 뱀교회(Yılanlı, Snake), 숨겨진교회(Saklı, Hidden), 마리아 교회(Mother Mary), 성 바르바라 교회(St. Barbara), 엘나자르 교회(El Nazar), 성 바실리오스 채플(St. Basil's Chapel) 등이 있다. 여기서는 특별히 동방수도원의 아버지라 불리는 바실리오스가 벽화로 그려져 있는 교회와 수도원을 중심으로 살펴보고자 한다.

1. 성 바실리오스 채플

괴레메 야외박물관의 초입에 있는 성 바실리오스 채플(Saint Basil's Chapel)은 11세기경 지어진 건축물로 추정된다. 동굴 교회당 바깥에 있는 무덤은 기증자의 것으로 보인다. 배랑(拜廊, narthex)이라 불리는 입구에는 평평한 지붕의 직사각형 방이 있는데 그 바닥에 여러 개의 무덤 흔적이 있으며, 더러 보이는 작은 무덤은 어린아이의 것으로 추정된다. 배랑에서 3개의 아치형 문을 통해 회중석에 해당하는 신랑(身廊, nave)으로 들어갈 수 있다. 신랑은 반원통형 천장(天障, vault)에 3개의 후진(後陣, apse)을 가진 구

성 바실리오스 채플 입구 왼편에 기증자의 것으로 보이는 무덤이 보인다. 오른편 작은 출입구를 통해 교회당 안으로 들어갈 수 있다.

교회의 현관인 배랑에는 여러 개의 무덤 흔적이 있다.

조로 되어 있고, 중앙 후진에는 성화 〈전능하신 구세주 그리스도〉(Christ Pantocrator)가 그려져 있다.

신랑의 왼편 북쪽 벽에는 두 인물이 그려져 있는데, 곧게 서 있는 사람이 바로 카이사레이아의 주교 성 바실리오스이다. 그는 니케아신조의 정통주의를 옹호하고 동방수도원 운동을 선도한 인물이다. 그 옆에서 붉은 말을 타고 창으로 뱀을 찌르고 있는 인물은 폰투스(오늘날 튀르키예 북부지방)에서 319년경 순교한 테오도로스(Theodore Stratelates)이다.

오른편 남쪽 벽에는 테오도로스와 짝을 이뤄 흰 말을 타고 악한 뱀을 무찌르는 인물의 성화가 있는데, 그는 다름 아닌 성 게오르기우스(St. Georgius)이다. 게오르기우스는 302년경 로마 황제 디오클레티아누스 박해 때 니코메디아(오늘날 튀르키예의 이즈미트, Izmit)에서 순교한 것으로 전해진다. 이처럼 전투 장면을 그린 성화상이 많은 것은 어쩌면 박해에 맞서 신앙의 절개를 끝까지 지키며 따르라는 무언의 메시지를 주려는 목적에서

신랑의 왼편 북쪽 벽에 바실리오스와 붉은 말을 탄 테오도로스가 그려져 있다.

오른편 남쪽 벽에는 흰 말을 탄 게오르기우스가 보인다.

비롯된 것인지도 모르겠다. 남쪽 벽에 그려져 있는 3개의 몰타 십자가가 무엇을 의미하는지는 분명하지 않은데, 성부, 성자, 성령을 나타낸다는 해석도 있다.

2. 뱀교회

'뱀교회'(Snake Church)라는 특이한 이름이 붙은 것은 내부에 그려져 있는 뱀을 무찌르는 성 게오르기우스 벽화에서 기인한 것이다. 교회당은 하나의 신랑으로 이루어져 구조가 단순하다. 반원통형 둥근 천장을 지닌 이 방은 처음에는 배랑으로 계획된 듯하다. 그런데 이후 건축과정에서 별도의 신랑 부분이 만들어지지 않자 이 공간을 개조해서 신랑, 곧 교회당의 몸체 공간으로 사용한 것으로 보인다. 만일 원래 계획한 대로 건축되었다면 가까이 있는 성 바실리오스 채플과 비슷하게 긴 배랑을 지나 아치형의 문을 통과하여 신랑에 이르는 구조였을 것이다. 이처럼 교회당이 미완성의 형태를 지니게 된 데는 1070년대 셀주크투르크의 침략과 관련이 있어 보인다.

교회당 내부는 내용이나 양식 면에서 독특한 벽화로 장식되어 있다. 왼편 동쪽 벽에는 다섯 인물이 등장하는데, 붉은 옷을 입고 서 있는 오네시모

← 왼편 동쪽 벽에 그려진 다섯 인물 중 오네시모, 게오르기우스, 테오도로스가 보인다.

→ 오른편 서쪽 벽에는 오누프리우스, 도마, 바실리오스가 있다.

(신약성서의 빌립보서에 언급된 인물), 흰 말을 타고 뱀을 무찌르는 성 게오르기우스, 붉은 말을 탄 성 테오도로스, 그리스도교를 공인한 콘스탄티누스와 그의 어머니 헬레나가 그려져 있다.

오른편 서쪽 벽에 그려진 세 인물은 누드 형태로 등장하는 이집트 사막의 은수자 성 오누프리우스(길고 굵은 머리카락이 몸 전체를 감쌌다고 전해진다.), 사도 도마, 성 바실리오스이다. 이 세 사람은 각각 은수자, 사도, 교부를 대표한다. 남쪽 벽에는 교회당을 위해 재산을 기증한 테오도로스가 예수 그리스도 곁에 작게 그려져 있다.

3. 허리띠교회

일명 '허리띠교회'(Buckle Church)는 800년경 이름 모를 고독한 수도자가 머문 작은 은수처에서 비롯된 것으로 여겨진다. 작고 어두운 그 방은 옛 모습을 그대로 간직한 채 남아 있다. 915년경 이 은수처 바로 옆에 옛 건물(Old Tokalı)이 만들어졌고, 얼마 지나지 않아 지하 건물(Lower Tokalı)이 묘지로 조성된 것으로 보인다. 그러다가 960년경 옛 건물을 대체하는 새 건물(New Tokalı)이 들어섰고, 마지막으로 새 건물 옆에 측면 교회당(Side

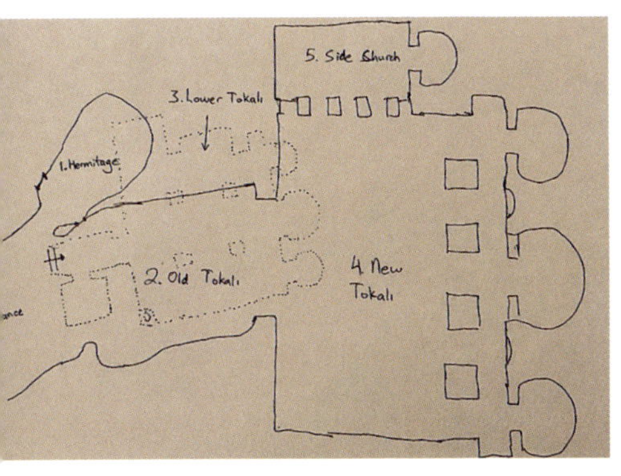

허리띠교회의 구조

새 건물에 묘사된 바실리오스의 장례식 그림

Church)이 세워졌다.

이 교회는 카이사레이아의 바실리오스와 특별한 관련이 있다. 아마도 그에게 헌정되었을 이 교회 안에는 그의 장례식을 보여주는 프레스코화가 그려져 있다. 바실리오스의 삶과 사상을 담고 있는 프레스코화는 대부분 소실되었지만, 새 건물 북동쪽 구석에 그려진 '바실리오스의 장례식에서의 기적'은 비록 훼손되기는 했으나 어느 정도 알아볼 수 있는 형태로 남아 있다.

4. 규뮤쉴레르 수도원

비잔틴 시대의 수도원인 규뮤쉴레르 수도원(Gümüşler Monastery)은 튀르키예 니데(Nigde)주의 작은 마을에 있으며, 카파도키아 지역에서 가장 규모가 크고 보존 상태가 좋은 암석 수도원 중 하나이다. 이 수도원은 1962년에야 발견되었고 이후 고고학 발굴을 통해 복원작업이 진행되었다. 수도원은 안마당이 있는 형태의 복합구조물로, 북쪽에 교회당이 있다.

규뮤쉴레르 수도원 안뜰

↑ 수도원 안뜰 오른편에 있는 수도자의 방

↓ 규뮤쉴레르 수도원 교회당 중앙 후진의 벽화. 마리아의 오른쪽에 바실리오스가 보인다.

수도원 탐방객은 터널을 통해 중앙의 안뜰로 들어갈 수 있는데, 높은 암벽에 둘러싸여 지하 요새처럼 형성된 큰 규모의 수도원에 깜짝 놀라게 될 것이다. 길이 14m, 너비 15m, 높이 11m에 이르는 큰 입방체 안의 정원에 서 있으면 마치 지하세계에서 열린 하늘을 쳐다보는 느낌이 든다. 수도원은 세월의 흔적으로 파손된 부분이 많지만, 지하 건축물이라 다행히 외부에 쉽게 발견되지 않았고 따라서 보존 상태가 양호한 편이다. 탐방객의 시선을 가장 먼저 사로잡는 북측 벽은 중간부분에 9개의 작은 아치모양이 있고 윗부분이 앞으로 돌출되어 있어 피난처 역할을 했을 것으로 짐작된다. 아랫부분에는 안으로 이어지는 3개의 입구가 있다. 왼쪽 문은 평탄한 직사각형의 방(아마도 부엌으로 사용되었을 공간)으로 연결되며, 가운데 문은 교회 입구로 연결되고, 오른쪽 문은 벽돌로 하단이 막혀 있는 상태이지만 교회의 중심 공간으로 이어진다.

동굴 안 교회의 실내 그림들은 상당히 잘 보존되어 있는데, 이는 예외적으로 두텁게 칠한 회반죽 덕분일 것이다. 특히 후진의 벽에 그려진 작품은 상당 부분 훼손되기는 했어도 전체적인 보존 상태는 좋은 편이다.

중앙 후진의 그림은 3층 구조로 그려져 있다. 제일 위쪽에는 예수가 중앙의 보좌에 앉아 있고 옆에는 어머니 마리아와 세례자 요한이 있으며, 사복음서 저자의 상징 동물과 함께 천사들도 등장한다. 가운데에는 예수의 제자인 사도들이 등장한다. 제일 아래쪽에는 초대교회 교부들이 그려져 있는데, 중앙에 마리아가 있고 바로 오른편에 카파도키아의 교부인 카이사레이아의 바실리오스와 나지안조스의 그레고리오스가 묘사되어 있다. 이 프레스코화는 보편교회의 질서를 상징적으로 말해주는 것처럼 보인다. 만왕의 왕이시며 교회의 머리이신 예수 그리스도로부터 흘러나온 복음이 사도들을 통해 인류에게 드러났고, 교회 교부들을 통해 이 땅 위에 교회가 든든히 세워졌음을 보여준다.

데린쿠유 지하도시

데린쿠유는 괴레메에서 남쪽으로 35km 남짓 떨어진 곳으로 땅속 지하도시 유적이 잘 보존되어 있어 탐방객들이 많이 찾는 장소이다. 데린쿠유는 '깊은 우물'이라는 그 이름의 뜻처럼 지하 8층까지 내려가는데, 히타이트, 로마, 비잔틴, 이슬람제국을 거치면서 때로는 거주지로, 때로는 신앙의 박해를 피해 숨는 피난처로 사용되었다. 석회암 지질이라 땅을 파기가 수월하다고는 하지만 원시적인 도구만 가지고 지하 8층까지 파고 내려가 수천 명이 살아갈 공간과 시설을 마련했다는 사실은 참으로 놀랍기 그지없다. 그래서 1965년 일반에게 공개된 데린쿠유 지하도시는 고대 세계의 9대 불가사의 중 하나로 꼽힌다. 지금은 안전상 일부 구간이 일반에게 공개되고

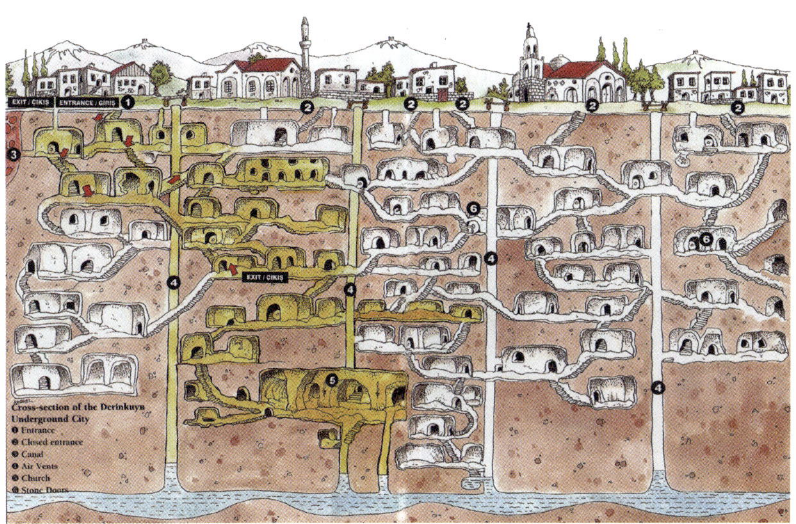

데린쿠유 지하도시의 구조

있지 않으며, 공개된 구간의 제일 아래층에서 교회의 유적과 흔적을 볼 수 있다. 현재 카파도키아 지역에는 데린쿠유와 유사한 지하도시가 37개 이상 남아 있다. 이러한 지하도시는 초대교회 신자들이 박해로부터 몸을 숨기고 은밀하게 신앙생활을 할 수 있는 보금자리이자 피신처였다.

데린쿠유 지하도시 1층과 2층에는 교회학교, 세례 우물, 부엌, 음식 저장고, 침실, 식당, 와인 저장고, 가축우리 등이 있다. 3층과 4층에서는 은밀한 피난처, 외부로 이어지는 터널, 무기보관소 등이 발견되었다. 마을이 외부로부터 공격을 당할 경우 주민들은 터널을 통해 지하로 피신하였다. 3층의 한 터널은 한때 9km 떨어진 카이마클리 지하도시까지 연결되었을 것으로 추측되지만 지금은 막혀 있다.

터널로 외부세력이 침입하는 것을 막기 위해 연자 맷돌로 입구를 봉쇄할 수 있게 만들어놓았기에 안쪽에서 맷돌을 작동시키면 바깥쪽에서는 열 수 없다. 제일 아래쪽에는 우물, 비밀 탈출 통로, 교회 회의실, 고해소 등이 있다. 데린쿠유 지하도시는 전체 8층으로 이루어져 지상 표면의 위치에 따라

← 카이마클리 지하도시의 교회 유적

→ 외부의 침입을 막기 위한 데린쿠유 지하도시 내의 맷돌 구조물

70-85m 깊이로 내려가며, 물과 공기의 유입을 위해 53개의 수직 환기 터널을 갖추고 있다.

동방수도원 운동의 아버지, 바실리오스

동방교회의 중심지 카파도키아의 수도원 운동이 자리를 잡고 부흥하게 된 배경에는 바실리오스(c. 330-79)라는 인물이 있다. 그는 카파도키아 지역에 속한 카이사레이아('황제의 길'이라는 뜻을 지닌 지명으로, 오늘날 카이세리로 불리며 괴레메에서 동쪽으로 70km 떨어져 있다.)에서 태어났다. 바실리오스의 집안은 조부모, 부모, 누나 마크리나, 두 남동생 그레고리오스와 페트로스가 모두 성인 반열에 올랐을 정도로 독실한 그리스도교 가문이었다. 바실리오스는 동생인 니사의 그레고리오스, 친구인 나지안조스의 그레고리오스와 함께 '카파도키아 세 교부'로 불린다. 더욱이 바실리오스는 나지안조스의 그레고리오스, 요한 크리소스토모스와 더불어 동방정교회 전체의 '위대한 3명의 주교'로도 꼽힌다. 서방교회와 동방교회가 모두 그에게 '교회 박사'라는 칭호를 부여했으며, '우라노판토르'(Ουρανοφαντωρ, 천상 신비의 계시자)라는 별칭도 주어졌다. 바실리오스는 아리오스주의를 비롯한 이단에 맞서 니케아 정통주의를 옹호한 신학자, 동방교회 예전(liturgy)의 구축자, 동방수도원 운동의 아버지로 인정받고 있다. 이러한 위대한 업적으로 인해 그는 '대(大)바실리오스'라고 불린다.

바실리오스는 카이사레이아, 콘스탄티노플, 아테네에서 수준 높은 교육을 받았다. 아테네에서 수학할 때는 평생의 친구가 될 나지안조스의 그레고리오스와 후일 로마 황제가 되는 율리아누스를 만나기도 한다. 바실리오스는 356년경 고향 카이사레이아로 돌아가 수사학을 가르치는 일을 하던 중 누나 마크리나의 간곡한 권유와 설득으로 수도생활에 관심을 두게 되었고, 357년경에는 팔레스타인, 이집트, 시리아, 메소포타미아 지역을 여행하면서 금욕주의와 수도생활에 대해 연구하였다. 그런 다음 다시 고향으로 돌아가 모든 재산을 가난한 사람에게 나누어주고 폰투스 지방의 네오카이사레이아(오늘날 튀르키예의 닉사르, Niksar)에서 고독한 은수자의 수도생활에 들어갔다. 그러나 오래지 않아 바실리오스는 공주(共住) 수도생활이 자신에게 더 적합하다는 것을 깨닫고, 358년 남동생인 세바스테의 페트로스(Pétros tou Sebaste)를 비롯해 뜻을 같이하는 친구들과 함께 네오카이사레이아에서 가까운 안네시(오늘날 튀르키예의 울루쾨이, Uluköy/소누사, Sonusa)의 가족 영지에 수도공동체를 설립하였다. 이곳에서 이루어진 수도생활의 면모에 대해서는 친구 그레고리오스와 주고받은 편지에 잘 나타나 있다. 이 편지에서 그는 금욕적 수도생활이야말로 바로 '지혜를 사랑하는 것'(philo+sophia), 즉 진정한 철학이고 고대 철학자들이 말한 행복에 이르는 길이라며 수도자로서의 삶에 대한 자긍심을 내비친다.

그러나 당시 교회가 처한 여러 상황은 바실리오스가 수도자로 은거하도록 내버려두지 않았다. 카이사레이아의 주교 에우세비오스의 요청에 따라 바실리오스는 당시 아리우스파를 옹호한 비잔틴제국의 황제 발렌스에 대항하여 니케아 정통 신앙을 옹호해야만 했고, 370년에는 에우세비오스의 후임으로 카이사레이아의 주교로 서품을 받게 된다. 이후 379년에 죽기까지 주교로서 또한 교회의 학자로서 이단들을 논박하며 정통을 세우고, 교회 예식과 예전의 토대를 마련하고, 병자들을 돌보는 구빈원을 설립하고, 금욕적 수도공동체를 위한 규칙을 제정하는 등 교회와 수도원의 근간을 형성하는 데 중요한 역할을 담당하였다.

바실리오스의 수도규칙

동방수도원 운동의 아버지로서 바실리오스가 남긴 가장 중요한 업적은 수도생활을 위한 규칙을 정립하고 제시한 것이다. 바실리오스의 수도규칙은 대체로 그의 세 저술, 『대(大)수덕집』(*Asceticon magnum*), 『소(小)수덕집』(*Asceticon parvum*), 80개 항목으로 된 『도덕규칙서』(*Regulae morales*)에 나타난다. 『도덕규칙서』는 바실리오스가 안네시에 은거할 때 저술한 작품으로, 신약성서에 근거하여 모든 그리스도인의 삶의 원칙을 제시하는 지침서이다. 주교를 보조하던 사제 시절에 쓴 『소수덕집』은 203개의 질의응답으로 이루어진 금욕주의 공동체를 위한 지침서로서, 루피누스가 라틴어로 번역해 서방에 소개하면서 후일 『베네딕도 규칙서』에도 영향을 미치게 된다. 그렇기에 베네딕투스는 자신의 규칙서에서 바실리오스를 "우리의 거룩한 사부"라고 표현하고 있다. 바실리오스가 주교로 있으면서 쓴 『대수덕집』은 공동 수도생활을 위한 가르침을 체계적으로 담고 있는 저술로서, 질의응답 형식의 '긴 규칙' 55개와 '짧은 규칙' 318개로 구성되어 있다. 『도덕규칙서』가 모든 그리스도인을 위한 저술이라면, 『소수덕집』은 일반적인 금욕적 공동체를 위한 것이고, 『대수덕집』은 공주수도회를 위한 작품이다.

그는 수도생활에서 '홀로' 집중하는 고독한 은수자의 방식보다 '함께' 거주하면서 공동생활을 통해 수도하는 방식을 선호하였다. 따라서 그에게 '친교'와 '공동체'는 수도생활의 중요한 가치였다. 이러한 바실리오스의 수도규칙서들은 파코미오스의 규칙서, 아우구스티누스의 규칙서와 더불어 후대 공주 수도생활의 기준이 되었다.

바실리오스의 수도규칙에서 특징적인 것은 수도자는 관상(觀想)생활에 너무 치우치지 말고 오히려 사랑과 덕을 실천하는 생활을 해야 한다고 강조하는 점이다. 이것이 바실리오스가 관상생활을 무시하거나 간과한다는 의미는 아니다. 일찍이 바실리오스는 『성령론』에서 영지(靈知)와 관상에 대한 가르침을 펼쳤고, 나지안조스의 그레고리오스와 함께 오리게네스의 작품 모음집인 『필로칼리아』(*Philokalia*)를 편집했을 정도로 관상생활에 대해 깊은 통찰을 갖고 있었다. 그런데도 수도규칙서에서 관상생활보다 사랑의 실천에 더 강조점을 둔 데는 이유가 있다. 한편으로는 바실리오스가 활동하던 폰투스 지역에서 영지주의 일파가 극단적 금욕주의를 주장하는 소위 '엔크라티즘'(encratism) 사상이 건전한 수도자들을 그릇된 길로 이끄는 것을 막기 위함이었다. 다른 한편으로는 수도자들이 지나치게 추상적이고 신비한 주관주의에 매몰되기보다 가난한 자, 병든 자와 같이 도움이 필요한 사람들에게 애덕(愛德)을 펼쳐야 함을 강조하기 위함이었다. 이 일을 위해 공동체 수도생활이 요청되는 것이다. 공주수도회 안에서는 자기 것에 대한 포기와 절제를 배우게 되고, 서로에 대한 겸손과 순종이 요구된다. 이러한 덕이야말로 수도자들이 체득하고 추구해야 할 가치이다. 이것은 끊임없는 '하나님에 대한 기억'과 '지속적 기도'를 통해서만 가능하다.

바실리오스는 수도원 운동에서 몇 가지 특징적인 유산을 남겼다. 첫째, 성서에 근거한 수도원 운동을 제시하였다. 그의 규칙서는 성서에 대한 인용으로 넘쳐난다. 특히 그의 『도덕규칙서』에 무려 1,542개의 신약성서 구절이 인용되고 있다는 것은 그가 얼마나 성서 중심적인 인물이었는지를 잘 보여준다. 둘째, 통합적 정신을 보여주었다. 그는 이전 수도원 운동의 여러 흐름과 다양한 규칙서를 종합하여 자신만의 방식으로 수도생활의 기본 지침을 제시하였다. 셋째, 대안의 제안자였다. 그는 극단적 금욕주의에 대한 대안으로 절제된 금욕과 실천적 애덕을 강조하였다. 안토니오스의 독(獨)수도승 전통이나 파코미오스가 선보인 독수도승과 회(會)수도승의 중간 형태보다는, 함께 살면서 수도생활을 하는 공주수도회 전통을 새로운 대안으로 제시하였다. 이렇게 하여 바실리오스는 동방뿐만 아니라 서방수도원의 역사에도 항구적인 흔적을 남기는 등 영향을 끼쳤다.

Plus

이스탄불,
나를 매혹시킨 도시

유럽의 문화 수도

튀르키예 카파도키아 지역의 동굴 교회, 수도원, 지하도시를 방문하고자 하는 사람이라면 아마도 이스탄불의 아타튀르크 국제공항을 거쳐 갈 것이다. 현재 튀르키예의 수도는 앙카라이지만, 역사와 문화의 중심지는 단연 튀르키예 제일의 도시 이스탄불이다. 유럽과 아시아 양쪽에 걸쳐 형성된 이 특별한 도시는 고대에는 비잔티움이라 불리고, 330년 로마 황제 콘스탄티누스가 동로마제국의 수도로 삼으면서부터는 콘스탄티노플로 불리다가, 1453년 오스만제국에 점령당한 후부터는 이스탄불이라는 이름으로 불리게 되어 오늘날까지 이르고 있다. 비잔틴제국, 로마제국, 이슬람제국 모두 이 도시를 중심지로 삼았다. 이스탄불은 현재 인구가 1,500만 명을 훌쩍 넘는 대도시로, 1985년 도시 전체가 세계유산으로 지정된 '유럽의 문화 수도'이다.

교회사를 가르치고 있는 관계로, 개인적으로 역사 현장들을 자주 방문하고 학생들의 현장탐방도 인솔하고 있기 때문인지 필자는 꼭 방문해야 할 도시 한 곳만 꼽아달라는 부탁을 종종 받는다. 쉽지 않은 선택이기는 하지만 이스탄불을 권할 때가 많다. 이스탄불은 그 다채로운 역사로 인해 우리가 보고, 듣고, 느끼고, 경험할 것들이 풍성하다. 그리스도교와 이슬람의 문화, 아시아와 유럽의 역사, 고대와 현대의 정신을 동시에 만날 수 있는 매혹적인 도시이다. 거기다가 물가도 저렴한 편이어서 여행자의 주머니 사정까지 고려한다면 당연히 이스탄불이 꼽힌다. 이스탄불에는 '아야 소피아 박물관', '블루 모스크'라 불리는 술탄 아흐

메트 모스크, 고대 마차 경기장이던 히포드롬 광장, 동로마 시대 지하 저수지인 예레바탄 사라이, 오스만제국의 톱카프 궁전, 언제나 사람들로 붐비는 시장인 그랜드 바자르, 다양한 주제의 박물관 등 볼거리가 넘쳐난다.

초대교회와 동방교회의 중심 무대

이스탄불에는 그리스도교 역사와 전통에 관심이 있는 탐방객이라면 위에서 언급된 대중적인 방문지 말고도 꼭 방문할 만한 가치가 있는 장소가 여럿 있다. 먼저 동방정교회의 총대교구청을 방문해볼 것을 권한다. 로마가톨릭교회 본부가 로마의 바티칸이라면, 동방정교회 본부는 이스탄불의 총대교구청이다. 오늘날의 튀르키예는 국민 대부분이 무슬림인 상황인데도 그리스도교의 중요한 교파인 동방정교회의 총대교구청이 여전히 이스탄불에 자리하고 있다는 사실은 놀랍기까지 하다. 330년 콘스탄티노플이 동로마제국의 수도가 되면서부터 근 1,700년 동안 동방교회의 본부가

동방정교회 총대교구청인 성 요르고스(게오르기우스) 교회당

이슬람 서예 하트야즈(Hatyaz)로 쓴 필자의 영어 이름

동방정교회 총대교구청 내부의 작품. 동방정교회에서는 마리아를 '담을 수 없는 무한한 분을 담고 있는 자궁', 즉 '하나님의 어머니'로 간주한다.

파티흐 모스크(거룩한 사도 교회)

이스탄불에 자리 잡고 있는 것이다. 제4차 십자군 전쟁 때 잠시 니케아로 이전한 적이 있긴 하지만 말이다.

이왕 여기까지 왔다면 총대교구청에서 걸어서 15-20분 거리에 있는 파티흐 모스크(Fatih Mosque)와 페티예 모스크(Fethiye Mosque)를 방문하기 바란다. 이 두 곳은 과거 총대교구청이 있던 곳인 동시에 이스탄불에서 꼭 들러볼 만한 장소이다. 파티흐 모스크는 1453년 콘스탄티노플을 점령한 오스만제국의 '정복자'(Fatih가 정복자라는 뜻) 술탄 메흐메트 2세가 세운 것으로 그의 무덤이 이곳에 있다. 현재의 건물은 1766년 대지진으로 파괴된 이후 재건한 것이다. 오스만제국이 콘스탄티노플을 점령하기 전 이 자리에는 콘스탄티누스 황제가 330년경 건축을 시작한 '거룩한 사도 교회'가 있었다. 콘스탄티누스는 12사도의 유해를 모두 모아 이곳에 보관하기 원했지만, 실제로는 사도 안드레, 복음사가 누가, 바울의 제자 디모데의 유해만을 찾아 보관할 수 있었다. 스스로를 13번째 사도라 믿은 콘스탄티누스는 어쩌면 자신도 그들과 함께 묻히기를 바랐을지도 모른다. 이후 이 교회는 11세기까지 700년 이상 콘스탄티누스, 유스티니아누스 황제를 비롯한 황실 가족의 무덤으로 사용되었다. '거룩한 사도' 교회는 십자군의 약탈을 당하기 전 '거룩한 지혜'(아야 소피아) 교회와 더불어 콘스탄티노플에서 가장 중요한 장소였는데, 1204년 제4차 십자군의 약탈로 인해 교회의 성물이 베네치아와 로마 등으로 흩어졌다. 1453년 오스만의 점령 후에는 얼마 동안 아야 소피아를 대신해 동방정교회 총대교구청의 본부로 기능했지만, 총대교구청은 곧 가까이에 있는 '복되신 하나님의 어머니 교회'(Church of Theotokos Pammakaristos)로 옮겨졌다.

페티예 박물관

현재 페티예 모스크라 불리는 이 교회는 11세기에 지어진 건물로, 1456년부터 1587년까지 한 세기 이상 동방정교회의 총대교구청이었다. 하지만 오스만의 술탄 무라트 3세가 조지아와 아제르바이잔을 '정복'(Fethiye)한 것을 기념하기 위해 1591년 모스크로 개조하여 페티예 모스크(Fethiye Mosque)라 이름 붙였다. '아야 소피아'와 '코라 박물관'과 더불어 이곳 페티예 모스크 내부 박물관의 모자이크와 프레스코화는 시간과 비용을 들여 둘러볼 만한 가치가 있다.

381년 콘스탄티노플 공의회가 열린 '아야 이리니'

초대교회의 역사에 관심이 있는 사람이라면 공의회가 열렸던 역사 현장들을 돌아보는 것에도 분명 흥미를 느낄 것이다. 이스탄불 톱카프 궁전 바깥뜰에 있는 '아야 이리니'는 '거룩한 평화'(Αγία Ειρήνη)라는 의미를 지니고 있으며, 콘스탄티누스의 명에 따라 건축된 이스탄불 최초의 교회당이다. 콘스탄티노플 총대교구청도 맨 처음에는 이 자리에 있었으며, 이후 아야 소피아, 파티흐 모스크, 페티예 모스크 등을 거쳐 현재의 위치에 자리하게 되었다. 특히 아야 이리니는 381년 콘스탄티노플 공의회가 개

325년 제1차 공의회가 열린 니케아 콘스탄티누스의 왕궁터

787년 제7차 공의회가 열린 니케아 '아야 소피아'

카디쾨이로 가는 배

최된 역사적 장소이다. 바로 이곳에서 확정된 '니케아-콘스탄티노플 신경'을 통해 삼위일체 교리가 확립되었다. 지금도 사도신경과 더불어 니케아-콘스탄티노플 신경은 모든 그리스도인 신앙의 보편적 표준으로 자리 잡고 있다.

이스탄불에서 시간적인 여유가 있는 사람은 최초의 교회 공의회가 열린 고대 도시 니케아(오늘날 이즈니크, Iznik)를 방문해 보는 것도 좋다. 이스탄불에서 대략 140km 떨어져 있으니 자동차로 2시간이면 충분한 거리이다. 한나절 정도만 시간을 할애하면 325년과 787년 두 차례 교회 공의회가 열린 장소들을 돌아보며 그리스도교 역사의 흔적을 더듬어보는 기쁨을 누릴 수 있을 것이다. 거대한 이즈니크 호수의 풍광은 덤으로 누리는 호사이다.

그리고 451년 교회 공의회가 열린 고대 도시 칼케돈도 있다. 이스탄불의 에미뇌뉘(Eminönü) 부두에서 배를 타고 25분쯤 가면 도착하는 카디쾨이(Kadıköy)가 바로 그곳이다. 잠시 사이에 유럽에서 아시아로 넘어온 셈이다. 차량으로 다리를 건너갈 수도 있지만 배를 타고 가는 것도 이스탄불을 즐기는 한 방법이다. 이렇게 하면 초대교회의 일곱 차례 공의회 개최지 가운데 431년 3차 공의회가 열린 에베소 외에는 모두 방문한 셈이 된다. 니케아에서는 1차(325) 및 7차(787) 공의회가 열렸고, 콘스탄티노플에서는 2차(381), 5차(553), 6차(680) 공의회가 개최되었으며 칼케돈에서는 4차(451) 공의회가 소집되었다.

마지막으로, 코라 박물관(Chora Museum, Kariye Müzesi)을 방문해보기를 추천한다.

코라 수도원

원래 수도원이던 곳이기에 수도원 탐방이라는 우리 주제에도 걸맞다. 코라 박물관은 교회, 수도원, 모스크, 박물관 등 다양한 이름으로 불리는 데서 알 수 있듯이 역사의 흔적이 켜켜이 축적되어 있는 보고와도 같은 곳이기에 따로 조금 더 자세히 살펴보려 한다.

코라 박물관

이스탄불에 있는 코라 박물관은 오랫동안 동방정교회 수도원으로 사용되던 곳으로, 중세 비잔틴제국 시대의 모자이크와 프레스코화가 잘 보존되어 있어 유네스코 세계유산으로 등록되어 있다. '코라'(χώρα)는 '시골' 혹은 '교외'라는 뜻인데, 당시 콘스탄티노플 성벽의 외곽에 위치해 있어 이런 이름이 붙었다. 오스만제국 시대에는 모스크로 개조되어 카리예 자미(Kariye Camii, 카리예는 코라의 아랍어 번역이고 자미는 이슬람의 사원을 일컫는 용어이다.)로 불리다가 1945년에 박물관으로 개조되어 일반에 개방되고 있다. 오늘날은 '아야 소피아'의 명성에 가려져 코라 박물관을 찾는 사람들이 많지 않은데, 이스탄불을 방문한 그리스도인이라면 꼭 한번 들러볼 만한 장소이다.

박물관의 초기 역사에 대해서는 여러 전승이 있지만 모두 근거가 명확하지 않아 확증하기 어렵다. 10세기의 기록편찬자 성 시메온(St. Symeon Metaphrastes)의 기술에 따르면, 298년 니코메디아(오늘날 튀르키예의 이즈미트, Izmit)에서 제자 84명과 함께 순교한 성 바빌라스(St. Babylas)의 유해가 묻힌 묘지 위에 코라 수도원이 세워졌다고 한다. 수도원 건축은 유스티니아누스 황제 치하인 536년에 황제의 아내 테오도라의 외삼촌 테오도로스가 시작했다. 하지만 완공되기도 전인 557년 지진으로 파괴되고 말았고 결국 황제가 완공시켰다고 전해진다. 이후 대주교 제르마노스 1세, 니케아의 테오파네스 같은 사람들이 묻히게 되면서 수도원은 신성한 묘지로서의 기능도 계속 이어갔다.

코라 수도원은 1947-58년 진행된 고고학 발굴에 의해 시대를 거치면서 적어도 다섯 차례의 대대적인 재건축이 이루어졌음이 확인되었다. 성상논쟁이 마무리된 843년 미카엘 신켈로스(Michael Synkellos)가 수도원장으로 부임하면서 전면적인 재건이 이루어졌는데, 현재 교회의 동쪽 가장자리와 내실 바닥 아래의 무덤에서 그 흔적을 볼 수 있다. 11세기 후반에는 비잔틴 황제 알렉시오스 1세 콤니노스(Alexios I Komnenos, 재위 1081-1118)의 장모인 마리아 두카이나(Maria Doukaina)가 허물어진 코라 수도원의 터 위에 새로운 교회를 건축하였다. 지금도 교회의 상부 구조에서 그때의 모습을 확인할 수 있다. 12세기에는 황제 알렉시오스의 아들 이삭 콤니노스(Isaac Komnenos)가 교회를 새롭게 건축했는데, 3개의 작은 후진(apse) 대신 하나의 큰 후진을 두고, 4개의 기둥으로 받친 작은 돔과 큰 내부 공간을 갖춘 모습으로 재건하였다. 지금도 코라 교

예수 그리스도와 어머니 마리아, 그리고 마리아 아래쪽에 이삭 콤니노스의 모습이 보인다.

회에는 그의 모자이크 초상화가 남아 있다.

14세기 초 코라 수도원에 살았던 대주교 아타나시오스 1세의 전언에 따르면, 수도원은 1296년 대지진으로 폐허가 되고 만다. 이후 14세기에 황제 안드로니코스 2세의 개인 고문이자 황실 재무를 맡고 있던 테오도로스 메토키테스(Theodore Metokhites, 1270-1332)가 대대적인 복원과 재건을 하게 된다. 지금 남아 있는 코라 박물관의 모자이크와 프레스코화 대부분이 이때 제작되었기 때문에, 어떤 이는 메토키테스를 그와 동시대인으로서 이탈리아 르네상스 예술의 선구자였던 조토(Giotto di Bondone, 1266-337)만큼이나 중요한 역할을 한 인물로 평가하기도 한다. 또한 당시로서는 꽤 큰 규모의 도서관도 수도원에 마련되었는데, 이 도서관은 콘스탄티노플에서 가장 중요한 도서관 중 하나로 간주되었다. 1316년 수도원 재건의 책임을 맡아 1321년 완공한 메토키테스에게는 코라 수도원의 '설립자'(Ktetor)라는 명예로운 칭호가 주어졌다. 코라 교회에는 그가 그리스도에게 수도원 건물을 바치는 모자이크가 조각되어 전해지고 있다.

그러나 메토키테스의 든든한 후견인이던 황제 안드로니코스 2세가 1328년 권력투쟁에서 밀려 퇴위하게 되자 그의 운명은 완

코라 수도원의 '설립자' 테오도로스 메토키테스가 교회의 모형을 우주의 통치자이신 그리스도에게 바치고 있다. 이 모자이크는 교회의 입구인 배랑(拜廊, narthex)에서 내실(內室, naos)로 연결되는 출입구 위의 반원형 벽에 새겨져 있다.

전히 달라진다. 전임 황제의 손자인 새로운 황제 안드로니코스 3세는 메토키테스를 튀르키예 국경 근처 그리스 마을 디디모티호(Didymoteicho)로 유배시켰다. 메토키테스는 유배생활의 슬픔과 고뇌를 시(詩)로 표현하기도 했다. 1330년 사위의 도움으로 콘스탄티노플에 돌아온 메토키테스는 자신이 설립한 코라 수도원에서 수도자로 지내다가 1332년 숨을 거두었고, 지금은 수도원의 남쪽 측면 예배당(parekklesion)에 묻혀 잠들어 있다.

1453년 오스만제국의 술탄 메흐메트 2세가 콘스탄티노플을 점령했을 때 코라 수도원과 교회는 별다른 피해를 입지 않았다. 그러나 1511년 술탄 바예지드 2세 때 코라 수도원은 카리예 자미라는 이름의 이슬람 모스크로 개조되고 만다. 종탑은 이슬람의 첨탑인 미나렛(minaret)으로 대체되었고, 1521년에는 내실 후진에 이슬람 성지인 메카의 방향을 표시하는 미흐랍(mihrab)이 추가되었다. 이슬람 사원으로 사용되던 당시에는 '모자이크 모스크'(mosaic mosque)로 불리기도 했다. 코라 수도원은 비잔틴 수도원으로 시작해 이슬람 사원을 거쳐, 마침내 1945년 8월 29일 튀르키예 정부에 의해 박물관으로 탈바꿈되어 많은 방문객을 맞이하고 있다.

✤ 후기

2020년 7월 10일 튀르키예 최고행정법원은 유네스코 세계유산 '아야 소피아'의 박물관 지위를 취소하였다. 그리고 그 결정이 나온 직후 레제프 에르도안 튀르키예 대통령은 아야 소피아를 박물관에서 모스크로 개조하라는 행정명령에 서명하였다. 아야 소피아는 537년 비잔틴제국 황제 유스티니아누스 1세가 건립한 이래 정교회의 본산 역할을 했지만, 1453년 오스만제국에 함락당하면서 모스크로 개조되었다가, 1934년 튀르키예 공화국 초대 대통령인 무스타파 케말 아타튀르크의 강력한 세속주의 정책에 따라 박물관으로 전환되었다. 그런데 이제 86년 만에 또다시 모스크로 개조되는 운명을 맞았다. 어쩌면 코라 박물관도 조만간 이와 비슷한 처지에 놓이게 될지도 모르겠다.

공중에 매달린 집

메테오라 수도원

몬테네그로
코소보
세르비아
불가리아
북마케도니아
알바니아
이탈리아

메테오라 수도원

대메테오로 수도원
성 발라암 수도원
거룩한 삼위일체 수도원
성 니콜라스 아나파프사스 수도원
성 루사노 수도원
성 스테판 수도원

그리스
튀르키예
아테네

메테오라, 경이로움이 자기성찰로 이어지는 곳

그리스 중북부 지역의 거대한 바위산 아찔한 꼭대기에는 정교회 수도원 군락지가 있다. 핀도스와 안티카시아 산맥 사이 테살리아 평야 북서쪽에 있는 이곳의 이름은 메테오라이다. '공중에 매달린'이라는 뜻의 '메테오라'(μετέωρα)라는 말대로, 이곳 수도원들은 마치 공중에 매달려 있는 집처럼 보인다. 어떻게 저 험준한 바위 정상에 수도원을 만들 수 있었는지 바라보는 사람들의 경탄을 자아낸다. 하나님이 빚으신 바위산을 보며 대자연의 경이로움에 한 번 놀라고, 그 바위산 가장 높은 꼭대기에 기어코 자신만의 거처를 마련한 인간의 끈질긴 노력과 성취에 한 번 더 놀란다. 왜 메테오라의 수도자들은 저 높은 꼭대기에 올라가 기도하며 수도생활을 했을까? 하늘에 계시다고 믿고 있는 하나님께 조금이라도 더 가까이 가고 싶었던 것일까? 세속에서 철저히 떠나 내면의 욕망을 찌꺼기까지라도 모두 비워내고 싶어서였을까? 놀라움이 깊은 생각으로 이어지는 곳, 그곳이 바로 메테오라이다.

메테오라에 수도자들이 살기 시작한 것은 9세기부터라고 전해진다. 홀로 수도생활을 하면서 하나님을 만나고자 하는 은수자들은 자신들에게 적합한 외진 곳을 찾다가 험한 바위산을 오르기 시작했다. 그들은 최고 550m의 높은 고지 바위틈에 머물면서 철저하게 세속과 단절된 고독한 수도생활에 몰두하였다. 어쩌면 초대교회 시기 시리아에서 '기둥 위의 성자'라 불린 시메온(Symeon)이 직경 90cm에 불과한 기둥 위에서 36년을, 소(小)시메온(Symeon the younger)이 68년을 살았다는 교회사의 전승에서 암시를 받아 더 높은 바위산으로 올랐을지도 모를 일이다. 그들은 하늘을 나는 새 외에는 근접할 수 없는 바위틈에 자신만의 거처를 만들어 극한의

은수자들이 거처한 메테오라의 바위틈

추위와 배고픔을 견디며 내면의 유혹, 시험과 싸워야만 했다. 나무 사다리와 도르래만이 세상과 연결되는 유일한 끈이었다. 과연 이같은 고행과 고독을 통해 그들이 영혼의 평안과 구원을 얻었을지 내심 궁금하다.

14세기 들어서 은수자들이 머물던 바위산에 수도원이 세워지기 시작했는데, 첫 번째 수도원은 아타나시오스가 세운 대(大)메테오로 수도원이다. 이후 투르크족의 침공을 피해 수도생활에 전념하고자 메테오라의 높은 절벽 위로 오르는 수도자들이 늘어나면서 16세기에 24개의 수도원이 세워졌고, 그 결과 오늘날과 같은 수도원 군락지를 형성하게 되었다. 수도원들이 들어선 바위산의 높이가 평균 300m이고 가장 높은 곳은 550m에 이른다니, 그 꼭대기에 건물을 세운 인간의 의지와 집념도 참 대단하다는 생각이 든다. 20세기 들어 계단이 놓이기 전까지는 초기 은수자들과 마찬가지로 오로지 밧줄과 나무 사다리를 타고 오르내려야 했다. 이런 불편과 어려움을 마다하지 않던 수도자들에게 신앙이란 어떤 의미였을지 묻지 않을 수 없고, 동시에 나의 믿음생활이 넓은 길로 다니며 안락하고 편안한 것만을 추구하는 것은 아닌지 되돌아보게 된다.

미국의 시사 주간지 「타임」이 선정한 세계 10대 불가사의 건축물이자 유네스코 세계유산으로 지정된(1988) 메테오라의 수도원에는 귀중한 필사본과 성화들이 많이 보관되어 있다. 이런 점에서 메테오라는 수도생활의 성지일 뿐만 아니라 그리스 문화유산을 보존하고 있는 매우 중요한 곳이다. 600년이 넘는 역사 속에서 부침을 겪어 왔지만, 지금도 메테오라의 6개 수도원에서는 수도생활이 면면히 이어지고 있다. 현재 스테판 수도원과 루사노 수도원은 수녀원으로 운영되고 있고, 나머지 네 군데 수도원에서는 남성 수도자들이 수도생활을 하고 있다. 2015년 통계에 따르면 메테오라의 수도자는 전체 56명이고 그 가운데 남자가 15명, 여자가 41명이다. 오랫동안 금녀의 땅이던 메테오라에서 지금은 남성보다 더 많은 여성이 수도생활에 전념하고 있는 것이다. 1921년 대메테오로 수도원에 들어간 루마니아의 메리 여왕이 메테오라에 발을 디딘 최초의 여성으로 알려져 있다.

시만트로(symantro) 수도원에서 예배 및 식사 시간을 알릴 때 사용하던 도구이다. 불교 사찰에서 사용되는 목어(木魚)와 비슷하다.

메테오라의 수도원들

1. 대(大)메테오로 수도원

대메테오로(Great Meteoron) 수도원은 메테오라의 수도원들 가운데 최초이자 가장 큰 규모의 수도원이다. 기록에 따르면 1340년경 수도자 아타나시오스가 아토스산에서 함께 수도생활을 하던 사람들과 메테오라로 와서, 가장 크고 높고 넓은 바위 위에 대메테오로 수도원을 건설하였다고 한다. 아타나시오스가 직접 붙였다는 '메테오로'(μετέωρο, 별똥별)라는 이름으로 인해 지금은 이 지역에 있는 수도원 전체를 그 복수형인 메테오라(μετέωρα) 수도원이라 부르게 되었다.

아타나시오스를 비롯한 14명의 수도자는 먼저 동정녀 마리아를 기념하는 예배당을 세운 다음, 예수 그리스도가 '변화산' 위에서 변모한 사건을 기념하는 교회를 건축하기 시작했다. 수도원 벽에 남아 있는 비문을 보면 본래의 '예수 변모 기념 교회당'은 1387-88년 완공되었으며, 현재의 건물은 1544-45년에 새롭게 건축한 것임을 알 수 있다. 예수 변모 기념 교회당이 수도원의 중심이 되는 건물(katholikon)이기에 메테오로 수도원을 '예수 변모 수도원'이라 부르기도 한다.

1380년 아타나시오스가 죽고 비잔틴제국의 왕족 출신인 요사프(Ioasaph)가 계승자가 되면서 메테오로 수도원의 위상은 더욱 견고해졌다. 요사프는 메테오로 수도원의 제2의 건립자로 인정받고 있다. 1540년 10월 정교회의 총대주교인 예레미아스 1세가 메테오로 수도원을 방문함으로써 이곳은 그리스 아토스 수도원에 버금가는 명성을 얻게 된다. 1512년 발라치아의 영주 니고 바사랍(Neagoe Basarab)은 메테오로 수도원의 탑을 건설하고 수도원으로 오르내릴 수 있는 나무 사다리를 기부했는데, 오늘날 우

대메테오로 수도원의 전경과 종탑

리가 수도원으로 오르내릴 때 이용하는 계단은 1922년에야 만들어진 것이다. 둥근 천장에 5개의 기둥과 2개의 통로를 가진 수도원 식당은 1577년에 건축되었으며 이후 수도자들의 삶에서 중요한 역할을 하게 된다. 당시 수도원 장상(長上)이던 시메온(Epirote Superior Symeon)은 수도원의 제3의 건립자로 간주된다.

이 외에도 메테오로 수도원에 큰 영향을 남긴 장상으로 두 사람을 꼽을 수 있다. 먼저 파르테니오스 오르피데스(Parthenios Orphides)는 18세기 말과 19세기 초에 수도원의 음악과 미술, 영성에 큰 영향을 미친 장상으로, 1789년 메테오로 수도원의 콘스탄티누스와 헬레나 교회당을 건축하였다. 폴리카르포스 라미데스(Polykarpos Rammides) 장상은 1882년에 메테오라 수도원들의 역사를 처음으로 기술한 학자였다.

600년 이상의 세월을 버텨내며 그 역사를 이어오고 있는 메테오로 수도원은 1609년 투르크의 침입으로 폐허가 되는 시련을 겪기도 했고, 1633년에는 큰 화재가 발생하는 일도 있었지만, 지금도 여전히 정교회 수도원 운동의 요새, 그리스도교 영성운동의 성채, 수많은 고대 필사본과 소중한 벽화를 지닌 문화와 전통의 요람으로서 그 역할을 이어가고 있다.

2. 성 발라암 수도원

성 발라암 수도원(St. Varlaam)은 아타나시오스와 동시대를 살았던 은수자 발라암에 의해 14세기에 시작되었다가 1541-42년 테오파니스와 넥타리오스 형제(Theophanis and Nektarios Apsaras)에 의해 재건된 수도원으로, 현재까지 수도자가 머물며 생활하고 있다. 테오파니스와 넥타리오스 형제

성 발라암 수도원

의 수도원 재건 이야기는 수도원의 문서와 비문에 새겨져 전해진다. 두 형제는 요아니나섬(Ioannina Island) 출신으로 아토스산의 디오니시오스 수도원에서 수도생활을 하다가 고향으로 돌아가서 1506-07년 '세례자 요한 수도원'을 설립하지만, 교회와 세속 권력자들의 잇따른 간섭 때문에 어려움을 겪다가 1510-11년 메테오라로 옮겨 정착한다.

특별히 발라암 수도원은 16세기 말과 17세기 초에 걸쳐 필경사(筆耕士, 글자를 옮겨 적는 사람)와 사본 채식사(彩飾師, 글에 삽화를 넣거나 테두리를 금장, 은장 등으로 꾸미는 사람)들이 체계적으로 일하던 장소였기에 이곳에는 아름다운 디자인과 장식을 갖춘 290여 개의 진귀한 필사본이 보관되어 있다. 수도원의 옛 식당 건물은 현재 박물관으로 사용되고 있다. 전해지는 이야기에 따르면 발라암 수도원에 사도 요한의 손가락과 사도 안드레의 어깨뼈가 보관되어 있다고 한다.

3. 거룩한 삼위일체 수도원

우뚝 선 바위 위에 자리 잡은 거룩한 삼위일체(Holy Trinity) 수도원은 그 자체로 바라보는 이들의 탄성을 자아내는 절경이다. 과거에는 오직 밧줄로 된 사다리와 옛날 방식으로 만들어진 그물을 통해 수도원에 올라갈 수 있었지만, 1925년 계단이 만들어지면서 방문객들은 훨씬 수월하게 수도원에 다다를 수 있게 되었다. 수도원이 언제 시작되었는지에 대한 정확한 기록은 없으나 메테오로 수도원의 기록보관소에 있는 1362년 문서에 거룩한 삼위일체 수도원에 대한 언급이 있는 것으로 보아 거의 동시대에 수도생활이 시작된 것으로 짐작된다. 주초석(柱礎石)에 새겨진 비문 기록에 따르면 수도원의 중심 교회당이 세워진 것은 1475-76년이다.

1979년 수도원에서 도난 사건이 발생해 1662년에 제작된 그리스도 성화, 1718년에 리조스(Rizos)가 그린 동정녀 마리아 성화가 분실되었다. 또

거룩한 삼위일체 수도원

나무로 만들어진 오래된 이콘 장식 조각품도 사라져 지금은 다른 것으로 대체되어 있다. 삼위일체 수도원은 놀라운 풍광으로 인해 종종 영화의 배경으로 등장하는데, 007 영화 시리즈 중 로저 무어가 주연한 〈007 포 유어 아이스 온리〉(For Your Eyes Only, 1981)와 그리스를 배경으로 소피아 로렌이 주인공으로 등장하는 영화 〈해녀〉(Boy on a Dolphin, 1957)에 그 모습이 담겼다. 2012년 제62회 베를린 국제영화제에 소개된 스피로스 스타툴로풀로스(Spiros Stathoulopoulos) 감독의 영화 〈메테오라〉(Meteora)도 삼위일체 수도원을 배경으로 그리스 수사와 러시아 수녀 사이의 사랑 이야기를 그린 작품이다.

4. 성 니콜라스 아나파프사스 수도원

성 니콜라스 아나파프사스(St. Nicholas Anapafsas) 수도원은 14세기 중반 좁은 바위 위에서 시작되었다. 수도원의 계단을 올라 가장 먼저 만나게 되는 조그마한 건물은 안토니오스 채플인데, 그 지하실은 이전에 주요 사본과 유물 보관소로 사용되었다. 이 작은 채플이 중요한 이유는 14세기 것으로 추정되는 그림들이 벽에 남아 있기 때문이다. 다음 층으로 올라가면 수도원의 중심인 성 니콜라스 교회당이 나타난다. 그리고 마지막 층에는 다양한 그림(예수를 안고 있는 동정녀 마리아, 부자와 가난한 나사로 비유 등)으로 장식된 식당, 1971년 새롭게 수리된 세례자 요한 채플, 유골을 보관하는 봉안당이 있다.

수도원의 이름에 '아나파프사스'(anapafsas)가 붙은 유래는 분명하지 않지만, 14세기에 은자 수도생활을 시작한 사람의 이름에서 유래한 것으로 추정한다. 어떤 이들은 '쉬다', '휴식하다'라는 의미를 지닌 동사 '아나파보메'(anapavome)와 연결하여 '아나파프사스'를 쉼과 재충전을 위한 장소로 해석하기도 한다. 안토니오스 채플에 남겨진 그림의 추정 연대와 메테오로 수도원을 설립한 아타나시오스의 언급을 보면, 니콜라스 수도원도 메테오

성 니콜라스 아나파프사스 수도원

로 수도원과 비슷한 시기에 시작된 것으로 보인다. 수도원은 16세기 초에 대대적으로 수리되었고, 현재의 니콜라스 교회당도 이때 재건된 것이다. 교회당의 현관에 해당하는 배랑에서 본당인 신랑으로 들어가는 입구에 적힌 비문을 보면, 라리사의 주교 디오니시오스(Dionisios)와 스타고이(오늘날 메테오라에 있는 마을 칼라바카, Kalabaka)의 주교 니카노르(Nikanor)가 이 교회당을 건립했고, 흔히 바타스(Bathas)라고 불리는 크레타 출신의 화가이자 수도자인 테오파니스 스트렐리차스(Theophanis Strelitzas)가 1527년에 벽화를 그렸음을 알 수 있다. 니콜라스 교회당이 정사각형 모양이긴 하지만 바닥이 평평하지 못한 것은 수도원이 자리 잡은 바위가 좁고 표면이 고르지 못한 까닭이다.

5. 성 루사노 수도원

성 루사노(St. Roussano) 수도원은 가파른 바위산 중턱 평평한 곳에 있어서 멀리서 바라보면 마치 거대한 바위산의 일부처럼 보인다. 루사노 수도원에

성 루사노 수도원

서 바라보면 동쪽으로는 삼위일체 수도원과 스테판 수도원이, 서쪽으로는 발라암 수도원과 메테오로 수도원이 눈앞에 펼쳐진다. 과거에는 범접하기 어려운 곳이었겠으나 지금은 1930년에 만들어진 계단과 작은 다리를 이용하여 비교적 수월하게 다다를 수 있다. 수도원은 1980년대에 대대적인 개축을 거쳤으며 지금은 여성들의 수도생활을 위한 수녀원으로 바뀌었다. 루사노라는 이름의 유래는 정확히 알 수 없지만, 1630년대의 공식 문헌에 이 이름이 등장하는 것으로 보아 바위산에 거주한 최초의 수도자이거나 14-15세기에 최초로 교회당을 설립한 사람의 이름일 것으로 추정된다. 남아 있는 여러 문헌의 증언과 증거를 종합해볼 때 현재 모습의 수도원은 1545년 수도자 요샤프(Ioasaph)와 막시모스(Maximos) 형제가 건립한 것으로 보인다.

수도원의 중심 건물인 교회당은 가운데 돔 지붕을 지닌 십자가 형태로 지어졌는데, 예수 그리스도의 변모 사건을 기념하여 봉헌된 것이다. 동시에 교회당은 이 지역에서 특별히 존경받는 4세기의 여성 순교자 성 바르바라(St. Barbara)를 기념하는 건물이기도 해서 루사노 수도원은 '성 바르바라 수도원'이라 불리기도 한다. 교회당 벽화를 그린 사람이 누구인지는 알려져 있지 않지만 〈재림을 준비하는 세례자 요한과 동정녀 마리아〉, 〈낙원에서의 범죄〉 등 독특하고 인상적인 그림들이 보존되어 있다.

6. 성 스테판 수도원

성 스테판(St. Stephen) 수도원은 메테오라의 수도원 중 유일하게 계단을 오르지 않고 작은 다리만 건너면 방문할 수 있는 곳이다. 스테판 수도원은 1961년 이후 여성들의 수도공동체가 되었으며, 현재 메테오라에서 가장 많은 수도자가 영적 활동과 자선 활동을 적극적으로 실천하고 있는 생동감 넘치는 수도원이다. 이곳에서 수도생활을 시작한 최초의 인물은 은자 예레미아스(Ieremias)라고 알려져 있는데, 기록으로 분명하게 확인할 수 있는 수도원 설립자는 15세기 전반 수도원장 안토니오스(Antonios)와 특별히 16세기 중반 트리칼라 지역의 리조마(Rizoma) 출신 수도자인 필로테오스(Filotheos)이다.

필로테오스는 1545년 이전에 중심 교회당, 스테판 교회, 수도자들을 위한 방을 만들었다. 수도원의 중심이 되는 교회당의 현관에는 수도원의 설립자인 안토니오스와 필로테오스의 초상이 그려져 있다. 현재의 중심 교회당은 암브로시오스(Amvrosios)가 수도원 장상으로 있던 1789년 성 카라람포스(Charalampos) 기념 교회당으로 새롭게 건축된 것이다. 지금도 수도원에는 루마니아 황실 인물인 발라치아의 블라디슬라프(Vladislav)가 기증한 카라람포스의 유해가 보관되어 있다고 전해진다. 메테오라의 다른 수도원들과 비슷하게 스테판 수도원의 중심 교회당도 아토스산에 있는 수도원의 건축 구조와 유사하다. 수도원 이름의 유래가 된 스테판 교회는 본당과 현관이 구별되어 있고 나무 지붕을 갖춘 장방형의 바실리카 양식이다. 현재 옛 수도원 식당을 개조해 박물관을 만들어 진귀한 필사본과 보물과 유물을 일반에게 공개하고 있다.

성 스테판 수도원

마음에 남은 생각

메테오라를 돌아보면서 인간이 영적인 존재라는 사실을 다시금 확인하였다. 많은 수도자로 하여금 사람의 발길이 닿지 않는 산꼭대기 또는 바위틈에서 수도생활을 하게 만든 원동력은 무엇이었을까? 바로 영적인 갈망이라고 생각한다. 사슴이 시냇물을 찾기에 갈급하듯이 그들의 영혼은 하나님을 갈망한 것이다.(시 42:1) 누군가 말했듯이 인간의 영혼에는 오직 하나님만이 채울 수 있는 빈 공간이 있다. 그 공간은 세상의 칭찬, 명예, 권력, 돈으로는 결코 채워질 수 없다. 그렇기에 그 오랜 시간 수많은 수도자가 끊임없이 메테오라를 올랐을 것이다. 아우구스티누스가 『고백록』에서 "당신은 우리를 당신을 향해서 살도록 창조하셨으므로, 우리 마음이 당신 안에서 쉴 때까지는 편안하지 못하나이다."라고 말했듯이, 우리는 하나님과 잇대어질 때에라야 비로소 내면의 평안과 영혼의 안녕을 느끼는 존재이리라!

그런데 산 위의 수도원을 돌아보면서 필자는 오히려 산 아래 동네에서의 영성의 가치와 중요성을 더욱 절감하였다. 예수 그리스도는 하늘의 영광을 버리고 땅 한복판으로 내려오셨다. '변화산'에 함께 머물며 살자는 제자들의 요청을 거절하고 오히려 고통에 허덕이며 몸부림치는 사람들이 사는 마을 안으로 내려오셨다. 하나님과 함께 평안을 누리는 것도 중요하지만, 기꺼이 다른 사람들에게 평안을 전하는 통로가 되고자 하셨기 때문이리라. 메테오라의 수도자들은 참으로 존경할 만한 믿음의 선배들이지만 나를 넘어 타인을 살리는 영성, 자신을 넘어 세상을 품고 살리는 영성이었더라면 하는 아쉬움이 남는 것 또한 사실이다. 개인적 경건을 넘어 사회적 경건을 추구하는 것이 그리스도가 걸어가신 길을 올곧게 따르는 제자의 도리가 아닐까 생각해 본다. 이제는 산 아래로 내려가야 할 때이다.

한국정교회의 역사

1897년 러시아 공사 플라높스키의 요청에 따라 1900년 러시아정교회 소속 신부가 내한하게 되었고, 그해 2월 17일 첫 성찬 예배를 드림으로써 한국정교회 역사가 시작되었다. 1903년에는 고종이 하사한 정동 땅에 작은 교회당까지 건축하였다. 그러나 이듬해 발발한 러일전쟁에서 러시아가 패하면서 러시아정교회 소속 사람들이 대한제국을 떠나게 되는 바람에 정교회는 역사의 뒤안길로 사라졌다. 그러다가 한국전쟁에 참전한 그리스 종군 신부에 의해 한국정교회의 맥이 다시 이어졌다. 1955년 정교회 세계총대교구청에 속하게 된 한국정교회는 지금까지 이어져 오고 있다.

1968년에는 지금의 서울 마포구 아현동에 성 니콜라스 대성당이 건축되면서 새로운 역사의 장이 열렸다. 중앙에 돔을 둔 비잔틴 양식 건물인 니콜라스 대성당은 건립 10년 만인 1978년에 축성되었다. 성당 출입구 양쪽에서 '1968년 5월 19일 머릿돌'과 '1978년 9월 24일 축성기념패'("이 성당은 뉴질랜드 대교관구 교구장이시며 한국지역 교구장이신 디오니시오스 대주교님에 의해서 축성되었다.")를 확인할 수 있다. 성당 출입문 위쪽의 팀파눔(출입문 위 반원형 공간의 장식)에는 니콜라스 성인의 모자이크가 조각되어 있다. 실내에는 성모자상, 제대와 회중석을 나누는 성상대(iconostasis), 세례를 위한 구조물이 있다. 특히 성모자상은 1897년 그리스 아

한국정교회 주교좌성당인 성 니콜라스 대성당

성 니콜라스 대성당 출입문(위쪽에 니콜라스 성인의 모자이크가 조각된 팀파눔)

토스 수도원에서 제작되어 러시아 티흐빈으로 옮겨졌다가 1900년 한국정교회 설립 때 가져온 것이다. 성전 옆에는 5개의 종이 걸려 있는 종루가 있는데 이것은 성당이 정동에 있을 때부터 있던 것이다.

한국정교회 제1대 대주교를 역임한 인물은 소티리오스 트람바스이다. 1975년, 사제의 신분으로 한국에 온 그는 1993년에 주교로, 2004년에는 한국정교회가 대교구로 승격함에 따라 한국정교회 초대 대주교로 임명되었다가 2008년 한국을 떠나 튀르키예 피시디아(Pisidia)로 갔다. 소티리오스는 33년간 한국에 머물면서 한국정교회의 토대를 형성하였다. 제2대 대주교는 암브로시오스 조그라포스이다. 한국 이름은 조성암(趙聖巖)인데 한국정교회의 거룩한 반석이 되기를 바라는 마음으로 지었다고 한다. 암브로시오스 대주교는 그리스 에기나섬 출신으로 그리스 아테네 대학교와 미국 프린스턴 신학교에서 공부하고 1998년 한국에 와서 현재 22년째 살고 있으니 한국 사람이 다 된 셈이다. 1991년 사제가 된 그는 2005년에 주교로, 2008년에 대주교로 임명되었다. 2016년 11월에는 한국기독교교

성 니콜라스 대성당 내부 성화대가 제대와 본당을 구별하고 있다. 커튼을 젖히면 제대가 보인다.

회협의회(NCCK) 회장을 맡아 1년간 섬기기도 했다.

오늘날 한국정교회는 서울 니콜라스 대성당을 비롯하여 부산, 인천, 전주, 춘천, 울산, 파주 등에 7개의 성당과 몇 개의 소(小)성당을 두고 있으며, 가평과 양구에는 수도원이 있다. 2004년 대교구로 승격된 이후 독자적인 자치권을 지니고 있는 한국정교회에는 현재 3,500명 정도의 세례교인이 소속되어 있다. 필자가 가르치고 있는 장로회신학대학교는 여러 해 전부터 매 학기 한 차례 신학대학원 학생들이 에큐메니컬 대화와 연합 실천의 일환으로 니콜라스 대성당을 방문하여 정교회 예배에 참여하고 암브로시오스 주교의 특강을 듣는 행사를 갖고 있다. 장로회신학대학교는 프로테스탄트 종교개혁 전통에 굳건히 서 있는 학교이지만, 정교회 전통과의 건설적인 대화를 통해 그리스도교 공동의 유산을 확인하고 서로에게 유익을 끼치는 좋은 만남을 이어가고 있다.(한국정교회 홈페이지 주소 https://www.orthodoxkorea.org)

✤ 후기

메테오라 수도원은 1991년에 600주년 기념 예식을 거행했다. 우리의 역사와 비교해 보자면 고려 말기부터 지금까지 수도생활을 이어오고 있는 셈이다. 이제 130년을 약간 넘긴 한국 개신교회로서는 600년이라는 시간의 무게를 짐작하기 쉽지 않다. 메테오라는 무한 경쟁과 승자 독식, 속도전의 시대를 살아가는 우리에게 깊은 울림과 감명을 준다. 누군가가 어떤 일을 참으로 아득한 세월을 인내하며 이어나가면 그것은 그의 삶이 되고, 전통이 되고, 역사가 된다. 메테오라 수도원은 600년의 인내와 절제와 비움과 순명이 빚어낸 아름다운 역사의 현장이다.

베네딕투스 수도회의 요람

몬테카시노 수도원

몬테카시노 가는 길

몬테카시노 수도원은 로마에서 남동쪽으로 140km 정도 떨어져 있는 작은 마을 카시노(Cassino)에 있다. 로마 테르미니역에서 가장 느린 완행기차를 타더라도 2시간이면 카시노역에 도착하기에 당일치기로 느긋하게 다녀오기 안성맞춤이다. 물론 시간의 여유만 있다면 몬테카시노의 방문객 숙소에서 하루 묵으면서 자신의 영혼을 돌아보고 성찰하는 시간을 가져보기를 추천한다.

'카시노의 산'이라는 뜻 그대로 몬테카시노 수도원은 해발 517m 산 위에 위풍당당하게 서 있다. 수도원에 갈 때는 버스를 타고 올라가면 아래로 펼쳐지는 멋진 경치를 즐길 수 있다.

몬테카시노 수도원

몬테카시노 수도원의 역사

베네딕투스(480-547)가 529년경 세운 몬테카시노 수도원은 베네딕투스 수도회의 모체이다. 수도원이 있는 자리는 로마제국 시대 카시눔(Casinum)이라 불리던 요새로, 과거 아폴로 신을 위한 제단이 있던 곳이지만 로마가 그리스도교를 국교로 받아들인 이후 그 자리에 수도원이 세워졌다. 하지만 여기에 세워진 최초의 수도원은 580년경 랑고바르드족의 침입으로 약탈당하고 폐허가 되고 만다. 수도자들은 로마로 피신해야만 했고, 베네딕투스의 유해는 프랑스 북부 도시 플뢰리(오늘날 생-브누아-쉬르-루아르, Saint-Benoît-sur-Loire)로 옮겨졌다. 이후 교황 그레고리우스 2세의 제안에 따라 718년경 브레시아의 페트로낙스(Petronax of Brescia)가 두 번째로 수도원을 건립하였다. 당시 여기에 머물던 수도자들의 면면을 보면 몬테카시노 수도원의 위상을 짐작할 수 있는데, 프랑크제국 궁재(宮宰)인 샤를 마르텔의 장자 카를로마누스 1세, 랑고바르드의 왕이자 이탈리아 프리울리의 공작 라치스, 랑고바르드족의 역사가 파울루스 디아코누스 같은 인물이 몬테카시노 수도원의 수도자로 있었다. 그러나 이 두 번째 수도원 건물 역시 883년 사라센족의 노략질로 파괴되었다가 949년에 재건된다. 이 시기의 역사는 몬테카시노 수도자이자 역사가인 에르켐페르트(Erchempert)가 증언해주고 있다.

11세기와 12세기는 몬테카시노 수도원의 황금기로, 수도원은 '성 베네딕투스의 땅'이라 불리는 넓은 토지를 소유했으며 탁월한 예술가들의 회화와 여러 작품을 보유하고 있었다. 1057년에 교황 빅토르 2세는 몬테카시노 수도원장이 모든 수도원장의 윗자리에 있음을 확인해주기까지 하였다. 이 시기 몬테카시노 수도원은 수많은 주교와 추기경, 그리고 3명의 교황(스테파노 9세, 빅토르 3세, 젤라시우스 2세)을 배출하였다.

13세기에 접어들면서 수도원은 점차 쇠퇴의 길을 걷는다. 1239년에는 신성로마제국 황제 프리드리히 2세가 교황에 맞선 전쟁을 벌이면서 몬테카시노 수도원에 군대를 주둔시켰으며, 1349년에는 지진으로 인해 수도원이 세 번째 파괴되는 비운을 겪는다. 그 후 몬테카시노 수도원은 프랑스 혁명 기간인 1799년에 프랑스 군대에게 약탈당하고, 1866년에는 이탈리아 정부에 의해 해산을 당하기도 한다. 그리고 제2차 세계대전이 한창이던 1944년에는 몬테카시노 전투로 알려지게 되는 치열한 전투의 현장이 되면서 연합군의 폭격으로 인해 폐허가 된다. 몬테카시노 전투는 1944년 1월 중순부터 4개월간 지속되면서 양측 사망자만 7만 5,000명이 넘는 비극적인 결과를 낳았다. 전쟁 이후 재건된 현재 수도원으로 들어가는 건물 입구에는 '평화'(PAX)라는 문구가 새겨져 있어 그 무게감이 특별하게 다가온다. 몬테카시노 수도원은 그야말로 파란만장한 역사를 온몸으로 겪으면서 1,500년을 견뎌온 곳이다.

평화(PAX)에 대한 염원을 담은 출입문

수도원 돌아보기

수도원에 오르면 베네딕투스의 입상(立像)이 가장 먼저 보인다. 입상의 왼손에 들린 수도규칙서로 보이는 책에는 "기도하고 일하라"(ora et labora)라는 베네딕투스 수도회의 중심 강령이 적혀 있다. 베네딕투스가 공주(共住)수도회를 조직하면서 가장 강조한 원칙은 기도와 노동을 분리하지 않고 함께 붙들어야 한다는 것이었다. 그러나 수도원이 부유해지면서 노동을 도외시하는 일이 많아졌고, 이로 인해 수도원의 부패와 타락이 시작되었다. 안타까운 사실은 이러한 악순환이 수도원의 역사에서 계속 반복된다는 점이다. 역사에서 교훈을 얻지 못하면 동일한 잘못을 반복할 수밖에 없음을 새삼 깨닫게 된다.

베네딕투스 입상 "기도하고 일하라"라는 라틴어 강령이 보인다.

베네딕투스 조각상에서 조금만 올라가면 수도원 출입문이 나온다. 안으로 들어서면서 보이는 회랑(回廊)식 건물은 로마제국 시대 아폴로 신전 터 위에 세워진 것이다. 베네딕투스의 전기를 저술한 그레고리우스 1세의 기록에 따르면 베네딕투스가 이곳에 수도원을 지으면서 이방 신전을 깨끗이 정화하여 프랑스 투르 출신의 수도자 마르티누스에게 헌정하는 예배당으로 바꾸었고, 그 제단은 세례자 요한에게 헌정했다고 한다. 제2차 세계대전 이후 진행된 고고학 발굴에서 로마 시대 이방 신전의 터와 유적지가 발견되면서 그레고리우스의 기록이 단지 성인전에 담을 법한 과장된 서술만은 아님이 확인되었다.

셀바, 〈베네딕투스 임종 장면〉(1952) 독일 전 총리인 콘라트 아데나워의 기부로 만든 청동 작품이다.

건물 중앙의 작은 정원에서는 하늘을 향해 두 팔 벌려 기도하는 베네딕투스와 양편에서 스승을 부축하는 두 제자를 만날 수 있다. 전해지는 바에 의하면 베네딕투스는 자신의 죽음이 임박했음을 직감하고는, “소망 중에 바라보던 참다운 본향, 그 본향에서 우리 주님께서 나를 영접하시는데 어떻게 내가 감히 누워서 갈 수 있겠는가? 일어나서 경건하게 우리 주 예수 그리스도의 영접을 받아야 할 것이 아닌가?”라면서 제자들에게 자신을 부축해 일으켜달라고 부탁했다고 한다. 그의 마지막 임종 장면을 표현한 청동 작품은 그가 하나님 앞에서 얼마나 겸손한 사람이었는지를 새삼 생각하게 한다.

안쪽으로 한 걸음 들어가면 이탈리아 르네상스 건축을 이끈 브라만테(Donato Bramante)의 이름을 차용한 광장이 나온다. 길이 40m, 너비 30m 크기로 1595년에 건축된 광장의 중심에는 팔각형 우물이 코린트식 기둥 안에 자리 잡고 있다. 그리고 광장의 계단 앞 왼쪽에는 베네딕투스의 대리석상이, 오른쪽에는 그의 쌍둥이 여동생 스콜라스티카의 대리석상이 있다. 베네딕투스는 오른손에 수도규칙서, 왼손에 권위의 상징인 지팡이를 들고

수도원 안 브라만테 광장

있으며 오른발 가까이에는 빵을 물고 있는 까마귀가 있다. 베네딕투스를 시기한 사람들이 빵에 독약을 넣었으나 베네딕투스가 기도하고 성호를 긋자 까마귀가 날아와 빵을 물고 가버렸다는 기적 이야기를 표현한 것이다. 이 두 조각상은 1736년에 카라라 출신 조각가인 캄피(P. Campi)가 만들었다.

광장의 발코니는 아래에 펼쳐진 아름다운 전경을 바라보기에 최적인 장소여서 연인들의 다정한 모습이 종종

베네딕투스

스콜라스티카

브라만테 광장 발코니의 연인은 무슨 이야기를 나누고 있을까?

포착된다. 발코니에서 서쪽을 바라보면 천 명이 넘는 군인들이 묻혀 있는 묘지가 보인다. 몬테카시노 전투에서 희생된 폴란드 군인들이다. 비문에는 '우리 폴란드 군인들은 우리 자신과 다른 이들의 자유를 위하여 육신은 이탈리아에, 마음은 폴란드에, 영혼은 하나님께 바쳤다.'라고 기록되어 있다.

1944년 5월 18일 치러진 전투에서 희생된 폴란드 군인들을 기념하는 묘지이다.

기부자 회랑과 교회당 정면 모습

브라만테 광장의 계단을 올라가면 수도원의 중심부인 베네딕투스 교회당에 이른다. 1513년 안토니오 상갈로(Antonio da Sangallo Jr.)가 만든 '기부자 회랑'의 벽감 안에는 교황과 국왕을 비롯하여 몬테카시노 수도원의 중요한 후원자와 기부자였던 24명의 석상이 조각되어 있다. 교회당의 정면은 주세페 프라타도치(Giuseppe B. Fratadocchi)의 디자인에 따라 건축되었고, 위쪽 팀파눔에는 몬테카시노의 문

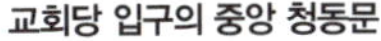
교회당 입구의 중앙 청동문

청동문 하단부에 새겨진 비문

장(紋章)이 조각되어 있다.

예배당으로 들어가는 입구에 3개의 청동문이 있는데, 중앙문은 데시데리우스(Desiderius, 이후 교황 빅토르 3세)가 수도원장이던 11세기의 것이다. 청동문 아래 비문을 보면 아말피의 마우로(Mauro of Amalfi)의 기부로 1066년 콘스탄티노플에서 만들어졌음을 알 수 있다. 양쪽의 청동문은 이탈리아 대통령 루이지 에이나우디(Luigi Einaudi)의 기부로 조각가 피에트로 카노니카(Pietro Canonica)가 1954

교회당 입구의 오른쪽 청동문

베네딕투스 교회당 내부

년에 만들었다. 오른쪽 청동문 가장 아래에는 몬테카시노 수도원이 겪은 역사적 사건, 특히 1349년 지진으로 수도원 건물이 세 번째 무너진 것과 1944년 몬테카시노 전투의 폭격이 조각되어 있다. 왼쪽 청동문은 베네딕투스의 이야기와 함께 랑고바르드족에 의한 첫 번째 파괴와 사라센에 의한 두 번째 파괴를 전해주고 있다.

교회당 문을 열고 안으로 들어서면 금으로 둘러싸인 화려한 내부가 펼쳐진다. 바로 그 순간 몬테카시노 수도원에서 받은 좋은 인상이 무참히 깨졌다. 아! 이토록 화려한 예배당이 정말 베네딕투스의 뜻이란 말인가? 가난, 정결, 순명을 서약한 수도자들을 기념하는 예배 처소로는 터무니없이 화려하다. 자발적 가난을 가장 고귀한 이상으로 간직한 13세기 아시시의 성자 프란체스코를 기념하는 예배당에서도 똑같은 인상을 받았다. 신앙의 유산을 올바르게 계승한다는 것이 얼마나 어려운지, 또 얼마나 막중한 과제인지를 새삼 느끼게 된다.

예배당 내부에는 각각 그레고리우스 1세, 요셉, 거룩한 성만찬, 베르타리우스(Bertarius, 883년 사라센인에 의해 순교한 수도원장)를 기념하는 4개의 경당이 있다. 예배당 안에는 많은 프레스코화가 있는데 그중 인상적인 것이 〈베네딕투스의 영광〉이라 불리는 그림이다. 베네딕투스가 그의 수도규

피에트로 아니고니, 〈베네딕투스의 영광〉(1978)

칙을 따라 살았던 수도승, 주교, 수녀에게 둘러싸여 있고 제일 앞쪽에는 수도회 출신 교황 3명이 등장한다. 왼쪽에는 베네딕투스의 전기를 집필한 그레고리우스 1세, 중앙에는 1964년에 전쟁 이후 재건한 예배당 제단을 재축성하고 베네딕투스를 유럽의 수호성인으로 선포한 바오로 6세, 오른쪽에는 몬테카시노 수도원의 전성기를 이끈 빅토르 3세가 보인다. 그림 위에 금으로 장식된 창문 왼쪽에는 아브라함이, 오른쪽에는 십계명을 든 모세가 등장한다. 아브라함이 믿음의 조상이듯 베네딕투스는 모든 수도자의 아버지이고, 모세가 율법을 가져다주었듯 베네딕투스가 서방교회 수도규칙의 제정자임을 유비적으로 보여주는 것이다.

예배당 돔 천장에는 베네딕투스의 생애에 관한 4개의 그림이 그려져 있다. 그림으로 표현된 4개의 주제는 각각 로마식 탑의 창문을 통해 본 베네딕투스의 비전, 쌍둥이 여동생 스콜라스티카의 무덤 자리를 가리키는 베네

← 예배당 돔 천장에 표현된 베네딕투스의 생애
→ 하나님의 음성을 들으려고 귀를 세우고 있는 모습으로 표현된 순명(obedience)의 알레고리

딕투스, 제자들의 부축을 받으며 임종하는 베네딕투스, 마리아 승천을 지켜보는 세례자 요한과 베네딕투스의 모습이다. 이 돔은 1613년 토리아니(O. Torriani)의 디자인에 따라 건축되었으며, 그림은 1629년 코렌지오(B. Corenzio)가 처음 그렸고, 1980년 안니고니(P. Annigoni)가 다시 작업하였다. 돔 둘레 아치 사이의 작은 삼각형 공간에는 수도자의 서약인 가난, 정결, 정주, 순명을 상징하는 그림이 있다.

예배당의 성소 부근에 있는 특이한 조형물은 피에로 데 메디치의 기념물이다. 피에로는 로렌초 데 메디치의 장남이자 후일 교황 레오 10세가 되는 조반니 데 메디치의 형이다. 피에로는 1503년 나폴리를 두고 벌어진 스페인과 프랑스의 전쟁에서 프랑스 편에 섰다가 스페인 군대에 쫓겨 도망하던 중카시노에서 가까운 가릴리아노 강에 빠져 익사한다. 예배당에 있는 피에로의 기념물은 1539년 메디치 가문 출신의 또 다른 교황 클레멘트 7세가 묘비 기념물로 조성한 것이다.

계단을 통해 예배당 제단 아래로 내려가면 1544년에 건축된 비밀스러운 지하 동굴 예배당이 나온다. 먼저 만나게 되는 것은 성 마우루스(St. Maurus) 경당의 〈성 마우루스의 축복〉이라 불리는 작품으로, 베네딕투스의 애제자인 마우루스가 가난하고 병든 무리를 축복하는 장면이다. 벽면의 부조와 특히 천장의 모자이크 장식이 세밀하고 아름답다.

피에로 데 메디치 묘비 기념물 안토니오 다 상갈로의 디자인에 따라 좌우에 서 있는 베드로와 바울은 프란체스코 다 상갈로가, 두 사도의 이야기를 묘사한 아래쪽 받침대는 나폴리 출신의 마테오 콰란타가 조각하였다. 받침대 부분에 메디치 가문의 문장이 보인다.

〈성 마우루스의 축복〉

조금 더 안쪽으로 들어가면 수도원 설립자들을 기리는 작품이 나온다. 반원형의 거대한 성모자 모자이크 아래 몬테베르지네, 카말돌리, 시토, 발롬브로사, 파브리아노, 몬테 올리베토 등 여러 지역에서 베네딕투스 수도원을 설립한 사람들의 입상이 조각되어 있으며, 지하 예배당의 중앙에는 베네딕투스와 스콜라스티카 남매의 청동상이 서 있다. 지금도 베네딕투스와 스콜라스티카는 몬테카시노 교회당 제단 아래에 함께 잠들어 있다.

수도원 설립자들

〈베네딕투스와 스콜라스티카 청동상〉은 카시노 출신의 수도자 비냐넬리(F. Vignanelli)의 1959년 작품이다.

베네딕투스와 스콜라스티카가 함께 잠들어 있다.

베네딕투스는 누구인가

몬테카시노 수도원의 설립자 베네딕투스는 흔히 서유럽 수도원의 아버지라 불린다. 서방교회에서 베네딕투스의 위치는 동방교회 공주수도회 전통을 확립한 바실리오스에 비견될 수 있다. 많은 수도자가 그렇듯이 자신의 글을 따로 남기지 않아 베네딕투스가 남긴 작품은 『수도규칙』이 유일하다. 그럼에도 불구하고 오늘 우리가 수도자 베네딕투스에 대해 비교적 자세히 알 수 있는 것은, 베네딕투스회 수도자 출신으로 이후 교황의 자리에까지 오른 그레고리우스 1세가 자신의 책 『대화』 제2권에서 스승의 생애를 기록해 남긴 「베네딕도 전기」 덕분이다.

그레고리우스 1세가 기술한 베네딕투스의 생애는 역사적 사실에 기초한 전기(biography)라기보다 성인전(hagiography)에 가깝다. 후대의 그리스도교 신자에게 종교적이면서 영적인 가르침을 주기 위한 교훈적인 성격이 강하다. 유모가 밀가루 거르는 체를 떨어뜨리는 바람에 체가 깨졌는데 베네딕투스가 기도하자 원상태로 복원되었다, 사탄이 베네딕투스에게 아름다운 여인을 떠오르게 하여 육욕에 사로잡히게 하자 가시덤불에 온몸을 던져 뒹굴어 그 망상을 떨쳐내었다, 베네딕투스를 시기하는 사람들이 포도주잔에 독을 탔지만 그가 축복 기도를 하자 잔이 깨져버렸다, 사람들이 빵에 독약을 넣었으나 베네딕투스가 성호를 긋자 까마귀가 날아와 빵을 물고 가버렸다, 몬테카시노 수도원을 건축할 때 악마의 장난으로 바위가 꿈쩍도 않았지만 베네딕투스가 구마(驅魔) 기도를 하자 쉽게 들어낼 수 있었다는 이야기 등 베네딕투스 전기에 등장하는 수많은 기적 이야기가 이 책의 그러한 특징을 말해준다. 여느 성인전과 마찬가지로 베네딕투스 전기에 기적 이야기가 넘쳐나는 것은, 어쩌면 현실에서 출구를 찾을 수 없었던 당시 사람들의 바람이 베네딕투스에게 투영된 것인지도 모른다. 일상의 은혜에 감사하지 못하는 사람에게는 특별한 기적이 끊임없이 요청된다.

베네딕투스는 480년경 이탈리아 로마와 아시시의 중간쯤에 위치한 누르시아(오늘날 노르차, Norcia)의 귀족 가문에서 태어났다. 그는 일찍이 로마로 유학하여 공부하던 중 사람들의 방탕하고 무절제한 생활을 보면서 환멸을 느끼고는 학업을 중단하고 은수자의 삶을 살기로 결단한다. 그 후 로마에서 동쪽으로 80km 정도 떨어진 수비아코의 '사크로 스페코'(Sacro Speco, 거룩한 동굴)에서 외부와 단절한 채 3년간 고독한 수도생활에 전념했다. 수비아코의 거룩한 동굴 위에 세워진 수도원에는 지금도 많은 사람의 발길이 이어지고 있다. 시간이 흐르면서 점차 사람들이 모여들게 되자 베네딕투스는 수비아코 계곡 인근에 12명을 한 공동체로 하는 12개의 수도공동체를 만들었다. 하지만 베네딕투스의 명성이 높아짐에 따라 그를 시기하는 사람들도 많아졌다. 두 번의 독살 위험을 겪은 이후 그는 몬테카시노로 향하게 된다. 그곳에서 베네딕투스는 몬테카시노 수도원을 세우고 평생을 수도자로, 형제들의 조언자로, 수도규칙의 제정자로 살다가 하나님의 품에 안겼다.

베네딕투스의 『수도규칙』

서방에서는 4-6세기 사이에 이탈리아, 프랑스, 스페인, 아일랜드 등 여러 지역에서 동시다발적으로 수도공동체가 생겨났다. 서방의 수도원들은 기본적으로 공주 수도생활을 추구했기 때문에 공동생활을 위한 규칙서도 넘쳐났다. 사실상 베네딕투스의 『수도규칙』은 많은 규칙서 가운데 하나였을 뿐이며, 그것도 상대적으로 늦은 6세기 중반에야 세상에 나왔다. 그럼에도 불구하고 베네딕투스의 『수도규칙』은, 적어도 서방교회 안에서는 수도자들의 삶에 실제적인 영향을 끼친 단 하나의 규칙서로 불러도 무방할 만큼 그 영향력이 독보적이다. 중세 초기를 일명 '베네딕투스의 세기'로 만든 것은 다름 아닌 그의 규칙서였다. 오늘날도 수도자들이 모이는 방이나 건물을 영어로 '챕터하우스'(chapter house)라고 부르는데, 이는 수도자들이 모일 때마다 매일 수도규칙서 한 장(a chapter)을 읽기 때문이다.

베네딕투스의 『수도규칙』은 작자 미상의 『스승의 규칙』(Regula Magistri)에서 많은 영향을 받은 것으로 평가된다. 오랫동안 스승의 규칙서가 베네딕투스의 규칙서를 차용했다고 여겨졌으나, 20세기 중반에 들어서면서 스승의 규칙서가 먼저 작성되었다는 주장이 제기되었다. 두 규칙서 중 어느 것이 먼저인지를 두고 여전히 논쟁을 벌이고 있긴 하지만, 일반적으로 스승의 규칙서가 먼저 작성되었다는 견해가 폭넓게 받아들여지고 있다. 사실 두 규칙서의 시간적 순서는 크게 중요하지 않다. 왜냐하면 이들 규칙서 이전에 동방과 서방에서 나온 규칙서가 이미 여럿 있기 때문이다. 오늘날의 기준으로 볼 때 설령 베네딕투스의 규칙서가 『스승의 규칙』을 일정 부분 '표절'했다 하더라도, 베네딕투스 『수도규칙』의 영향력과 중요성이 훼손되거나 감소되는 것은 결코 아니다.

베네딕투스의 『수도규칙』에 따르면 공동예배, 개인기도, 독서, 노동의 네 요소는 베네딕투스 수도자들의 가장 중요한 일과였다. 특별히 베네딕투스는 수도생활에서 기도와 노동의 조화를 강조하였는데, 이는 베네딕투스 수도회의 기본 정신이자 표어인 "기도하고 일하라"에 여실히 드러난다.

수도자들은 대체로 새벽 2시부터 하루를 시작하여 온종일 여덟 차례 기도하는 것을 거룩한 의무로 여겼다. 이를 성무일도(聖務日禱, Officium Divinum)라고 부른다. 여덟 차례의 기도는 시작기도(Matins), 찬미기도(Lauds), 아침기도(Prim), 오전기도(Terce), 정오기도(Sext), 오후기도

(None), 저녁기도(Vespers), 마감기도(Compline)로 구성되고 매 기도시간은 시편 낭송, 찬송, 기도, 봉독의 순서로 이루어진다. 노동 역시 기도와 더불어 하루 일과 중 중요한 요소였다. 지금으로부터 1,500년 전 완전한 자급자족의 공동체를 유지하기 위해서 노동은 필수적이었다. 수도자들은 아무리 허드렛일이라 하더라도 순번을 정해 공평하게 일했다. 지금도 베네딕투스 수도원은 수도원 인근 혹은 내부에 노동의 현장을 두고 있다. 기도와 노동의 균형이야말로 베네딕투스 수도회의 두 바퀴이다.

『수도규칙』은 전체 73장으로 구성되어 있다. 여기에는 수도원의 질서, 수도자의 의무, 성무일도의 방법, 책벌, 음식, 복장, 침묵, 환대 등 수도자의 생활 전반에 관한 규정이 담겨 있다. 예를 들어 수도자의 음식과 식사 규정을 보면 오늘날과 많이 다르다는 것을 발견할 수 있다. 수도자들은 일반적으로 하루에 한 번 오후 3시쯤 식사하였다. 부활절부터 성령강림절 기간과 여름철에는 노동시간이 길기 때문에 하루에 두 번(점심, 저녁) 식사했지만, 힘든 일이 없을 때라면 이 기간 중에도 수요일과 금요일은 한 번만 식사를 하였다. 물론 수도원장은 수도자들의 건강상태와 상황을 살펴 예외적으로 배려할 수 있다. 매 식사 시간에는 두 가지 음식만 제공된다. 이집트 파코미우스의 규칙은 한 가지 음식만 허용했는데, 베네딕투스 수도원에서는 '각자의 연약함을 고려하여' 두 가지 음식이 제공된 것이다. 수도자들은 하루에 약 300g의 빵과 반 병 분량의 포도주를 제공받았다. 그리고 극히 허약한 병자가 아닌 한 고기는 금하였다.

그 외에도 수도자들은 공동 침실에서 등불을 밝혀 두고서 옷을 입고 끈이나 띠를 맨 채로 자야 했다. 마치 5분 대기조 군인처럼 언제든 신호에 따라 움직일 수 있도록 준비한 것이다. 그리고 수도원에서 개인 소유는 철저히 금지되며 모든 것을 공동 소유하였다. 특별히 침묵은 수도자에게 매우 중요한 원칙이었기 때문에 누구든지 특별한 장소, 정해진 시간 외에는 하루

종일 침묵의 규정을 지켜야 했다. 이러한 규정을 지키기 위해 간단한 대화를 위한 수화(手話)가 자연스레 발전하기도 했다.

베네딕투스 메달

베네딕투스 메달은 1880년 그의 탄생 1,400주년을 기념하여 몬테카시노 수도원에서 제작한 것이다. 우리나라에서는 베네딕투스를 한자음을 차용하여 분도(芬道)라 부르기 때문에 이 메달을 분도패(芬道牌)라고도 한다. 분도패는 베네딕투스의 생애와 가르침과 관련된 여러 상징을 담고 있다. 앞면에는 베네딕투스가 오른손에는 십자가, 왼손에는 『수도규칙』을 들고 서 있다. 그의 좌우에는 "사부 성 베네딕투스의 십자가"(CRUX SANTI PATRIS BENEDICTI)라는 글귀가 새겨져 있고, 그 밑에는 그가 행한 기적 중 독이 든 포도주 잔이 깨어진 것과 독이 든 빵을 까마귀가 물고 간 것을 상징하는 독배와 까마귀가 있다. 그의 발아래에는 라틴어로 "1880년 거룩한 산 몬테카시노에서"라는 분도패의 제작 연도와 장소가 기록되어 있다. 그리고 패의 가장자리를 따라 "Ejus in obitu nostro presentia muniamur"(우리 임종 때에 성 베네딕투스가 함께 하시어 보호하소서.)라는 글귀가 새겨져 있다. 분도패 뒷면에는 제일 위쪽에 "PAX"(평화)라는 수도회의 좌우명 글자가 보인다. 중앙의 십자가 안에 수직으로 새겨진 "CSSML"은 '거룩한 십

분도패 앞면

분도패 뒷면

자가가 나의 빛이 되소서.'(Crux Sacra Sit Mihi Lux)라는 뜻이다. 십자가 안에 수평으로 새겨진 "NDSMD"는 '악마가 나의 인도자가 되지 않게 하소서.'(Non Draco Sit Mihi Dux)라는 의미이다. 그리고 십자가 주위에 있는 "CSPB"는 '사부 성 베네딕투스의 십자가'(Crux Santi Patris Benedicti)라는 뜻이다. 패의 가장자리에 있는 "VRSNSMV: SMQLIVB"는 '사탄아 물러가라! 헛된 것들로 나를 시험하지 마라. 네가 나에게 주는 것은 악이니 네 독이나 스스로 마셔라.'(Vade Retro Satana! Numquam Suade Mihi Vana: Sunt Mala Quae Libas Ipse Venena Bibas)라는 의미이다.

한국의 베네딕투스 수도회

한국 베네딕투스 수도회는 1909년 성탄절에 2명의 수도자가 서울에 도착함으로써 시작되었다. 지난 2009년에는 수도회 설립 100주년을 맞아 기념행사가 치러졌다. 한국의 베네딕투스 수도회 본원은 경상북도 칠곡군 왜관읍에 있으며 서울, 부산, 대구, 화순, 남양주에 분원이 있다. 늦가을 왜관의 베네딕투스 수도원을 방문했을 때 청명한 하늘과 더불어 영혼까지 깨끗해지는 느낌을 받았다. 한적한 교회당에서 자신을 돌아보며 삶에 대해 그리고 소명에 대해 성찰하는 시간은 참 귀한 경험이었다.

필자가 장로회신학대학교에서 가르치는 과목 가운데 '그리스도교 경건과 영성의 역사'라는 수업이 있다. 그 수업의 일환으로 몇 차례 학교에서 가까운 남양주 베네딕투스회 요셉수도원을 찾아가 학생들과 로마가톨릭의 수도 영성에 대해 토론하는 탐방수업을 했다. 베네딕투스회 요셉수도원은 1987년 3월 19일 경기도 남양주에 설립된 것으로, 2014년 3월 19일 독립적인 자치수도원으로 승격되었다. 요셉수도원 옆에 있는 넓은 배 과수원은

한국 베네딕투스회 왜관 본원 전경 교회당 앞에는 오른손에 『수도규칙』을 들고, 왼손에 지팡이를 든 베네딕투스의 입상이 보인다.

남양주 베네딕투스회 요셉수도원의 아침 기도

남양주 베네딕투스회 요셉수도원 배꽃 광경

수도자들의 노동현장이다. 배꽃이 필 때 방문하면 온통 하얗게 변한 경치가 일품이다.

요셉수도원이 언젠가 수도원의 이모저모를 소개하는 사진 전시회를 열었는데, 필자와 학생들이 방문하여 함께 찍은 사진도 전시되었다는 이야기를 전해 들은 적이 있다. 개신교 신학교 학생들이 무더기로 베네딕투스회 수도원을 방문한 것이 흔한 일은 아니었던 모양이다. 로마가톨릭교회이든, 동방정교회이든, 프로테스탄트이든, 성공회이든 그리스도교의 경건과 영성의 전통은 우리 모두의 공동 유산이기에 서로에게서 배우는 것이 마땅한 일일 것이다.

베네딕투스와 21세기

21세기를 살아가는 우리가 왜 1,500년 전의 베네딕투스에게 관심을 가져야 할까? 아마도 베네딕투스의 가르침이 시간과 공간을 뛰어넘어 오늘을 살아가는 우리에게도 여전히 유효한 지침을 주기 때문일 것이다. 20세기 스코틀랜드의 철학자이자 윤리학자인 알래스데어 매킨타이어(Alasdair MacIntyre)는 그의 주저 『덕의 상실』(1981년 초판) 결론부에서 베네딕투스 수도공동체를 이상적이며 대안적인 덕의 실천 공동체로 제시하였다.

매킨타이어의 이러한 통찰력에 의지하여 2017년 미국의 소위 '복음적 보수주의자'라 불리는 로드 드레허(Rod Dreher)가 『베네딕트 옵션: 탈기독교 시대를 사는 그리스도인의 선택』(IVP)이라는 책을 펴내 큰 반향을 일으켰고, 2019년 국내에도 번역 소개되었다. 우선 드레허의 신앙 여정이 흥미롭다. 감리교 신자로 성장했지만, 로마가톨릭으로 개종했다가, 다시 동방정교회로 둥지를 옮겼다. 복음주의자라 불리는 사람이 취하기 쉽지 않은 광폭의 여정이다. 책의 부제가 말하듯이, 그는 점차 탈기독교 시대로 변해가는 21세기에 그리스도인이 선택할 수 있는 대안으로서 6세기의 베네딕투스 『수도규칙』을 제시하고 있다. 드레허는 세속적 가치가 그리스도교의 복음을 위협하는 이 시대에 그리스도인들이 자발적 소수자 공동체로서의 정체성을 지킴으로써 오히려 사회에 충격과 대안을 제시하는 대항공동체가 될 수 있음을 역설한다.

베네딕투스는 오늘날 그리스도교 세계뿐만 아니라 기업의 경영과 자기계발에도 중요한 통찰을 제시하고 있다. 어거스트 투랙(August Turak)은 『수도원에 간 CEO: 나는 경영을 수도원에서 배웠다』(다반)에서 자신의 성공적 사업 경영은 수도원의 원리에서 배운 것이라고 말한다. 마이클 록(Michael Rock)은 『행복한 직장인이 되려면 베네딕토처럼 일하라』(가톨릭출판사)라는 책에서 베네딕투스의 『수도규칙』에서 찾은 10가지 원리를 이용한 성공적 직장생활의 비결을 안내하고 있다. 베네딕투스의 『수도규칙』이 1,500년의 시간적 간격을 뛰어넘어 21세기 그리스도교 윤리, 그리스도인의 삶뿐만 아니라 자기계발, 경영에 이르기까지 다양한 영역에서 나침반 역할을 한다는 것은 참으로 놀랄 만한 일이다.

매킨타이어는 『덕의 상실』의 제일 마지막 문장에서 21세기를 이끌 "새로운-확실히 전혀 다른-베네딕투스"를 바라며 기다린다고 말한다. 드레허 또한 우리를 향해 "하나님이 그분의 교회를 부흥시키고 능력을 주시기 위해 부르시는 새롭고 전혀 다른 베네딕투스가 어쩌면, 정말 어쩌면 당신일지도 모른다."라고 말하고 있다. 정말 그럴지도 모른다.

✤ 후기

필자가 장로회신학대학교에서 가르치는 과목 중 '그리스도교 경건과 영성의 역사'라는 수업이 있다. 컴퓨터에서 지난 사진을 찾아보니 2008년 1학기에 학생들과 함께 경기도 남양주시에 있는 베네딕투스회 요셉수도원을 탐방하면서 찍은 단체사진 한 장이 나왔다. 벌써 15년이 흘렀지만 낯익은 모습들이 엊그제 같기만 하다. 대부분 목사가 되어 자신이 맡은 책임을 묵묵히 감당하고 있을 제자요 동료인 사진 속 친구들이 불현듯 보고 싶다. 부디 어디에서 무슨 일을 하든지 하나님 사랑하는 마음을 가슴에 품고 영혼을 살리고 돌보는 일을 성실하게 감당하기를 간구한다.

2008년 4월 24일 남양주 베네딕투스회 요셉수도원 탐방 후 제자들과 함께 찍은 사진 건물 벽에 "사부 성 베네딕투스의 십자가"의 약자인 "CSPB" 문장이 보인다.

영혼의 울림을 경험하는 곳

프란체스코 수도원

스위스
슬로베니아
헝가리
크로아티아
프랑스
이탈리아
보스니아
헤르체고비나
세르비아
피렌체
아시시
몬테네그로
코소보
로마
카시노
알바니아

프란체스코 수도원

누오바교회
산 루피노 대성당
산 다미아노 교회
천사들의 성모 마리아 대성당
아시시의 성 클라라 바실리카

이탈리아, 조상 덕 톡톡히 보는 나라

이탈리아는 여행하기 참 좋은 나라이다. 볼 것도 많고, 먹을 것도 풍성하다. 최근 어느 경제신문은 코로나19 사태로 유럽의 관광업이 심각한 타격을 받았다고 전하면서, 세계여행관광협의회(WTTC)에 따르면 이탈리아 경제에서 관광산업이 차지하는 비중이 국내총생산(GDP)의 13%에 육박한다고 보도했다. 이탈리아는 그리스, 스페인과 함께 유럽 내에서도 관광산업의 비중이 상당히 높은 나라이다. 고대 로마제국의 중심지였고, 중세 베네딕투스와 프란체스코로 대표되는 수도원 운동의 시원지(始原地)였으며, 거기에 더해 근대 르네상스의 발상지이기까지 한 이탈리아는 어찌 보면 조상 덕을 톡톡히 보는 나라이다. 조상이 남긴 건축과 전통, 문화유산이 마치 자석과도 같이 전 세계인을 끌어 모으고 있다.

주제를 정해 떠나는 여행

여행을 할 때 자신의 취미나 관심사에 따라 주제를 정해 이곳저곳을 찾아보는 것도 흥미롭다. 필자는 학교에서 가르치고 있기 때문에 도시를 방문하면 대학을 꼭 찾아본다. 세계 최초의 대학이 이탈리아에 있는데, 바로 볼로냐 대학이다. 1088년 설립된 볼로냐 대학은 중세 시대 중요한 학문 분야인 법학, 의학, 신학 중에서 특히 법학으로 유명해 유럽 각지에서 법학을 공부하려는 학생들이 모여들었다. 볼로냐 대학의 상징

세계 최초의 대학인 이탈리아 볼로냐 대학의 로고

로고에 "모든 학문이 퍼져 나간 곳"(Alma Mater Studiorum)이라 표기되어 있는 것도 바로 세계 최초의 대학임을 강조하기 위함이다. 이탈리아는 볼로냐 대학 설립 이후에도 13세기에 파도바, 나폴리, 시에나, 마체라타, 14세기에 로마, 페루자, 피렌체, 피사, 파비아, 페라라 등에 대학을 설립함으로써 중세 시대 대학교육을 점차 확장시켰다.

이탈리아는 특유의 커피 문화로도 유명하다. 이탈리아식 에스프레소 바에서 선 채로 가볍게 에스프레소를 마시는 사람들을 쉽게 볼 수 있다. 커피의 종류를 가리키는 이름들, 즉 에스프레소, 에스프레소 콘 파냐, 카페라테, 카페 사케라토, 카푸치노, 마키아토, 아포카토 등이 이탈리아어라는 사실에서 이탈리아인의 커피 자존심을 짐작할 수 있다. 세계 최대 커피 전문점인 스타벅스가 이탈리아의 에스프레소에서 영감을 얻어 시작되었다지만, 정작 이탈리아에서는 오랫동안 매장을 열지 못하다가 2018년 9월에야 밀라노에 첫 점포를 개장할 수 있었다. 유럽 최대 규모의 매장인 데다 커피 볶는 대형 시설까지 마련하여 고급화 전략으로 도전한 스타벅스의 실험이 어떤 결과를 가져올지는 좀 더 지켜봐야 할 것이다.

이탈리아를 여행하면서 들른 오래된 커피하우스 세 곳을 소개하고자 한다. 베네치아를 방문한다면 1720년 산마르코 광장에 개장한 '카페 플로리안'(Caffè Florian)을 찾아보길 권한다. 단점이라면 가격이 비싸다는 것이다. 그렇더라도 이탈리아에서 가장 오래된 카페이니만큼 300년의 역사와 문화를 마시는 셈치고 한번쯤은 여행 중 호사를 누려보는 것도 괜찮을 것이다. 피렌체에

베네치아의 '카페 플로리안'

피렌체의 '카페 질리'

로마의 '카페 그레코'

는 1733년 레푸블리카 광장에 문을 연 '카페 질리'(Caffè Gilli)가 있다. 케이크 종류의 디저트도 맛있으니 주머니에 여유가 있다면 커피와 함께 당을 충전할 수 있는 곳이다. 1953년 개봉한 오드리 헵번 주연의 영화 〈로마의 휴일〉에 등장하는 로마의 스페인 광장에 가게 된다면, 광장 앞에 뻗어 있는 소위 명품 거리인 콘도티 거리(Via Condotti) 초입에 1760년 개장한 '카페 그레코'(Antico Caffè Greco)에서 휴식을 취할 수 있다.

작은 도시가 더 깊은 여운을 남긴다

이탈리아를 방문하기 원하는 사람들은 아마도 로마, 피렌체, 밀라노, 베네치아와 같은 대표적인 도시들을 떠올리며 동경할 것이다. 이런 도시들은 하나같이 한달 살이를 하면서 돌아보기에도 부족할 만큼 역사와 문화의 보물창고 같은 곳이다. 그렇지만 대도시보다 소도시를 돌아볼 때 더 큰 감흥을 느낄 때가 많다. 이탈리아 북동부에 위치한 라벤나를 방문하면 분명 오래된 교회당의 모자이크에 반하게 될 것이다. 5세기 서로마제국의 마지막 수도였으며 이후 동로마 비잔틴제국의 중심지였던 라벤나에는 1,500년 전에 건축된 문화유산이 즐비하다. 단테가 『신곡』을 완성하고 잠들어 있는 곳이기도 하다.

우리가 살펴보고자 하는 아시시 역시 프란체스코의 향기로 가득한 소도시이다. 필자는 여러 차례 이탈리아를 방문하면서도 이런저런 사정상 아시시에 가보지 못하다가 2014년에야 뜻을 이룰 수 있었다. 개인적으로 방문한 그때 너무나 깊은 인상을 받아서, 2015년과 2016년 연이어 찾아갔다. 여행이란 누구와 함께 가는지, 언제 가는지, 또 날씨와 여정에 따라 그 감동이 달라지기는 하지만 아시시는 언제 어느 때나 찾는 이의 영혼에 깊은 울림을 주는 곳이다.

프란체스코 수도원과 교회당

아시시에 가까이 도달하면 도심의 서쪽 끝에 우뚝 서 있는 프란체스코 수도원과 교회당 건물이 한눈에 들어온다. '거룩한 수도원'(Sacro Convento)이

프란체스코 수도원과 교회당 모습

라 불리는 수도원 건물과 하부교회당과 상부교회당으로 이루어진 바실리카 건축물이다. 프란체스코는 1226년 10월 3일 이 세상의 순례를 마치며 숨을 거두었고, 얼마 지나지 않은 1228년 7월 16일 교황 그레고리우스 9세에 의해 성인으로 시성되었다. 그리고 바로 그다음 날인 7월 17일 교황은 프란체스코의 제자요 수도회 책임자인 엘리아스(Elias of Cortona)에게 프란체스코 대성당과 수도원을 건축하도록 명하였다. 로마네스크 양식의 하부교회당은 1230년 완공되었고, 고딕 양식의 상부교회당과 수도원 건물은 1230-39년 사이에 완공된 것으로 여겨진다. 프란체스코 교회당은 1253년 인노켄티우스 4세에 의해 축성되었다. 교회당 내부는 1250-1330년 사이 당대 최고의 화가인 치마부에(Cimabue), 조토(Giotto di Bondone), 시모네 마르티니(Simone Martini), 피에트로 로렌체티(Pietro Lorenzetti), 피에트로 카발리니(Pietro Cavallini) 등의 프레스코 작품으로 채워져 있어 그 자체로 역사적인 미술관이다. 지하에는 프란체스코의 유해가 봉안되어 있어 순례자들이 많이 찾는다. 교회당이 세워진 언덕은 당시 죄인들의 사형장으로 사용되어 '지옥의 언덕'이라 불렸는데, 프란체스코는 예수께서 예루살렘 외곽에서 범죄자로 죽임을 당했기에 자신도 아시시 외곽에 있는 이 지옥의 언덕에 묻히기를 원했다고 한다. 하지만 오늘날 사람들은 이곳을 '천국의 언덕'이라 부른다.

1997년 9월 26일, 아시시에서 리히터 규모 5.6과 6.1의 지진이 연이어 발생하였다. 안타깝게도 이 지진으로 프란체스코 교회당의 천장이 붕괴되면서 수도자를 포함한 4명이 목숨을 잃었고, 건물과 내부의 작품들도 심하게 훼손되었다. 복구를 위해 2년간 폐쇄되었던 교회당은 지금의 모습으로 복원되어 다시 문을 열었다.

프란체스코 교회당의 웅장한 건축과 화려한 치장은 보는 이의 감탄을 자아낼지는 모르지만, 동시에 뭔지 모를 씁쓸함과 허전함을 남긴다. 많은 사람이 프란체스코 교회당에 프란체스코의 정신이 없음을 안타까워한다. 크리스토퍼 브룩(Christopher Brooke)의 표현처럼 "청빈의 사도에게 이토록 화려한 유물을 바친 것은 터무니없는 역설이 아니면 치욕"일지도 모른다. 프란체스코는 주님만 모든 사람의 경배를 받게 되기를 진심으로 원했겠지만, 후대 사람들에 의해 그 자신이 숭배의 대상이 되는 것을 막지는 못했다.

하부교회당

하부교회당 측면 출입구에는 나무로 만든 2개의 문이 있는데, 왼쪽 문은 구비오 출신의 우골리누치오(Ugolinuccio da Gubbio)가, 오른쪽 문은 무명의 움브리아 출신 장인이 16세기에 제작한 것이다. 양쪽 문은 프란체스코, 키아라, 루이, 안토니오스의 이야기를 담고 있으며, 문 위쪽에는 아름다운 장미창이 있다.

출입문을 들어서면 왼쪽에는 성 세바스티아누스 경당이, 오른쪽에는 조반니(Giovanni de Cerchi)와 요한(John of Brienne)의 무덤 조형물이 있다. 교회당 안에는 모든 수도자의 아버지인 안토니오스, 프랑스 투르의 감독으로 서방수도원 전통에 큰 영향을 끼친 마르티누스를 비롯한 몇몇 인물을 기념하는 경당이 있다.

하부교회당으로 들어가는 출입구

교회당의 천장과 벽을 아름답게 장식하고 있는 프레스코화 연작이 방문객의 눈길을 끈다. 중앙 제단 위쪽 갈빗살 형태의 반월창 천장에는 1320년경 조토의 제자가 그린 것으로 알려진 〈프란체스코의 영광〉과 〈가난, 정결, 순명의 알레고리〉가 순례자를 압도한다.

하부교회당 내부

위쪽에 가난, 오른쪽에 정결, 왼쪽에 순명, 아래쪽에 프란체스코의 영광이 표현되어 있다.

회중석인 신랑의 좌우에는 예수 그리스도의 수난과 죽음을 묘사한 5개의 그림과 프란체스코 생애의 다섯 순간을 표현한 그림을 함께 배치함으로써, 프란체스코가 진정한 그리스도의 제자 또는 '두 번째 그리스도'임을 넌지시 암시하고 있다. 아쉽게도 신랑의 프레스코화를 그린 사람이 누구인지 알 수 없어서 일반적으로 '성 프란체스코의 장인'(Maestro di San Francesco)으로 부른다.

제단의 오른쪽 익랑(翼廊, transept)에는 조토가 그리스도의 유년기를 그린 작품이, 왼쪽 익랑에는 피에트로 로렌체티가 십자가의 고난을 묘사한 작품이 있다. 이것은 그리스도가 가난한 고난의 종이었음을 보여주는 동시에 프란체스코도 예수 그리스도를 따르고자 자발적 가난과 고난의 길을 기꺼이 걸었음을 상징적으로 보여주고 있다.

지하 묘실

하부교회당의 제단 바로 아래 지하에는 프란체스코의 유해가 보관되어 있다. 하부교회당에서 계단을 따라 아래로 내려가면 보이는 작은 제단 돌 위에 프란체스코가 잠들어 있다. 프란체스코는 1226년 10월 3일 아시시 외곽의 포르치운쿨라(Porziuncula, 현재 '천사들의 성모 마리아 대성당' 내부에 있다.)에서 숨졌다. 그의 유해는 잠시 아시시의 산타 키아라 바실리카(과거 '산 지오르지오 교회')에 모셔져 있다가, 1230년 5월 25일 성령강림절에 완공된 하부교회당으로 옮겨졌다. 그러나 건축 책임자인 엘리아스는 프란체스코의 유해가 온 사방으로 흩어지게 될 것을 염려하여 유해의 위치를 숨겼다고 한다. 1818년 발굴 과정에서 프란체스코의 유해가 발견되자, 교황 피우스 7세는 그의 유해를 보관하기 위한 지하 묘실을 짓고 석관묘 안에 잠들어 있던 프란체스코의 시신을 사람들이 볼 수 있도록 밖으로 꺼내어 1824년에 일반에게 공개하였다. 그 후 1925-32년 사이에 지금과 같은 묘실 형식을 갖추게 되었다. 1932년에는 프란체스코의 무덤 곁에 그의 동료인 레오(Leo), 마세오(Masseo), 루피노(Rufino), 안젤로(Angelo)도 함께 묻혔다. 오늘날 이곳은 프란체스코의 정신과 영성을 닮고자 하는 수많은 그리스도인의 기도처요 순례지이다.

프란체스코의 무덤 앞에서 기도하는 사람

상부교회당

상부교회당은 '세상에서 가장 아름다운 기도처'라고 불릴 만큼 벽과 천장 전체가 프레스코화로 덮여 있다. 교회당은 고딕 스타일의 쌍둥이 문과 장미창으로 이루어진 정면, 회중석인 신랑, 양 날개에 해당하는 익랑, 제대와 후진, 아치형 천장으로 이루어져 있다.

아치형 천장은 갈빗살 구조로 된 4개의 아치 무늬로 장식되어 있는데, 출입구에서 제단 방향으로 첫 번째와 세 번째 아치는 푸른색 바탕에 금색 별이 장식되어 있다. 두 번째 아치에는 하트 모양의 원 안에 그리스도와 프란체스코, 성모 마리아와 세례자 요한의 반신상이 서로 마주보고 있다. 네 번째 아치에는 서방교회 최초의 박사 4명인 암브로시우스와 아우구스티누스, 그레고리우스 1세와 히에로니무스가 서로 마주보고 있다. 이것은 아이작(Isaac)이라는 장인의 작품으로 전해지는데, 일부 학자는 그가 피에트로 카발리니일 것으로 추정하기도 한다.

서쪽 익랑과 후진은 치마부에와 그의 공방 작품으로 꾸며져 있다. 특히 예수 그리스도의 십자가 아래에서 무릎 꿇고 있는 프란체스코를 묘사한 작품을 보면, 프란체스코가 얼마나 그리스도의 고난을 자신의 몸에 채우기를 사모했는지 헤아려 볼 수 있다. 아쉽게도 이 작품은 염료에 사용된 납 산화물로 인해 심하게 훼손되어 색감을 식별하기가 어렵다.

상부교회당 정면

신랑의 벽은 윗부분과 아랫부분

↑ 상부교회당 제단 방향

↓ 상부교회당 출입구 방향

으로 나뉘어 프레스코화로 장식되어 있다. 윗부분은 구약성서(창조부터 형제를 용서하는 요셉까지)와 신약성서(수태고지부터 예수 무덤가의 여인들까지)의 이야기를 32개의 작품으로 구성해 보여준다. 아랫부분에는 프란체스코 생애의 중요한 순간과 사건을 포착하여 묘사한 28개의 프레스코화 연작이 있다. 이 28개의 연작이야말로 프란체스코 교회당에서 가장 유명한 작품이 아닐까 한다. 오직 그림만으로 그의 삶과 꿈, 죽음을 이해할 수 있도록 만든 한 권의 책이라 할 만하다. 일반적으로 조토의 젊은 시절 작품으로 받아들여지고 있지만, 일부 학자들은 조토를 포함한 몇 사람의 작품이 섞여 있을 가능성을 제기하기도 한다.

콘벤투알 작은형제회 수도원

프란체스코 교회당에 잇대어 있는 건물은 프란체스코를 따르는 수도회 중 하나인 콘벤투알 작은형제회에 속한 '거룩한 수도원'이다. 눈에 띄는 로마네스크 양식의 종루는 1239년에 건축된 것이다. 콘벤투알 작은형제회의 행정을 총괄하는 본부는 로마에 있지만, 수도자들은 이곳 아시시를 자신들의 영적인 고향이자 본부라고 생각한다.

역사학자들은 이 수도원이 1228년 건축되기 시작해 1239년경 완공되었다고 본다. 처음에 수도원은 식당, 숙소, 수도자들의 방(Chapter Hall), 필경사들의 방과 도서관, 예배당으로 이루어져 있었던 것으로 추측된다. 당시 수도원의 도서관은 소르본과 아비뇽의 도서관에 버금가는 규모였다. 프란체스코 수도회 출신의 교황 식스투스 4세 때인 1474-76년에 대규모 건축이 이루어져 수도원은 크게 확장되었으며, 교황의 여름 거주지로 사용되기도 하였다. 20세기 들어와서 1971년에는 신학연구소가 세워져 프란체스코 수

콘벤투알 프란체스코 수도원

도회뿐만 아니라 다양한 전통의 학생들이 학문을 교류하는 장으로 활용되면서 목회자와 평신도 신학 훈련의 중심지 역할을 하고 있다.

수도자들이 모이는 방인 '챕터홀'(Chapter Hall)은 하부교회당의 제단 오른쪽에 있는 출입문을 통해 들어갈 수 있다. 중앙의 큰 기둥을 중심으로 네 구획으로 나뉘어 있어 마치 종려나무 가지가 아치형을 이루며 뻗어 있는 모양새이다. 생명나무가 가지를 뻗고 열매를 맺는 것처럼, 그리스도인은 그리스도와 성서로부터 영적인 활력을 얻어 삶의 열매를 맺게 되는 것이다. 북쪽 벽에는 푸치오 카파나(Puccio Capanna)가 14세기 중반에 그린 프레스코화가 있다. 중앙에 십자가에 달린 예수 그리스도와 작은 천사들의 모습이 보이고, 아래에는 어머니 마리아, 사도 요한, 베드로, 바울, 파도바의 안토니오스, 툴루즈의 감독 루이가 서 있으며, 프란체스코와 클라라는 십자가 밑에 무릎을 꿇고 있다.

이 방에는 프란체스코의 삶에서 중요한 의미를 지닌 유품들이 보관되어

푸치오 카파나, 〈그리스도의 십자가형과 성인들〉(c.1330)

있다. 그것들은 잿빛의 천 조각을 이어붙인 고깔 달린 수도복, 교황 호노리우스 2세의 1223년 11월 29일 자 인장이 찍힌 수도회칙서 원본, 민수기 6장 24-26절 말씀으로 형제 레오를 축복하는 내용(앞면)과 오상(五傷, 양 손과 양발과 옆구리의 상처)의 흔적을 받은 후에 하나님을 찬양하는 내용(뒷면)을 담고 있는 프란체스코가 직접 쓴 양피지 문서, 술탄 알말리크 알카밀(Al-Malik Al-Kamel)에게서 받은 25cm 길이의 아이보리 호른, 프란체스코가 순례하며 설교할 때 신었던 샌들, 1818년 프란체스코의 무덤이 재발견된 당시 나온 12세기 말 루카에서 만들어진 동전과 돌베개, 오상의 상처에서 흘러내린 피가 스며들어 있는 프란체스코의 옷 등이다. 이런 유품들은 프란체스코의 철저한 가난, 공동체를 이루려는 부단한 노력, 에큐메니컬 정신, 복음 설교에 대한 열정 그리고 그리스도의 고난에 동참하기를 사모한 그의 간절한 마음을 21세기를 사는 우리에게도 그대로 전해준다.

프란체스코와 프란체스코 수도회

프란체스코(Francesco, 1181/82-1226)의 본명은 조반니(Giovanni)이다. 아버지가 프랑스와 상거래를 하고 어머니가 프랑스 프로방스 출신이라는 이유로 고향에서 작은 프랑스인, 즉 '프란체스코'라고 불리던 조반니는 자연스럽게 '아시시의 프란체스코'로 알려지게 되었다. 예수께서 제자들에게 하신 명령, "너희 전대에 금이나 은이나 동을 가지지 말고 여행을 위하여 배낭이나 두 벌 옷이나 신이나 지팡이를 가지지 말라 이는 일꾼이 자기의 먹을 것 받는 것이 마땅함이라"(마 9:10-11)라는 말씀에 깊은 감동을 받은 그는 모든 소유를 포기하고 구도자의 길을 걷기 시작한다. 프란체스코는 자발적 가난과 그것을 통한 기쁨의 생활을 추구하였다. 그가 친구와 나눈 대화는 이를 잘 보여준다. "왜 그렇게 기뻐하고 있지?" "결혼했기 때문이지!" "누구하고?" "가난이라는 귀부인!" 프란체스코는 1209년에 뜻을 같이하는 11명의 동료와 함께 '삶의 방식'(Forma Vitae)이라는 수도회칙을 정하고 교황 인노켄티우스 3세에게 구두 허락을 받아 산 다미아노 성당에서 '작은 형제들의 수도회'(Order of Friars Minor)를 설립하였다. 그 후에 수도회칙을 개정하여 1223년 교황 호노리우스 3세에게서 정식으로 수도회 인가를 받았다.

프란체스코 수도자들의 생활은 설교하고, 찬양하고, 구걸하는 것이었다. 복음을 전파하고, 하나님을 찬양하며, 복음적 가난의 삶을 사는 것이 그들의 목표였던 것이다. 이를 통해 수도자들은 13세기 교회와 수도원 개혁운동에 동력을 제공하였다. 프란체스코는 아시시 귀족의 딸인 클라라[Clara(1194-1253), 이탈리아어로 키아라(Chiara)]를 제자로 받아들여 여성들을 위한 수도회인 클라라회를 설립하도록 도왔으며, 1219년 5차 십자군 전쟁 기간에는 이집트로 가서 이슬람 지도자인 술탄과 만나 평화의 중재자 역할을 하였다. 또한 그는 우리가 잘 알고 있는 "주여, 나를 평화의 도구로 써 주소서"로 시작하는 〈평화를 위한 기도〉를 썼고, 모든 자연을 형제자매라 부르며 자연에 대한 뜨거운 사랑을 경건한 심정으로 담아낸 〈태양의 찬가〉라는 시를 짓기도 하였다. 특히 프란체스코가 예수 그리스도 닮기를 간절히 사모하며 기도하다가 1224년 그리스도가 십자가에서 입으신 오상의 흔적을 받게 되었다는 이야기는 유명하다. 수도회는 이와 같은 프란체스코의 명성에 힘입어 급속하게 성장하였다. 보나벤투라(Bonaventura), 둔스 스코투스(Johannes Duns Scotus), 윌리엄 오컴(William Ockham) 등도 프란체스코 수도회 출신이다.

그러나 프란체스코가 죽은 후 프란체스코를 흠모하여 수많은 사람이 유산을 남기면서 수도회가 부유해지자 분란이 일어났다. 프란체스코가 남긴 가난의 유언을 계속해서 지켜야 한다는 주장과, 상황이 바뀌었으니 재산의 소유권은 아니더라도 사용권은 가질 수 있어야 한다는 주장이 대립하였다. 결국 수도회는 프란체스코의 영성 가운데 은수자적 측면을 강조하고 엄격한 가난을 중시하는 '엄수파'(Observant)와 복음을 전하고 가난한 이들에게 봉사하기 위해 도시 안에 공동체를 세우고 살아가는 '콘벤투알'(Conventual)로 나누어지게 되었다. 16세기에 이르러서는 엄수파에서 소위 개혁된 '카푸친'(Capuchin)이 다시 분리되어 나왔고, 이후 엄수파는 '리포르마티'(Riformati), '알칸타리니'(Alcantarines), '레콜레티'(Recollects) 등 여러 분파로 나뉘었다.

하지만 19세기 말 교황 레오 13세가 이 모두를 '작은형제회'라는 이름으로 통합시킨다. 이렇게 해서 오늘날 프란체스코를 따르는 수도회는 '콘벤투알 작은형제회', '카푸친 작은형제회', '작은형제회'가 있다. 이들 세 수도회를 제1회(會) 프란체스코 수도회라 일컫는다. 여성들의 수도단체인 클라라 수도회는 제2회 프란체스코 수도회로, 평신도 수도회는 제3회 프란체스코 수도회로 불린다. 현재 아시시의 프란체스코 수도원은 콘벤투알 작은형제회 소속이다.

각 수도회의 한국관구 홈페이지 주소는 다음과 같다.

· 꼰벤뚜알 프란치스코회 한국관구 http://www.ofmconv.or.kr

· 카푸친 작은형제회 한국관구 https://capuchin.kr

· 작은형제회(프란치스코회) 한국관구 http://ofmkorea.org

· 양평 성 클라라 수도원 http://www.clara.or.kr

· 재속프란치스코회 한국국가형제회 http://www.ofskorea.org

아시시의 프란체스코 관련 유적지

1. 누오바 교회(프란체스코 생가 교회)

프란체스코의 출생지로 추정되는 곳에 세운 교회이다. 교회당 밖에는 프란체스코 부모의 청동상이 있는데, 어머니 피카(Pica)의 손에 들린 쇠사슬은 아버지 피에트로 디 베르나르도네(Pietro di Bernardone)가 아들을 가두고 묶을 때 사용한 사슬이다. 어머니가 남편 몰래 아들의 쇠사슬을 풀어주었음을 암시한다. 프란체스코가 감금되었던 집안의 감옥도 교회당 안에 보존되어 있다. 이 교회당은 프란체스코와 관련된 다른 건물들에 비해 상대적으로 뒤늦은 1615년 건축되었고, 그래서 '새 교회'(Chiesa Nuova)라는 이름을 갖게 되었다. 후기 르네상스 스타일의 교회당은 우물 정(井) 모양으로 짜 만든 천장의 돔과 채광창이 특징이다. 내부는 그리스식 십자가 형태로 신랑과 익랑의 길이가 같으며, 벽면은 프레스코화로 장식되어 있다.

↑ 누오바 교회 정면
↓ 누오바 교회당 내 프란체스코가 태어난 장소로 추정되는 곳
→ 누오바 교회당 앞의 프란체스코 부모상

산 루피노 대성당 정면

2. 산 루피노 대성당(프란체스코 세례 교회)

아시시 대성당이라고도 불리는 산 루피노 대성당(Cathedral of San Rufino)은 프란체스코가 세례를 받은 교회이다. 교회당 내부 후진에 기록된 바에 따르면 1140년에 구비오 출신의 조반니가 이 교회당 건축을 시작했다고 한다. 교회당의 정면(파사드)이 인상적인데, 수바시오 산(Monte Subasio)의 돌

로 건축된 로마네스크 양식(두꺼운 벽체와 작은 창문이 특징)의 외벽이 가로로 삼등분되어 있다. 가장 위쪽은 삼각형 형태로 가운데 아치 모양의 빈 벽감이 있다. 중간에는 3개의 장미창이 있는데, 중앙에 있는 큰 장미창을 각기 짐승을 밟고 서 있는 세 텔라몬(건물을 떠받치는 기둥 장식에 사용되는 사람 형상의 조각을 일컫는 건축용어)이 떠받치고 있다. 장미창의 네 어귀에 네 복음서를 상징하는 조각물이 새겨져 있는 점도 특징적이다. 가장 아랫부분에는 다양한 장식을 한 3개의 출입문이 있고, 교회당 정면 왼쪽에는 11세기에 건축된 높은 종루가 자리하고 있다. 교회당 내부는 커다란 기둥들로 중앙 신랑과 양쪽 측랑이 구분되어 있으며 앞쪽에는 후진과 돔이 있다. 오른쪽 측랑 초입에 있는 세례반에서 프란체스코가 1182년에, 클라라가 1193년에 세례를 받았다. 1209년 클라라가 프란체스코의 설교를 듣고 소명을 확인한 것도 바로 이 교회당에서였다.

산 루피노 대성당 내의 세례반

3. 산 다미아노 교회

프란체스코가 기도 중에 교회를 재건하라는 하나님의 음성을 들은 장소이다. 산 다미아노의 십자가 앞에서 기도하는 프란체스코의 모습은 프란체스코 교회의 상부교회당에 있는 조토의 프레스코화에서도 발견할 수 있다. 프란체스코는 1205년 바로

산 다미아노 교회 정면

클라라가 숨을 거둔 장소

이 교회당에서 기도할 때 '프란체스코, 어서 가서 무너져가는 나의 교회를 재건하라.'라는 주님의 음성을 들었다고 한다. 처음에 그는 이 말씀을 문자적으로 받아들여 산 다미아노 교회를 보수했는데, 이후 이 말씀이 주님의 몸인 보편교회를 회복시키라는 하나님의 메시지임을 깨달았다고 한다. 산 다미아노 교회는 또한 클라라 수도회의 출발지이기도 하다.

4. 천사들의 성모 마리아 대성당

아시시 도심에서 조금 벗어난 평지에 서 있는 후기 르네상스 양식의 웅장한 건물이 바로 '천사들의 성모 마리아 대성당'(Basilica of Saint Mary of the Angels)이다. 교회당 길이가 126m에 이르고 너비도 65m에 달하는 이 거대한 건축물은 1569년 교황 피우스 5세 때 건축하기 시작해 1679년 인노켄티우스 11세 때 완성되었다. 종루는 1684년에 추가로 세워졌다. 그 후 1832년 지진으로 심하게 훼손되어 1836-40년에 재건축되었다. 1920년대에는 교회당 정면이 바로크 스타일로 개조되었는데 양쪽 기둥 위에 천사상이 조각되어 있다. 1930년에는 대성당 꼭대기에 금박의 성모 마리아를 세워 마치 높은 곳에서 세상을 바라보고 있는 듯하다. 이로 인해 '천사들의 성모 마리아 대성당'이라 불리게 되었다.

천사들의 성모 마리아 대성당 정면

포르치운쿨라 경당

이 교회당이 중요한 것은 외부의 화려함과 거대함 때문이 아니라 교회당을 건축하면서 내부에 본래의 모습을 그대로 보존해둔 '포르치운쿨라'라고 불리는 작은 경당 때문이다. 이탈리아어로 '작은 몫'이라는 뜻의 이 경당은 프란체스코가 베네딕투스 수도승에게서 받은 것이다. 바로 이곳에서 프란체스코는 가난한 사람들을 위해 자발적 가난의 삶을 살겠다고 선언하고 형제들과 함께 수도공동체를 시작하였으며, 마지막 숨을 거두었다. 길이 7m, 너비 4m에 불과한 이 작은 경당이야말로 프란체스코 수도회에게는 보물 같은 존재이고, 그 의미 또한 매우 크다고 할 것이다. 사실 화려하고 거대한 대성당은 작고 소박한 이 경당을 보호하기 위한 껍데기에 불과하다.

교회당 옆에는 프란체스코와 형제들의 수도생활 일면을 엿볼 수 있는 박물관이 있다. 함께 있는 가시 없는 장미 정원에는 프란체스코가 욕정을 억제하기 위해 장미 덤불에 몸을 굴리자 천사들이 그를 지키기 위해 가시를 없애주었다는 이야기가 전해진다. 정원에 있는 프란체스코 조각상에는 지금도 흰색 비둘기가 떠나지 않고 머물고 있는데, 그의 평화를 염원하는 마음과 피조세계의 수호성인으로서의 자연에 대한 사랑을 떠올리게 해준다.

5. 아시시의 성 클라라(산타 키아라) 바실리카

아시시의 클라라는 프란체스코를 따르던 여성 제자로 '가난한 여성들의 수도회'인 클라라 수도회의 창설자이다. 그녀를 기념하는 이 교회당은 필리포 캄펠로(Filippo Campello)의 감독하에 건축되어 1260년 클라라의 유

산타 키아라 교회 정면

해를 중앙 제대 아래에 묻었다. 프란체스코의 유해가 거의 600년 동안 숨겨져 있던 것과 마찬가지로 클라라의 무덤도 1850년에야 발견되었다. 발견 당시 몸과 옷은 먼지로 변했으나 뼈는 보존되어 있었다고 한다. 그 후 1872년 클라라의 유해가 교회당 지하 묘실에 안치되었으며, 그녀가 입던 수도복과 소장품도 함께 전시되어 있다.

프란체스코에 대한 또 다른 시선

모든 수도자의 서약 항목 가운데는 가난이 있다. 그러나 프란체스코에게는 가난의 서약이 여러 서약 중 하나가 아니라 전부였다. 일체의 소유를 거부하고 구걸로 생계를 유지하는 탁발(托鉢)수도회를 출발시켰다는 점에서 프란체스코의 가난 예찬은 이전 수도자들과 분명히 구별된다.

그러나 자발적이고 철저한 가난을 선택해 그리스도의 제자로서의 길을 걸은 사람이 프란체스코가 처음은 아니다. 프란체스코보다 40여 년 먼저 프랑스 리옹에서 태어난 피에르 발도(Pierre Waldo, c.1140-1205) 역시 자신의 모든 소유를 가난한 사람들에게 나누어주고 자발적 가난을 실천한 인물이다. 그리하여 발도를 따르는 무리는 '리옹의 가난한 사람들'이라는 이름으로 불렸다. 발도 역시 프란체스코와 마찬가지로 교황을 알현하고 자신들의 공동체를 승인해줄 것을 요청했지만 결과는 전혀 달랐다. '발도파'는 교회로부터 출교 처분을 당했고, 결국 1215년 인노켄티우스 3세에 의해 이단으로 규정되었다.

무엇이 발도와 프란체스코의 운명을 정반대로 갈라놓았을까? 발도는 성서가 모든 권위보다 우위에 있다고 주장한 반면, 프란체스코는 교황의 성서해석권과 교도권(敎導權)을 인정하였다. 발도가 성서의 가르침에 절대

복종하기로 결단했다면, 프란체스코는 교황의 교도권에 순명할 것을 서약하였다. 오직 라틴어 불가타 성서만이 공인되던 중세 시대에 성서를 프랑스어로 번역하고 성서의 수위성을 주장하는 발도파가 로마가톨릭교회의 눈에는 강고한 교권체계를 흔드는 집단으로 비쳐졌을 것이다. 그래서 이단으로 규정될 수밖에 없었을지도 모른다.

발도는 또한 성직자뿐만 아니라 평신도도, 남자뿐만 아니라 여자도 성서를 가르칠 수 있다고 주장하였다. 너무나 시대를 앞선 주장이 아닌가! 16세기 종교개혁자들이 외치던 만인제사장설은 이미 발도파에 의해 주창된 것이었다. 성서는 "유대인이나 헬라인이나 종이나 자유인이나 남자나 여자나 다 그리스도 예수 안에서 하나이니라"(갈 3:28)라고 가르치지만, 역사에서 성직자와 평신도, 남자와 여자의 견고한 성벽은 쉽게 허물어지지 않았다. 급진적이고 근본적인 외침으로 교회의 질서를 뒤흔드는 발도파가 로마가톨릭교회에게는 눈엣가시와 같았다. 교회 권력층 입장에서는 언뜻 발도와 비슷해 보이지만 교회의 제도와 질서를 우선적으로 존중하는 프란체스코를 공인함으로써 발도파가 일으킨 풍파를 누그러뜨릴 수 있을지 모른다고 판단했을 것이다. 그리하여 프란체스코회는 공인되고, 발도파는 축출되었다.

프란체스코가 죽은 지 채 2년도 지나지 않아 성인으로 시성되고, 시성식 다음 날 프란체스코 교회당의 건축이 시작되었다는 것은 어떤 의미를 지니는 것일까? 프란체스코의 전기에 식인 늑대를 강아지처럼 다루고, 새들에게 설교하고, 기도로 오상의 흔적을 받는 등 유난히 전설 같은 이야기가 넘쳐나는 것은, 그를 성인화함으로써 민중들을 더욱 로마가톨릭의 체제 안에 묶어두기 위함은 아니었을까? 어쩌면 이제는 지나친 성인화 작업으로 '만들어진' 성 프란체스코에 대한 '역사적' 프란체스코 연구가 필요할지도 모르겠다. 그가 정말 어떤 꿈을 꾸고, 어떤 삶을 살았으며, 어떤 죽음

보름스 종교개혁자 기념조형물의 발도 동상 이탈리아에서 발도파는 1848년에야 양심의 자유와 시민의 권리를 인정받았고, 1975년에는 감리교회와 연합하여 발도파-감리교 연합교회를 형성하였다. 홈페이지 주소는 https://www.chiesavaldese.org이다.

치마부에, 〈옥좌 위에 앉은 성모자와 네 천사 그리고 성 프란체스코〉(1278-80) 중 '프란체스코 초상화' 부분

을 맞았는지 보다 냉철하고 객관적으로 연구하여 밝히는 것이 프란체스코를 진정성 있게 오래 기억하는 방법일 것이다.

만약 발도가 당시의 신학과 제도에 순응했다면 아마도 그의 삶은 순탄했을 것이고, 아시시의 프란체스코보다 더 존경받는 성인이 되었으리라. 그러나 그는 성서에 기초하여 자신이 옳다고 믿는 바를 말하고 행하는 데 주저하지 않고 기꺼이 좁고 험한 길을 걸었다. 오직 성서라는 원칙을 굳게 지킨 발도와 발도파야말로 16세기 종교개혁운동의 선구자라고 할 수 있다. 발도파 교회는 중세 이후 800여 년의 오랜 세월 동안 모진 박해를 받았음에도 지금까지 살아남아 세계 각지에서 자신들의 신앙을 충실히 지켜가고 있다. 발도는 죽었지만 발도의 꿈과 뜻과 비전은 오늘날 수만 명의 발도파 신자를 통해 전 세계에 깊은 울림을 주고 있다.

✤ 후기

2015년 6월 22일 교황 프란체스코가 이탈리아 피에몬테의 토리노에 있는 발도파 교회를 방문하여 과거 로마가톨릭교회가 저지른 잘못을 사죄하고 화해를 청하였다. 교황은 로마교회가 발도파 교회에 보인 '비그리스도교적이고, 심지어 비인간적이었던 태도와 행위'에 대해 용서를 구했다. 1215년 발도파가 이단으로 정죄받고 숱한 고난의 길을 걸어온 지 꼭 800년 만에 일어난 일이다.

교황 프란체스코는 '가난한 이를 위한 가난한 교회'라는 이상을 되풀이하여 말하곤 한다. 가난의 사도인 아시시의 성인 프란체스코의 이름을 자신의 교황명으로 삼기까지 했다. 교황의 아버지와 조부모의 고향은 바로 발도파의 거점이던 이탈리아 피에몬테인데, 아마도 교황은 어릴 때부터 부모와 조부모에게서 가난한 이들의 친구였던 발도파에 대해 익히 들어 알고 있었을 것이다. 로마교회에서 이단으로 정죄받아 모진 고난을 겪은 프로테스탄트 발도파 교회를 800년 만에 교황이 방문한 것은 참으로 역사의 아이러니가 아닌가! 교황 프란체스코의 용기가 부럽다. 프로테스탄트 교회도 역사에서 부끄러운 일을 종종 행하지 않았던가. 우리에게도 용서를 구할 줄 아는 용기가 필요하다. 그것이 새로운 시작을 위한 출발점이 될 것이기 때문이다.

간절한 기도가 예술로 승화되다

산마르코 수도원

오스트리아
스위스
헝가리
슬로베니아
프랑스
크로아티아

산마르코 수도원
산타마리아 노벨라 수도원
산타 크로체

보스니아
헤르체고비나
피렌체
아시시
몬테네그로
이탈리아
로마
카시노

꽃의 도시 피렌체

피렌체는 '꽃의 도시'라는 그 이름처럼 아름답고 화려하며 매력적이다. 길을 걷다가 만나는 어느 건물이든 들어서기만 하면 분명 우리를 매혹시킬 이야기가 깃들어 있을 것이다. 오래전 로마 시대부터 이탈리아의 주요 도시 중 하나였던 이곳은 르네상스 시대인 14-16세기에 이르러서 유럽 전체에서 가장 중요한 도시 중 하나로 자리 잡았다. 그래서 우리는 그 어느 곳보다 르네상스의 꽃이 화려하게 피어난 이 도시에서 대가들이 남긴 건축, 회화, 조각을 마음껏 누리는 행복을 맛볼 수 있다.

도심 한가운데로 걸어가면 '산타 마리아 델 피오레' 또는 '두오모'라 불리는 피렌체 대성당, 조토의 종탑, 기베르티와 브루넬레스키의 공개 경쟁으

2014년 1월 31일 비가 보슬보슬 내리는 아침 조토의 종탑에서 바라본 두오모의 돔과 피렌체 시내

로 유명한 일명 '천국의 문'을 가진 산 조반니 세례당 3종 세트가 방문객을 압도한다.

미술에 관심이 있는 사람이라면 당연히 우피치, 아카데미아, 바르젤로 미술관을 찾을 것이다. 문학도는 단테와 베아트리체의 이야기를 떠올리며 베키오 다리를 걸을 것이다. 종교인에게는 메디치 가문의 산 로렌초 성당, 갈릴레오·기베르티·마키아벨리·미켈란젤로가 잠들어 있는 산타 크로체, 도미니크 수도자들의 영성이 스며 있는 산타 마리아 노벨라, 수사 안젤리코와 사보나롤라를 만날 수 있는 산마르코 수도원 등 흥분을 자아내는 장소가 즐비한 도시가 바로 피렌체이다. 오늘 우리가 함께 방문할 곳은 하나님을 향한 영적 갈망을 아름다운 예술로 꽃피워낸 산마르코 수도원이다.

산마르코 수도원

산마르코 수도원은 본래 발롬브로사 수도회(O. S. B. Vall.)의 소유지였다. 발롬브로사 수도회는 피렌체 출신의 베네딕투스 수사이던 조반니 구알베르토(c. 985-1073)가 피렌체에서 30km 정도 떨어진 발롬브로사(Vallombrosa)에 설립한 독자적인 수도회로, 중세 시대 이탈리아 중부 토스카나 지역에 널리 퍼져나갔다. 그렇게 해서 12세기에는 지금의 피렌체 산마르코 수도원 자리에 자신들의 수도원을 세우게 된다. 그러나 1299년 이 수도원 건물은 이탈리아 오시모 출신의 실베스터 고촐리니(1177-1267)가 1231년 설립한 베네딕투스회 공동체, 실베스트린 수도회(O. S. B. Silv.)로 넘어가고 만다. 그리고 적어도 이때부터 산마르코는 수도원인 동시에 교구교회의 역할을 하게 되었다. 그런데 15세기 초부터 실베스트린 수도자들이 수도규칙을 잘 준수하지 않는다는 비난이 이어지게 되었고, 1436년 교황 에우게니우스 4세는 결국 이 건물을 도미니크 수도회에 넘겨준다. 이렇게 해서 산마르코 수도원은 발롬브로사 수도회에서 실베스트린 수도회를 거쳐 도미니크 수도회로 소유권이 넘어갔다.

15세기 당시 산마르코 수도원은 사실상 폐허와 같은 상태였다. 이에 피렌체의 정치 지도자이던 코시모 데 메디치가 건축가 미켈로초(Michelozzo)를 파견하여 산마르코 수도원을 르네상스 스타일로 재건하도록 했다. 그리하여 1443년 주님 공현 대축일인 1월 6일, 교황 에우게니우스 4세가 참석한 가운데 축성식을 하게 되었다. 이 시기 메디치 가문의 예술 후원은 정점에 달했는데, 당대의 미술사가 조르주 바사리의 기록에 따르면 코시모가 수도원을 위해 내놓은 금액만 4만 플로린(피렌체의 금화 단위. 금의 함량에 따라 다를 수 있으나 1 플로린은 현재 가치로 80만 원 정도이니 4만 플로린은 대략 320억 원에 해당한다.)에 달했다고 한다. 현재 산마르코 수도원은 국립박물관으로 일반에게 공개되어 있다.

수도원 안으로

산마르코 수도원 도서관

수도원은 복층 구조이다. 1층에는 2열의 기둥으로 구분되어 3개의 통로를 갖춘 도서관이 자리 잡고 있다. 여러 개의 큰 창문을 통해 자연광이 들어와서 공부하거나 필경하기에 적합하다.

미켈로초가 건축한 르네상스풍의 이 도서관은 다수의 귀중한 필사본을 소장하고 있는 것으로 널리 알려져 있다. 도서관에 있는 채색 필사본 대다수는 유명한 인문주의자 니콜로 니콜리(Niccolò Niccoli)가 소장하던 것들이다. 코시모의 손자 로렌초 데 메디치의 통치기에 피렌체에는 르네상스의 꽃이 활짝 피었고, 산마르코의 도서관은 안젤로 폴리치아노(Angelo Poliziano), 조반니 피코 델라 미란돌라(Giovanni Pico della Mirandola) 같은 피렌체 인문주의자들이 가장 선호하는 모임 장소였다. 폴리치아노와 미란돌라는 지금도 산마르코에 잠들어 있다. 비단 수도자들을 위한 책뿐만 아니라 일반 시민을 위한 인문학 서적을 풍부하게 보유한 산마르코 도서관은 피렌체 인문주의의 이상을 상징적으로 보여주는 장소였다. 도서관 외에도 1층에는 15세기 수도원 재건 당시 수도원 책임자인 안토니노 피에로치(Antonino Pierozzi)의 이름을 붙인 회랑(回廊), 수도자들이 모이는 방, 식당, 손님을 위한 숙소가 있다.

수도원의 안뜰인 성 안토니노 회랑 그는 도미니크회 수도자이며 신학자이자 설교자였다. 1439-44년 산마르코 수도원장을 지냈고, 그 후 죽기까지(1455) 피렌체의 주교로 일했다. 1523년 성인으로 지정되었다.

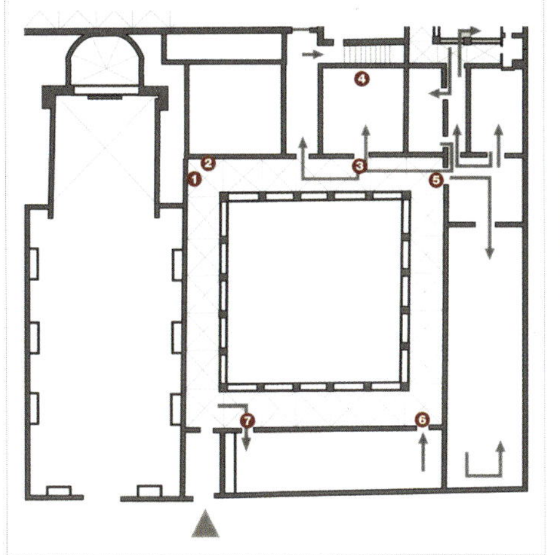

산마르코 수도원 1층 평면도 프라 안젤리코의 프레스코화 위치 ① 〈침묵을 요청하는 베로나의 성 베드로〉 ② 〈십자가 앞에서 기도하는 성 도미니크〉 ③ 〈수도규칙서를 들고 있는 도미니크와 동료들〉 ④ 〈십자가 앞의 성인들〉 ⑤ 〈피에타〉 ⑥ 〈순례자 그리스도를 맞이하는 2명의 도미니크 수도자〉 ⑦ 〈토마스 아퀴나스〉

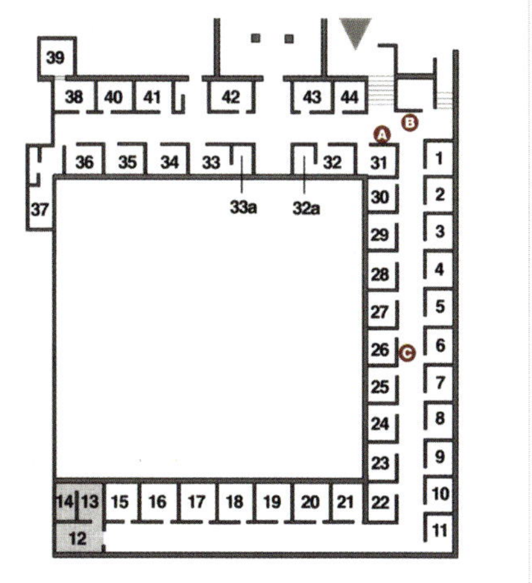

산마르코 수도원 2층 평면도 사보나롤라와 관련된 12-14번방을 제외하고 모든 방에 안젤리코의 프레스코화가 그려져 있다. 38-39번방은 코시모 데 메디치를 위한 방이다. Ⓐ 〈수태고지〉 Ⓑ 〈십자가를 붙잡고 있는 성 도미니크〉 Ⓒ 〈그림자의 마돈나〉

2층에는 수도자들이 머무는 작은 방 44개가 있고, 그 가운데 별도로 코시모 데 메디치의 개인 휴양을 위한 방 2개(38번, 39번)가 있다. 수도원의 내부는 전체적으로 회반죽으로 칠해져 있으며, 벽 곳곳에는 도미니크 수도자 프라 안젤리코의 작품이 그려져 있다. 2층 가장 안쪽 구석에는 지롤라모 사보나롤라(Girolamo Savonarola)와 관계 있는 방(12-14번)이 있다.

프라 안젤리코의 예술혼

산마르코 수도원에 남아 있는 안젤리코의 그림은 지금도 수많은 사람을 피렌체로 불러 모으는 구심점이다. 그의 본명은 귀도 디 피에로(Guido di

안젤리코, 〈십자가 앞에서 기도하는 성 도미니크〉 (c.1442)

안젤리코, 〈침묵을 요청하는 베로나의 성 베드로〉 (c.1442)

Piero)였으나 도미니크 수도자가 되면서 조반니라는 이름을 갖게 되고, 후에는 그의 그림에 나타난 우아함과 경건함 때문에 '베아토 안젤리코'(Beato Angelico, 복된 천사와 같은 수도자) 혹은 '프라 안젤리코'(Fra Angelico, 천사 같은 수도자)라고 불렀다. 실제로 이후 안젤리코는 로마가톨릭교회에 의해 복자(福者)로 선포되었다.

수도원 출입구로 들어서면 정면에 보이는 성 안토니노 회랑의 벽에 안젤리코의 〈십자가 앞에서 기도하는 성 도미니크〉가 있다. 도미니크는 예수가 매달린 십자가를 붙들고 깊은 슬픔을 표현하고 있다.

바로 왼편에 교회로 연결되는 문 위쪽 반월창에는 〈침묵을 요청하는 베로나의 성 베드로〉라는 제목의 흥미로운 그림이 있다. 수도원 내에서, 특별히 교회당으로 들어가는 사람은 침묵을 지켜 달라는 요청이다. 그림 속 인물은 13세기 이탈리아 출신의 도미니크 수도자로 '베로나의 베드로' 혹은 '순교자 베드로'라고 불린다.

회랑을 따라 돌면 각 방으로 연결되는 문 위쪽의 반월창에서 방의 용도에 맞게 그려진 안젤리코의 그림을 볼 수 있다. 수도자들이 모이는 방 입구에는 〈수도규칙서를 들고 있는 도미니크와 동료들〉이, 순례자 숙소로 이어지는 문 위에는 〈순례자 그리스도를 맞이하는 2명의 도미니크 수도자〉가, 옛 신학교로 연결되는 문 위에는 중세 스콜라 신학을 대표하는 도미니크 수도자 〈토마스 아퀴나스〉가 그려져 있다.

수도자들이 모이는 1층 방에는 가로 9.5m, 세로 5.5m 크기의 아치형 벽에 프레스코화 〈십자가 앞의 성인들〉이 있다. 이 그림을 자세히 감상해 보자. 중앙 십자가에 달린 예수의 오른편에는 어머니 마리아가 사도 요한, 막달라 마리아, 글로바의 아내 마리아(요 19:25)의 부축을 받고 있고, 피렌체의 수호성인 세례자 요한, 책을 들고 있는 복음서 저자 마가, 메디치 가문의 수호성인 라우렌시오, 다미아누스와 코스마스가 순서대로 보인다. 예수의 십자가 왼편으로는 무릎을 꿇고 있는 도미니크, 히에로니무스, 프

안젤리코, 〈십자가 앞의 성인들〉(1442)

란체스코, 클레르보의 베르나르(시토회 중심인물), 조반니 구알베르토(발롬브로사 수도회 설립자), 베로나의 베드로가 있고, 뒤편에는 암브로시우스, 아우구스티누스, 베네딕투스, 로무알두스(카말돌리 수도회 설립자), 아퀴나스가 서 있다.

둥근 반원형 아치에는 성서 인물인 다니엘, 스가랴, 야곱, 다윗, 이사야, 예레미야, 에스겔, 욥과 신비 신학자 디오니시오스 아레오파기테스, 이교도 여성 예언자 에리트라이의 시빌라까지 10인이 그려져 있고, 아치의 중앙에는 예수 그리스도의 고난과 구속을 상징하는 새인 펠리컨이 피를 흘리고 있다. 받침대인 프레델라에는 도미니크회를 빛낸 17인이 작은 원 안에 그려져 있다.

'순례자 숙소'라 불리는 방에는 안젤리코의 중요한 작품이 여럿 전시되어 있다. 그중 〈십자가에서 내림〉의 경우 아치 윗부분과 양옆의 장식 부분

안젤리코, 〈십자가에서 내림〉(1426-32)에 등장하는 안젤리코의 초상화

은 로렌초 모나코(Lorenzo Monaco)가 작업했고, 중앙의 큰 그림은 안젤리코가 그린 것이다. 이 그림에서 예수의 오른편에 검은 두건을 머리에 두르고 오른손을 가슴 앞에 들고 서 있는 사람이 바로 안젤리코가 자신을 그려넣은 것이라고 여겨진다. 또 다른 작품 〈최후의 심판〉에서 그리스도 왼편은 정죄당하는 자, 오른편은 구원받는 자, 중앙의 빈 무덤은 죽은 자의 부활을 상징한다.

안젤리코의 작품은 아니지만 순례자를 위한 작은 식당 안에 있는 기를란다요의 〈최후의 만찬〉도 눈길을 끈다. 미켈란젤로의 스승이던 기를란다요

안젤리코, 〈최후의 심판〉(c.1431)

기를란다요, 〈최후의 만찬〉(c.1486)

의 이 작품은 같은 제목의 레오나르도 다빈치의 것보다 앞선 것이다. 그는 긴 식탁에 예수를 중심으로 제자들을 일직선으로 배열하였다. 예수의 오른편에 앉은 베드로는 손에 칼을 들고 있고, 왼편의 요한은 예수의 품에 안겨 있다. 특이한 점은 머리에 후광이 없는 배신자 유다를 식탁의 맞은편에 혼자 앉아 있는 모습으로 그려넣었다는 것이다. 등을 보이는 모습에서 유다가 예수의 믿음을 등질 배신자임이 암시된다. 그림 제일 아래에서 우리를 쳐다보고 있는 고양이의 시선이 마치 '너는 어떤 사람이냐?' 하고 묻는 듯하다.

2층으로 올라가면 복도 벽과 수도자의 방 안에 프레스코화가 많이 그려져 있다. 가장 먼저 눈에 들어오는 작품은 안젤리코의 대표작 〈수태고지〉이다. 안젤리코는 여러 편의 수태고지를 그렸다. 이탈리아 코르타나의

안젤리코, 〈수태고지〉(1437-46)

주교구 박물관, 이탈리아 산 조반니 발다르노의 산타 마리아 델레 그라치아 교회 박물관, 스페인 마드리드의 프라도 미술관에서도 목판 위에 그린 안젤리코의 수태고지를 볼 수 있다.

하지만 산마르코 수도원 벽에 그린 프레스코화 수태고지는 그 감흥이 다르다. 천사 가브리엘과 마리아가 모두 두 손을 십자 형태로 모아 가슴에 대고 있다. 가브리엘은 약간 무릎을 꿇고 있고, 마리아는 소박한 의자 위에 앉아 있다. 겸손하게 하나님의 뜻에 순종하려는 태도를 보인다. 아래쪽 대리석에는 황금색으로 쓰인 "오! 경건한 어머니, 거룩한 삼위일체가 거하는 고귀한 처소여."라는 글귀가 보인다. 이는 마리아가 자신의 몸을 예수 그리스도의 성육신 장소로 기꺼이 내어줌으로써 구원을 이루는 통로가 되었음을 알려준다. 그림의 제일 아래에는 그림 앞을 지나갈 때 동정 마리

안젤리코, 〈조롱당하시는 예수 그리스도, 마리아와 도미니크〉

아에게 기도할 것을 요청하는 문구가 검은색으로 새겨져 있다.

2층에서 사보나롤라와 관련된 3개의 방(12-14번)을 제외하고는 모든 방에 다양한 주제의 프레스코화가 있어 관람객의 발길을 사로잡는다. 7번방에는 〈조롱당하시는 예수 그리스도, 마리아와 도미니크〉, 9번방에는 〈성모의 대관식〉, 26번방에는 〈무덤에서 부활하신 그리스도, 마리아와 아퀴나스〉 그리고 코시모 데 메디치의 공간인 38-39번방에는 〈십자가와 마리아, 성 코스마스, 사도 요한, 베로나의 베드로〉와 〈동방박사의 경배〉가 있다. 이 작품들에 대한 자세한 설명은 매그놀리아 스쿠디에리(Magnolia Scudieri)의 책 *The Frescoes by Angelico at San Marco* (Firenze: Giunti Editore, 2004)를 참조할 수 있다.

← **안젤리코, 〈성모의 대관식〉** 왼쪽부터 아퀴나스, 베네딕투스, 도미니크, 프란체스코, 순교자 페트루스, 복음서 저자 마가

→ **안젤리코, 〈무덤에서 부활하신 그리스도, 마리아와 아퀴나스〉**

안젤리코, 〈십자가와 마리아, 성 코스마스, 사도 요한, 베로나의 베드로〉

안젤리코, 〈동방박사의 경배〉

교회당

수도원과 붙어 있는 교회당은 하나의 신랑에 여러 개의 측면 경당을 가진 형태의 구조이며, 내부는 16-17세기 그림으로 장식되어 있다. 교회당 천장 중앙에는 조반니 푸치(Giovanni Antonio Pucci)의 〈성모 승천〉(1725) 그림이 있다. 오른쪽에는 3개의 제단이 있는데, 첫 번째 제단에는 산티 디 티토(Santi di Tito)의 〈그리스도에게 자신의 작품을 바치는 성 토마스〉, 두 번째 제단에는 프라 바르톨로메오(Fra Bartolomeo)의 〈성모자와 성인들〉 제단화가 있으며, 세 번째 제단에는 로마의 성 베드로 교회당에서 1596년경 가져온 〈탄원하는 성모〉 모자이크가 있다. 중앙 제단에는 안젤리코의 〈십자가상〉 제단화가 있고, 양쪽으로 15세기 수도원장이던 두 사람의 이름을 붙인 성 안토니노 경당과 세라글리오 경당이 있다. 교회당은 1678년에 한 차례 개조를 거쳤고 1777-78년에는 바로크 양식의 정면이 건축되었다.

산마르코 교회 정면

산마르코 교회당 내부

← 디 티토, 〈그리스도에게 자신의 작품을 바치는 성 토마스〉(1593)

→ 바르톨로메오, 〈성모자와 성인들〉(1509)

〈탄원하는 성모〉(c.705)

지롤라모 사보나롤라

산마르코 수도원을 유명하게 만든 또 다른 인물로 지롤라모 사보나롤라(1452-98)가 있다. 1492년 피렌체의 지도자 로렌초 데 메디치가 죽고 아들 피에로가 아버지의 자리를 이어받았지만, 피에로의 역량과 자질은 아버지에 크게 미치지 못했다. 1494년 피에로는 프랑스의 샤를 8세로부터 나폴리 침공을 위해 길을 터달라는 요구를 받고 성문을 열어 그를 맞아들였다. 그러나 샤를은 피렌체를 통과하면서 동맹군이 아니라 마치 점령군처럼 위세를 떨며 노략질하고는 나폴리로 향했다. 이에 불만을 품은 피렌체 사람들은 폭동을 일으켰고, 피에로와 메디치 가문은 도시 밖으로 추방을 당하게 된다.(피에로 데 메디치의 무덤은 몬테카시노의 베네딕투스 수도원 예배당 안에 있다.)

메디치 가문이 추방당하자 피렌체에는 사회의 갈등을 중재할 사람이 없었다. 이때 정치 무대에 혜성처럼 등장한 인물이 바로 산마르코 수도원 소속 수도자 지롤라모 사보나롤라이다. 그는 피렌체의 모든 악이 도덕적 타

바르톨로메오, 〈지롤라모 사보나롤라〉(c.1498)

사보나롤라와 동료 2명(Domenico and Silvestro Maruffi)이 1498년 시뇨리아 광장에서 화형당했다.

보름스 종교개혁기념공원 중앙에 서 있는 루터의 오른쪽에 사보나롤라, 왼쪽에 후스가 앉아 있고, 뒤편으로 발도와 위클리프가 앉아 있다.

락, 사치와 허영, 무자비한 부의 축적으로부터 비롯되었다는 웅변적인 설교로 사람들을 선동하였다. 피렌체 시청 앞 시뇨리아 광장에서는 갖가지 장식품과 장신구, 사치스러운 물건, 세속적인 책과 예술품이 불태워졌다. 사보나롤라는 교황 알렉산더 6세 보르자의 부도덕에 대해서도 거칠게 항의하였다.

그러나 수도자의 신정정치 실험은 오래가지 못했다. 교황은 사보나롤라를 이단으로 정죄하였고, 결국 사보나롤라는 자신이 온갖 허영을 불태우던 바로 그 광장에서 1498년 5월 23일 2명의 동료와 함께 화형을 당했다. 사보나롤라에 대한 평가는 다양하지만, 일부에서는 그를 프로테스탄트 운동의 선구자 중 한 사람으로 간주하기도 한다. 독일 보름스의 종교개혁기념공원에 가면 루터에게 영향을 준 4명의 종교개혁 선구자들의 조각상이 있는데, 발도, 위클리프, 후스 그리고 사보나롤라가 그 주인공이다.

도미니크 수도회의 창설자 도미니크, 그는 누구인가

산마르코 수도원이 소속된 도미니크 수도회의 창설자에 대해 잠시 살펴보자. 스페인 출신의 도미니크(1170-1221)는 프란체스코와 동시대인으로 수도원 운동에서 중요한 전환점을 마련한 인물이다. 일찍이 이탈리아 르네상스의 선구자인 단테(Dante Alighieri)는 프란체스코를 '사랑으로 세상을 타오르게 한 열정'으로 묘사하고, 도미니크를 '세상에 빛을 가득 채운 광명'으로 묘사하였다. 프란체스코는 학문이 겸손을 와해시킬까 두려워하였지만, 도미니크는 학문의 탐구를 강조하였다. 왜냐하면 이를 통해서만 이단을 반박하고 정통신앙을 지킬 수 있다고 믿었기 때문이다. 프란체스코가 온유하고 겸손한 것으로 유명했다면, 도미니크는 냉철하고 근엄하다는 평을 들었다.

프라 안젤리코가 그린 제단화 속 도미니크. 책과 백합을 들고 있으며, 그의 머리 위에는 별이 있다. 도미니크 수도회 홈페이지 주소는 https://www.op.org이다.

도미니크는 스페인 카스티야 지역에 속한 칼레루에가(Caleruega)에서 아버지 펠릭스와 어머니 후안나 사이에서 1170년경 태어났다. 후안나는 꿈에서 환한 빛을 발하는 등불을 입에 문 강아지가 자기 품속으로 들어와 온 세상을 비추는 태몽을 꾸었다고 한다. 세상 사람들을 빛으로 인도할 위대한 설교자를 잉태했음을 상징하는 것이다. 이런 까닭에 도미니크가 등장하는 그림에는 종종 강아지가 함께 등장한다. 도미니크 수도회(Dominicanus)의 이름이 '주님의 개'(Domini+Canis)라는 언어유희도 여기서 비롯된 것이다. 충직의 상징인 개와 더불어 순결의 상징인 백합, 학문의 상징인 책 그리고 세상을 비추는 별도 도미니크 그림에서 자주 등장하는 상징물이다.

도미니크는 스페인 팔렌시아에서 교육을 받은 뒤 1194년경 사제 서품을 받고 오스마(Osma)의 주교좌 성당의 참사회원이 되었다. 아우구스티누스 수도규칙에 따라 공동생활을 하는 성직자 공동체 일원이 된 것이다. 수도원 운동과 관련하여 우리는 수도자, 참사회원, 탁발수도자 등 다양한 용어를 접하게 된다. 넓은 관점에서 본다면 모두 수덕(修德)을 지향하며 살아가는 사람들이지만, 엄밀하게 보자면 강조점이나 생활방식에서 차이가 난다. 일반적으로 수도자(monks)가 서약에 기초하여 은둔적 삶의 방식을 통해 관상(觀想)에 집중하는 평신도라면, 참사회원(canons)은 성직자로서 일정한 수도규칙을 따르며 공동생활을 하는 수도참사회원(canons regular)과 서약과 규칙에서 자유로운 재속참사회원(canons secular)으로 구분되며 교회를 섬기는 활동에 적극적이다. 따라서 교황 우르바누스 2세는 수도자를 마리아에, 참사회원을 마르다에 비유하기도 했다. 13세기에 등장한 프란체스코회와 도미니크회 같은 탁발수도자(friars)는 한 교회나 교구에 소속되지 않고 순회하면서 복음을 설교하며, 특히 구걸로 생계를 이어가는 특징이 있다.

도미니크는 1205년경 남부 프랑스에서 '카타리파'라 불리는 무리를 찾아 그들의 잘못된 가르침을 논박하고 교정하는 일에 앞장섰다. 카타리파는 초대교회 이단인 영지주의의 영향을 받아 이원론적인 교리를 주장하면서 12-13세기 남부 프랑스와 북부 이탈리아 지역을 중심으로 활동하던 분파였다. 이들은 프랑스 남부 도시 알비에서 시작되었기 때문에 '알비파'

스페인 마드리드의 프라도 박물관에 있는 페드로 베루게테의 〈성 도미니크와 알비파〉(1493-99)
도미니크와 카타리파의 책을 동시에 불에 던졌으나 도미니크의 책은 불타지 않았다는 전설은 카타리파의 가르침이 오류임을 강조하기 위한 것이다.

라고도 불린다.

교황 인노켄티우스 3세는 알비파 이단을 정벌하기 위해 십자군을 조직하여 1209년 대대적인 학살을 일으킨다. 도미니크가 최초의 종교 재판관이었다는 이야기는 후대에 각색된 것이지만, 후일 도미니크 수도자들이 종종 이단 심문이나 종교재판에서 판관의 역할을 한 것은 사실이다. 학문과 교리에 대한 지식의 탁월함이 오히려 교황권을 정당화하거나 강화하는 도구로 사용되기도 했음을 알 수 있다.

1215년 도미니크는 프랑스 툴루즈 교구 안에서 자신과 뜻을 같이하는 6명의 동료와 함께 설교 운동에 매진할 새로운 수도공동체를 조직하였다. 그는 기존의 아우구스티누스 수도규칙을 근간으로 하여 설교자들의 수도회에 적합한 새로운 규칙을 작성하였고, 1216년 12월 22일에는 교황 호노리우스 3세로부터 '설교자들의 수도회'(Ordo Praedicatorum, OP)로 인준을 받았다. 교황청의 공인을 받은 도미니크회는 급속히 유럽 전역에 퍼졌으며 프란체스코회와 더불어 중세교회와 수도원을 지탱하는 근간이 되었다. 하지만 도미니크회가 한창 뻗어나가던 1221년 8월 6일 도미니크는 볼로냐에서 숨을 거두고 만다. 그의 유해는 볼로냐의 산 도미니크 대성당에 안치되었다. 도미니크는 1234년 교황 그레고리우스 9세에 의해 성인으로 축성되었으며 천문학자의 수호성인으로 지정되었다.

안타깝게도 도미니크가 쓴 작품은 하나도 남아 있지 않다. 오직 간접적인 2차 증언밖에 없어 오늘날 우리가 그의 가르침과 인격을 자세하게 알 수는 없다. 그렇지만 그가 출발시킨 도미니크 수도회는 설교, 교훈, 교육, 신학 탐구에 열중하여 특별히 많은 학자를 배출하였다. 중세의 대표적인 스콜라 신학자 아퀴나스(Thomas Aquinas)와 마그누스(Albertus Magnus), 사보나롤라(Girolamo Savonarola), 에크하르트(Meister Eckhart), 타울러(Johannes Tauler) 등이 모두 도미니크 수도회 출신이다.

프란체스코회와 도미니크회에는 기존의 수도회들과 구별되는 몇 가지 특징이 있다. 절대 청빈의 표현으로 탁발(구걸)을 표방했다는 점, 세상으로부터 유리되기보다는 세상 안으로 뛰어들었다는 점, 교육활동에 힘을 쏟은 점, 교황청에 직속된 점이다. 교황청에 직속됨으로써 얻는 이익도 있었지만, 수도회가 정치화되거나 종교재판소의 수족이 되어 교황청의 방패막이로 변질되는 폐단이 일어나기도 하였다. 제프리 초서(1343-1400)는 『캔터베리 이야기』 서문에서 한 탁발수도자의 이야기를 통해 탁발 행각이 낳은 심각한 폐해를 생생하게 묘사하였다. 물론 모든 탁발수도자가 그렇지는 않았겠지만 적어도 그런 악명 높은 탁발수도자에 대한 풍자가 사람들의 호응을 얻을 만큼 탁발의 폐해가 일반적이었음을 짐작할 수 있다. 그래서 15세기 초반의 위대한 교사이던 장 제르송(Jean Gerson)은 교회를 박해하는 네 장본인으로 독재자, 이단, 적그리스도, 탁발수도자를 언급하기까지 하였다.

수도원의 빛과 그림자*

중세 시대 수도원이 남긴 발자취는 교회 역사 전반에 너무나 깊이 각인되어 있어서, 교회사에 관심이 있는 사람이라면 누구라도 수도원에 무관심할 수 없을 것이다. 수도원은 제도권 교회에 대한 비판과 대안을 제시하면서 어두운 현실을 밝히는 등불이었고, 교회사에 큰 영향을 끼친 위대한 성인과 학자와 설교자를 배출한 학교였으며, 가난한 사람들과 병든 사람들을

* 박경수, 『박경수 교수의 교회사 클래스』(서울: 대한기독교서회, 2010), 114-15쪽 내용을 일부 수정한 것이다.

돌보는 구빈원이었다.

그러나 수도원이 적극적이고 긍정적인 역할만을 한 것은 결코 아니다. 다른 측면에서 수도원은 종종 개인적 영웅주의에 기초한 극단적 금욕주의라는 함정에 빠지기도 하였다. 누가 더 오래 금식했는지, 누가 더 극심한 고행을 견뎌내었는지 하는 영웅담이 횡행했다. 더욱이 중세 말로 갈수록 수도원은 미신과 무지와 방탕의 산실로 변해버렸다. 필립 샤프(Philip Schaff)는 "수도원이 초창기에 끼친 유익이 후기의 해악과 저울질할 때 과연 남는 것이 있을지 의문이 든다. 후기에 그들은 게으름과 오만과 무지의 대명사였다."라고 비판하기도 하였다.[필립 샤프, 『교회사전집 5: 중세시대(A.D.1049-1294) 그레고리우스 7세부터 보니파키우스 8세까지』, 이길상 옮김(고양: 크리스찬다이제스트, 2004), 342.] 이처럼 역사적으로 수도원 운동에는 빛과 그림자가 공존하였다.

Plus

산타 마리아 노벨라 수도원

수도원

필자가 피렌체의 도미니크 수도원을 고찰하면서 산마르코를 선택한 이유는 안젤리코와 사보나롤라 때문이었다. 그렇지만 만일 독자들이 피렌체를 방문한다면 다른 도미니크 수도원인 산타 마리아 노벨라와 프란체스코 수도원인 산타 크로체도 꼭 가보길 권한다. 아마도 두 장소는 산마르코보다 더 많은 시간을 필요로 할 것이다. 종교화나 수도원의 역사에 관심이 있는 사람이라면 둘 중 한 곳만 둘러보더라도 하루가 모자랄 만큼 역사, 영성, 회화, 건축 등에서 감상할 것이 풍성하다. 지금 도미니크 수도원을 살펴보고 있으니 여기서는 산타 마리아 노벨라 수도원과 교회당을 소개하고자 한다.

산타 마리아 노벨라는 '새로운' 산타 마리아라는 뜻이다. 이 장소가 과거 산타 마리아 델레 비네('포도원의 산타 마리아') 수도원의 터였기 때문에 새로운(novella)이라는 말을 덧붙인 것이다. 옛 이름에서 이곳이 10세기경에는 포도원이 있는 도시의 외곽이었음을 알 수 있다. 1219년 도미니크 수도자 조반니 다 살레르노가 피렌체에 도착하였고, 1221년 산타 마리아 수도원의 옛 부지가 도미니크 수도회에게 주어졌다. 이후 그 자리에 시스토(Sisto)와 리스토로(Ristoro)라는 두 수도자가 산타 마리아 노벨라를 건축했다고 알려져 있다. 건물의 주춧돌은 1279년 10월 18일에 놓였지만, 건축은 이전부터 시작된 것으로 보인다. 수도원과 교회당은 14세기를 거치면서 피렌체 공화국과 도시의 중심 가문들의 기부로 점점 확장되었다. 건물은 수도원, 수도자의 거처, 교회당이 함께 모인 복합 단지로 1357년 완공되

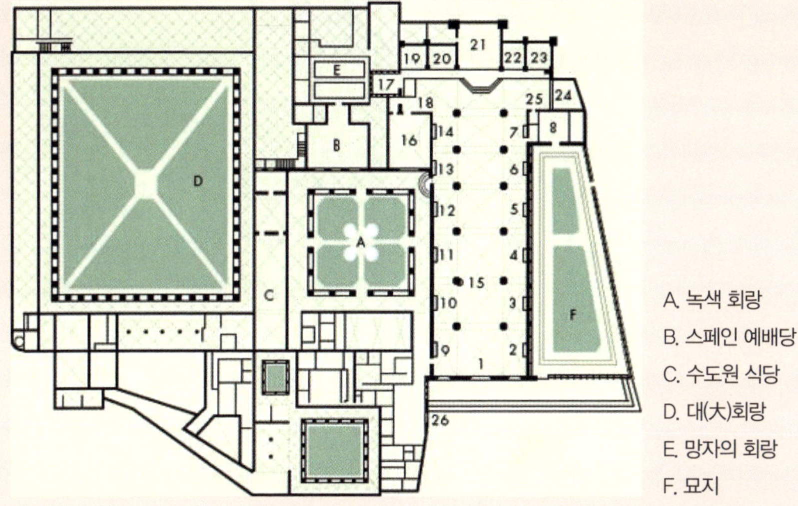

산타 마리아 노벨라 수도원과 교회당 평면도

1. 파사드(Leon Battista Alberti)
2. 성 라우렌시오의 순교(Girolamo Macchietti)
3. 목자들의 경배(Giovani Battista Naldini)
4. 성전에서 아기 예수의 알현(Giovani Battista Naldini)
5. 십자가에서 내림(Giovani Battista Naldini)
6. 빈센트 페레의 예언(Jacopo Coppi del Meglio)
7. 야코포 리고치(Jacopo Ligozzi)
8. 순수의 마돈나 예배당(Wooden crucifix by Baccio da Montelupo)
9. 나사로의 부활(Santi di Tito)
10. 선한 사마리아인(Alessandro Allori)
11. 성 삼위일체(Masaccio)
12. 묵주의 마돈나(Giorgio Vasari)
13. 제단(Bernardino Poccetti)
14. 성 지아친토(Alessandro Allori)
15. 설교단(10-11번 사이, Filippo Brunelleschi/Buggiano)
16. 성물 안치소(14번 뒷방, Sacristy)
17. 만토바의 스트로치 예배당(Frescoes by Nardo di Cione)
18. 캄파닐레 예배당(Chapel del Campanile)
19. 가디 예배당(Chapel Gaddi)
20. 곤디 예배당(Chapel Gondi)
21. 토르나부오니 대(大)예배당(Chapel Maggiore Tornabuoni)
22. 필리포 스트로치 예배당(Chapel of Filippo Strozzi)
23. 바르디 예배당(Chapel Bardi)
24. 루첼라이 예배당(Chapel Rucellai)
25. 성 안토니노 흉상
26. 회랑 연결로

었고, 1420년 9월 7일 교황 마르티누스 5세에 의해 축성되었다. 내부에는 고딕과 초기 르네상스 대가들의 프레스코 작품과 기념물이 가득하다.

교회당 내부와 조토의 십자가

교회당

교회당 정면은 하단의 르네상스 양식과 상단의 고딕 양식이 공존한다. 녹색과 흰색의 대리석으로 아로새겨진 르네상스 양식의 하단은 1350년 세워졌고, 고딕 양식의 상단은 1470년 레온 바티스타 알베르티(Leon Battista Alberti)의 작품이다. 내부는 길이 99m, 너비 28m 크기의 라틴십자가 형태로 중앙 신랑과 양편 측랑, 십자가의 횡대에 해당하는 62m의 익랑을 가진 구조이다. 벽면에는 시대를 대표하는 화가들의 작품이 즐비하다. 교회당에 들어서면 먼저 중앙 허공에 매달려 있는 큰 십자가가 눈에 들어온다. 나무 십자가 위의 예수 그리스도 그림은 조토의 작품이다. 그리고 눈을 왼쪽으로 돌리면 아마도 측랑에 많은 사람이 모여 벽에 있는 그림을 감상하는 모습을 보게 될 것이다. 산타 마리아 노벨라에서 가장 유명한 마사초의 〈성 삼위일체〉라는 그림이 있기 때문이다. 앞쪽으로 가면 '토르나부오니 대예배당'이 있다. 예배당 안쪽 벽면은 기를란다요와 그의 공방에서 작업한 프레스코화로 덮여 있다. 기를란다요는 이곳 산타 마리아 노벨라에 잠들어 있다.

산타 마리아 노벨라 파사드

우리에게 마사초로 알려진 토마소 디 조반니(1401-28)의 〈성 삼위일체〉 그림을 자세히 살펴보자. 이탈리아 피렌체의 산타 마리아 노벨라 교회당 벽면에 있는 667×317cm의 거대한 이 그림은 삼위일체 하나님이 우리를 위해 무엇을 하셨는지를 잘 보여주고 있다. 그림의 상단을 보면 성부께서 성자가 매달린 십자가를 두 손으로 떠받치며 힘을 보태고 있다. 그리고 성부와 성자 사이에

중앙 제단인 토르나부오니 대예배당의 스테인드글라스와 프레스코화

는 흰 비둘기로 상징된 성령께서 함께하고 있다. 그리스도의 십자가 고난이 단지 그분 홀로 감당한 것이 아니라 성부와 성령이 함께하는 구속 사역임을 잘 보여준다. 십자가 밑에는 예수의 육신의 어머니인 마리아와 십자가의 자리까지 끝까지 따른 사도 요한이 그리스도를 위해 기도하고 있다. 맨 아래쪽에는 이 그림을 위해 기부한 도메니코 렌치(Domenico Lenzi) 부부의 모습도 보인다. 가장 아래쪽 제단 밑의 벽감 안에는 해골이 누워 있고 그 위에 피렌체 방언으로 쓴 "과거의 내가 지금의 당신이고, 지금의 내가 미래의 당신이다."라는 글귀가 보인다. 이 거대한 그림 앞에 선다면 인간은 누구나 죽어 해골이 될 수밖에 없는 운명이라는 것을 느끼게 될 것이고, 그때 눈을 들어 위를 쳐다보면 우리의 죄와 허물을 대신 지고 죽으신 그리스도의 십자가 은총을 깨닫게 될 것이다. 마사초의 〈성 삼위일체〉는 르네상스 시대 원근법을 탁월하게 이용한 걸작이다. 만일 27세의 나이로 요절하지 않았더라면, 그는 틀림없이 미술사에 지대한 영향을 미쳤을 것이다.

이 그림을 통해 마사초는 우리 인간이 결국 백골이 될 수밖에 없는 존재, 즉 죽을 수밖에 없는 존재임을 분명하게 지적한다. 페스트를 비롯한 각종 전염병으로, 또 전쟁과 기근으로 수많은 사람이 죽어 나가던 그 시대에 '너의 죽음을 기억하라.'(memento mori)라는 경구는 피할 수 없는 보편적 인

← 마사초, 〈성 삼위일체〉(1425-28)

→ 〈성 삼위일체〉 아랫부분

간의 숙명으로 받아들여졌다. 이 성화는 그 때 우리가 의지할 수 있는 유일한 분이 십자가에서 우리 대신 먼저 죽음을 경험하신 예수 그리스도임을 알고 믿으라는 메시지를 담고 있다.

수도원 박물관

교회당과 인접해 있는 박물관은 이전 수도원의 회랑이었다. '녹색 회랑'은 14세기 중반에 지어진 것으로 벽면에 그려진 원죄, 홍수와 같은 창세기의 이야기들을 표현한 프레스코화의 색감 때문에 붙여진 이름이다. 복도를 통해 '망자의 회랑'으로 이어지는데, 이는 13-14세기에 묘지로 사용된 데서 비롯된 이름이다. 두 회랑 사이에는 '스페인 예

산타 마리아 노벨라 회랑

배당'이 있다. 과거 수도자들의 모임 장소였으나 메디치 가문 코시모 1세의 아내인 스페인 톨레도 출신 엘레오노르의 수행원들이 살기 시작한 이후로 스페인 예배당이라 부르게 되었다. 내부는 안드레아 디 보나이우토(Andrea di Bonaiuto)의 프레스코화로 사방이 장식되어 있는데 이 그림들은 산타 마리아 노벨라가 도미니크회 수도원임을 확실하게 보여주는 인상적인 작품이다.

스페인 예배당

1. 〈전투하는 교회와 승리한 교회〉

스페인 예배당 내부에 있는 안드레아 디 보나이우토가 1365-67년에 그린 프레스코화를 자세히 들여다보면, 도미니크회의 자존감을 확인할 수 있다. 〈전투하는 교회와 승리한 교회〉 혹은 〈구원의 길〉이라 일컬어지는 그림의 아랫부분 오른쪽은 정통을 수호하고 그리스도교적 가르침을 전하기 위해 도미니크 수도자들이 설교하는 모습을 묘사하고 있다. 중앙의 도미니크는 '늑대와 여우'(이단)에 대항하도록 '주님의 개'(도미니크 수도자)를 격려하고 있고, 베로나의 순교자 베드로는 이단 무리와 논쟁을 벌이고 있으며, 토마스 아퀴나스는 지혜의 책을 보여주면서 불신자들에게 그 길에서 돌이키라고 권면하고 있다.

아랫부분 왼쪽은 교회와 세속의 질서를 표현하고 있다. 중앙에 교황과 황제가 앉아 있고 그 밑에는 검은색과 흰색이 섞인 개(검은색과 흰색이 섞인 수도복을 입는 도미니크 수도자를 상징한다.)가 양들을 지키고 있다. 황제 편에는 권력자부터 걸인과 장애인까지, 교황 편으로는 주교와 성직자와 수사까지 다양한 질서에 속한 인물들이 그려져 있다. 교황과 황제 뒤에는 피렌체의 상징인 두오모가 보인다.

중앙 오른쪽에는 그리스도교 신앙에서 벗어난 사람들의 형편을 보여준다. 교만, 육욕, 탐욕을 상징하는 세 남자가 앉아 있고, 그들 아래에는 춤과 같은 세속적 오락과 쾌락에 열중하는 사람들, 위에는 금지된 과실을 따는 사람들이 보인다.

중앙 한복판에는 회개의 성례가 죄인들을 영원한 구원으로 이끄는 길임을 보여준다. 도미니크 수도복을 입은 사제가 무릎을

보나이우토, 〈전투하는 교회와 승리한 교회〉(1365-67)

보나이우토, 〈성 토마스 아퀴나스의 승리〉(1365-67)

꿇고 회개하는 자를 축복하고 있다. 회개한 죄인은 도미니크를 따라 천국의 문으로 인도되며, 문 앞에는 천국의 열쇠를 오른손에 쥔 베드로가 그들을 맞이하고 있다. 천국 문 안쪽에는 구원받은 사람들이 그림 가장 위쪽에서 천사들에게 둘러싸여 있는 보좌에 앉아 계신 그리스도의 얼굴을 바라보고 있다. 발밑에는 그리스도를 증언하는 사복음서 저자들의 상징인 사람/천사(마태), 사자(마가), 황소(누가), 독수리(요한)가 있다.

2. 〈성 토마스 아퀴나스의 승리〉

도미니크회 소속 교회의 박사이자 중세 스콜라 신학의 대표자인 토마스 아퀴나스가 거대한 반월창의 중앙에 앉아 있고 얼굴은 지혜의 영의 조명을 받아 빛난다. 손으로 책을 펴서 들고 있는 그의 위에 믿음, 사랑, 소망, 절제, 신중, 정의, 인내와 같은 신학적인 중요 덕목이 천사의 모습으로 상징되어 있다. 그의 오른쪽에는 욥, 다윗, 바울, 마가, 마태가, 왼쪽에는 사도 요한, 누가, 모세, 이사야, 솔로몬이 그를 지지하고 있다. 아퀴나스의 발아래에는 네스토리우스(431년 에베소 공의회에서 이단으로 단정), 아베로에스(스페인 출신 아리스토텔레스 주석가), 아레이오스(예수와 하나님이 유사본질이라 주장하여 325년 니케아 공의회에서 이단으로 정죄)가 쪼그려 앉아 있다. 이는 아퀴나스가

보나이우토, 〈고난: 갈보리 가는 길, 십자가에 매달리심, 음부로 내려가심〉(1365-67)

보나이우토, 〈부활〉(1365-67)

이단적인 사상가들을 굴복시키고 승리했음을 암시한다.

아퀴나스의 아래에는 다양한 학문의 알레고리인 14명의 여인이 등장하는데 왼쪽은 거룩한 학문 분야를, 오른쪽은 자유 교양 분야를 상징한다. 여인들의 하단부에는 각 학문 분야의 대표적 인물들이 그려져 있다. 이것은 아퀴나스의 가르침이 모든 학문보다 우위에 있음을 보여준다. 도미니크 수도자 아퀴나스의 학문적 성취가 신학적 덕목을 드러내며, 성서의 가르침에 근거하고 있고, 모든 학문 가운데 최상의 위치에 있음을 확실히 보여주는 이 그림은 도미니크 수도회의 영광을 잘 표현하고 있다.

3. 〈고난〉과 〈부활〉

예수 그리스도의 고난을 그린 이 벽화는 세 가지 주제를 담고 있다. 왼쪽에는 갈보리로 가는 길, 중앙 위에는 십자가에 매달리심, 오른쪽에는 음부로 내려가심이 표현되었다. 세 이야기가 한 그림에 연속적으로 배치되어 마치 드라마를 보는 느낌이다.

고난을 표현한 그림 위쪽 아치형 천장에는 그리스도의 부활이 펼쳐진다. 고난의 이야기는 부활의 영광으로 결론지어진다. 천장에는 부활뿐만 아니라 승천과 성령의 임재도 그려져 있어 복음의 이야기가 계속 이어짐을 보여준다.

시토 수도회의 영광

퐁트네 수도원

영국
네덜란드
벨기에
독일
파리
클레르보
퐁트네 수도원
몽바르
베즐레 수도원
시토
오스트
스위스
프랑스
시토 수도원
이탈리아
스페인

퐁트네 수도원

프랑스 부르고뉴 지역의 작은 도시 몽바르(Montbard)에 위치한 퐁트네 수도원(Abbaye de Fontenay)은 시토회의 가장 대표적인 수도원 중 하나이다. 시토 수도회는 1098년 베네딕투스 수도정신의 회복을 표방하며 프랑스 디종 남쪽에 있는 시토에서 새롭게 시작된 수도공동체이다. 퐁트네 수도원은 바로 이 시토 수도회 소속 수도자인 클레르보의 베르나르(Bernard de Clairvaux, 1090-1153)에 의해 900여 년 전인 1118년 설립되었다.

'퐁트네'라는 이름은 라틴어 '폰타네툼'(Fontanetum)에서 온 것으로, '샘 위로 헤엄쳐 올라오는'이라는 뜻을 지니고 있다. 여기서 우리는 퐁트네 수도원 자리가 본래 샘물이 많은 늪지대였음을 알 수 있으며, 수도자들이 고된 노동을 통해 황무지를 수도공간으로 변모시켰음을 짐작할 수 있다. 베르나르는 1118년 10월 몇몇 수도자와 함께 몽바르 외곽 숲속의 습지에 도착해 새로운 수도원을 세우기 시작한다. 퐁트네 수도원은 베르나르와 개인적으로 특별하게 연결되어 있다. 몽바르 출신인 그의 어머니 알레스(Aleth de Montbard) 가문에서 수도원 토지를 기증하였고, 그래서 초대 수도원장은 베르나르의 외삼촌인 고드프로이 드 로슈타이예(Godefroy de Rochetaillée)가 맡았다. 퐁트네 수도원은 1115년 베르나르가 시작한 클레르보 수도원의 두 번째 딸 수도원이자 시토회의 일곱 번째 수도원이다.

필자가 퐁트네 수도원을 방문한 것은 2018년 12월 24일이었다. 인근에 있는 베즐레 수도원(Abbaye de Vézelay)을 방문했다가 예상보다 시간이 지체되어 출발이 늦어졌다. 일찍이 베즐레는 산티아고 데 콤포스텔라 순례의 출발지 중 한 곳이었으며, 1146년 부활절에 베르나르가 2차 십자군을 독려하는 열정적인 설교를 한 장소이기도 하다. 겨울이라 5시면 어두워지기

베즐레의 막달라 마리아를 기념하는 마리 마들렌느 바실리카 정면

때문에 마음이 바빴는데, 다행히 3시쯤 퐁트네 수도원에 도착해 차분히 둘러볼 수 있었다.

수도원 900년의 발자취

퐁트네 수도원은 2018년 수도원 설립 900주년을 기념하였다. 그동안 수도원에는 많은 일이 있었지만 대표적인 것만 몇 가지 짚어보고자 한다. 먼저 수도원이 시작되고 20여 년이 지난 1139년에 잉글랜드 노리치의 주교 에브라르드(Ebrard)가 신앙의 박해를 피해 퐁트네 수도원으로 피신하는 일이 있었다. 수도원 교회당 건축은 그의 기부로 시작되었는데, 이 교회는 8년 뒤인 1147년 시토회 수도자 출신으로 교황의 자리에 오른 에우게니우스 3세에 의해 축성되었다.

프랑스 왕으로 로마가톨릭교회 성인의 반열에 오른 루이 9세는 1259년 수도원에 면세 특권을 부여하였고, 1269년에는 왕실 수도원으로 삼았다. 12-14세기에 퐁트네 수도원은 황금기를 누리며 수도자만 300명 이상이 머무는 대수도원으로 성장하였다. 하지만 프랑스와 잉글랜드 사이에 벌어진 백년전쟁 중인 1359년에 잉글랜드의 왕 에드워드 3세의 군대에 의해 수도원이 약탈당하는 아픔을 겪기도 하였다.

1547년 왕이 수도원장을 임명하는 제도가 강제적으로 시행되면서부터 수도원은 내리막길로 들어선다. 그동안 수도자들의 자발적 참여로 선출되던 수도원장 자리는 외부의 권력이 지명하는 '낙하산 인사'가 차지하였고, 그렇게 임명된 수도원장은 더 이상 수도자들에게 영적인 권위를 갖지 못하였다. 이후 프랑스 종교전쟁과 여러 차례 홍수를 겪으면서 점차 쇠락의 길을 걷게 되었다.

1789년 프랑스혁명이 발발하였고, 1790년 10월 29일에 마지막까지 머물던 8명의 수도자마저 수도원을 떠났다. 1791년 혁명 세력은 7만 8,000 프랑을 받고서 클로드 위고(Claude Hugot)에게 수도원을 팔아넘겼고, 그는 이곳에 제지공장을 세웠다. 수도원 주변에 풍부한 물이 있어 제지공장으로 최적지였기 때문이다. 엘리 드 몽골피에(Elie de Montgolfier)는 1820년 제지공장을 인수하여 사업을 더욱 번창시켰다. 1838년에는 엘리의 사위이면서 현수교(懸垂橋)의 고안자이자 프랑스 철도 발명가인 마크 세갱(Marc Seguin)이 이곳에서 자신의 연구를 수행하기도 하였다.

20세기 초인 1906년 리옹의 예술품 수집가이자 은행가로 몽골피에 가문의 사위인 에두아르 아이나르(Édouard Aynard)가 장인에게서 이곳을 구입하여 모든 공장 시설을 없애고 본래의 중세 수도원 모습으로의 복원을 결정하였다. 1911년까지 주요 복원 공사를 마무리하였고 이후 후손들도

정원에서 바라본 퐁트네 수도원의 모습

계속해서 수도원 복원에 힘써왔다. 오늘날까지도 퐁트네 수도원은 아이나르 가문의 소유이다. 퐁트네 수도원은 중세풍의 우아한 건물과 인상적인 구조로 인해 많은 감독이 영화와 텔레비전 드라마의 무대로 사용하였다. 1981년 일찌감치 유네스코 세계유산에 선정된 퐁트네 수도원은 베르나르가 설립한 수도원들 가운데 지금까지 남아 있는 유일한 곳이다. 또한 가장 오래되고 완전한 형태로 보존된 시토회 수도원 중 하나이다.

수도원 안으로

퐁트네 수도원의 구조는 시토회의 기본적인 특성을 갖춘 전형적인 자급자족 공동체의 모습을 잘 보여준다. 교회당은 회랑, 수도자들의 숙소, 식당과 연결되어 있고, 노동을 위한 작업장과 진료소와 방문자 숙소는 따로 분리되어 있다. 단순성과 실용성을 함께 고려한 건물 배치라 할 만하다. 건물의 양식은 로마네스크와 고딕이 합쳐진 구조이다. 수도원은 1745년 해체된 식당을 제외하고는 거의 원형 그대로 복원되어 있다.

퐁트네 수도원의 평면도

① 출입문
② 새로 조성한 정원
③ 비둘기장
④ 수로(水路)
⑤ 교회
⑥ 수도자 숙소(2층)
⑦ 회랑
⑧ 성물 안치소
⑨ 챕터하우스
⑩ 옛 정원
⑪ 수도자의 방
⑫ 온열실
⑬ 옛 감옥
⑭ 진료소
⑮ 대장간
⑯ 물레바퀴와 유압식 망치
⑰ 옛 식당(현재는 없음)
⑱ 수도원장의 숙소
⑲ 제빵소
⑳ 박물관과 기념품점

기도와 공동생활을 위한 건물
작업장 건물
정원
외부 관람만 가능
현대식 건물
해체된 건물

"하나님은 누구신가? 그분은 길이, 넓이, 높이, 깊이이다. …그분은 영원하기에 길이가 있다. 그분은 사랑이기에 넓이이다. 그분은 장엄하기에 높이이다. 그분은 지혜이기에 깊이이다." [St. Bernard, *Treatise on Consideration* (Dublin: Browne and Nolan, Limited, 1921), 4권 13장, 190, 194.] 베르나르가 자신의 제자인 교황 에우게니우스 3세에게 보낸 공개서한에서 한 이 말은 시토회 수도원과 교회 건축의 가장 기본적 명제이다. 교회 건물은 하나님의 길이, 넓이, 높이, 깊이를 담는 그릇이자 몸인 것이다.

교회당

교회당 안 중앙 신랑의 모습 앞쪽에 성탄절 장식을 한 제단과 트리, 빛을 받아들이는 창이 보인다.

교회당은 로마네스크 양식에 라틴십자가 구조로 길이 66m, 너비 8m, 높이 16.7m의 중앙 신랑과 양쪽의 측랑 그리고 19m의 익랑으로 이루어져 있다. 기둥에 의해 8칸으로 구분되는 교회당은 1139년 건축이 시작되어 1147년 9월 21일 축성되었다. 특이점은 대부분 반원 형태로 만드는 후진을 여기서는 평평하게 만들었다는 것과 익랑 끝에 2개의 직사각형 예배당을 두었다는 것이다. 성직자석(성소)에는 교회 건축을 위해 자신의 재산을 내어놓은 잉글랜드 노리치의 에브라르드가 주교 복장으로 잠들어 있다. 오른쪽 익랑에는 투구를 쓰고 군복을 입은 기사 에푸아스의 멜로(Mello d'Epoisses)와

→ 왼쪽 익랑에 있는 동정녀 마리아의 입상. 뒷문으로 나가면 수도자들의 묘지가 있다.

← 오른쪽 익랑에 있는 기사 에푸아스의 멜로와 그의 아내의 무덤

그의 아내의 무덤도 보인다. 중앙 제단 석판에는 복음서의 이야기가 묘사되어 있다. 모든 건물 외벽과 내부에 성상이나 화상이 없다는 점도 특이하다. 이는 다른 것들에 마음을 빼앗기지 않고 오롯이 기도에 집중해야 한다는 베르나르의 가르침과 시토회의 정신이 반영된 것이다.

예외적으로 왼쪽 익랑에는 13세기 말 조각된 마리아 입상이 아기 예수를 왼팔로 안고 은은한 미소를 띤 채 서 있다. 이 동정녀 입상은 프랑스혁명 때 개인에게 팔렸다가 1929년 수도원에 반환되어 지금까지 보존되어 있다. 베르나르는 비록 미술을 배격하지는 않았지만, '미술적 표현이 우리 마음의 눈을 하나님의 형상으로부터 떠나게 하여 세상의 이미지로 이끌지 않을까' 우려하였다.[Terryl N. Kinder, *Cistercian Europe: Architecture of Contemplation* (Cambridge: Wm. B. Eerdmans, 2002), 15.] 시토회는 스테인드글라스 장식에서도 화려함을 배격하고 최소한의 원칙을 적용하여 단순한 선과 문양으로 장식하였다.

교회당 중앙 제단 석판에 크리스마스 장식이 되어 있고, 후진에는 단순한 문양의 창문이 보인다.

수도원 교회당 정면의 아래쪽에 출입구, 위쪽에 2열로 일곱 개의 창이 있다.

교회당 정면은 하나의 출입구가 있고 그 위로 7개의 창이 있다. 창은 2열로 배치되어 있는데, 위의 창 3개는 삼위일체 혹은 하늘을 상징하고, 아래의 창 4개는 동서남북 혹은 땅을 상징한다. 종탑이 따로 없는 것도 아마 그런 것이 소박한 삶과 거리가 있다고 생각했기 때문일 것이다. 대신 교회당 곁에 작은 종이 있어서 평신도 형제를 불러 모을 때 사용할 수 있었다.

회랑 중심의 건물 배치

교회당 오른쪽 벽과 붙어 있는 회랑은 수도원의 심장과 같은 곳이다. 세상으로부터 분리된 피신처이자 공동생활의 정원이라 할 수 있는 회랑은 수도자의 동선(動線)에 따른 통로의 역할을 한다. 성직자 수도자들은 회랑에서 바로 연결되어 있는 챕터하우스에서 매일 모임을 가졌다. 이때 수도원장이 베네딕투스 수도규칙서를 한 장씩 낭독하였는데, 회랑을 향해 열려진 문을 통해 이 모임에 참여하지 못하는 평신도 형제들도 규칙서를 낭독하는 소리를 들을 수 있었다. 수도원의 운영과 행정을 위한 실제적인 문제들도 수도자들의 매일 모임에서 다루어졌다.

수도원의 회랑

챕터하우스 옆에는 필경(筆耕)을 비롯하여 다용도로 사용된 수도자의 방(monks' room) 있고, 그 옆에는 2개의 굴뚝을 갖춘 온열실이 있다. 이 온열실 덕분에 수도자들의 숙소인 2층 기숙사는 다른 건물들보다 그나마 따뜻한 편이었다. 온열실은 식당으로 연결되어 있었는데 1745년에 식당이 해체되어 현재는 그 모습을 볼 수 없다. 온열실을 중심으로 수도자의 방, 식당, 2층 숙소가 있어 난방 효율이 극대화되어 있었다. 이처럼

수도원 뒤편 옛 정원에서 보면 1층에 수도자의 방과 챕터하우스가, 2층에 수도자의 숙소가 있고, 오른쪽에는 교회의 후진이 보인다.

↑ 수도자들의 숙소

↓ 왼쪽부터 비둘기장, 교회, 수도원장의 숙소가 보인다.

퐁트네 수도원은 회랑에서 교회, 숙소, 챕터하우스, 수도자의 방, 식당을 모두 드나들 수 있는 실용적인 구조를 갖추고 있다.

수도자들의 숙소는 교회당의 오른쪽 익랑에서 계단을 통해 2층으로 올라가면 나온다. 참나무를 엮어 만든 지붕이 인상적인 이 방은 길이가 56m에 이르며, 마치 큰 배의 선체를 뒤집어놓은 것처럼 보인다. 모든 수도자는 예외 없이 이 하나의 공간에서 칸막이를 이용해 검소하고 단순하게 생활하였다. 수도자들은 베네딕투스의 규칙에 따라 옷을 입은 상태로 맨바닥에 짚으로 만든 침상에서 잠자리에 들어야만 했다. 이후에는 수도원장만 예외적으로 자신의 숙소를 가질 수 있었다. 회랑에서 연결되는 수도원장의 숙소는 18세기 초반에 세워진 건물이다. 수도원장이 따로 편안한 곳에서 기숙한다는 것은 수도회의 금욕적 가치와 수도자의 평등의 원칙에서도 멀어진 것이었다.

숙소의 끝부분에서 직각으로 연결된 건물은 과거 감옥으로 사용되었을 것으로 추정된다. 이곳은 죄를 범해 치리받게 되는 수사들이나 수도원의 영지 안에 사는 사람들을 감금하는 장소였다. 이를 통해 우리는 수도원이 하나의 독립적인 자치 공화국이었으며, 과거 수도원장은 영적인 지도자인 동시에 정치적 지도자의 역할도 수행했음을 알 수 있다.

독립적인 건물

수도원 뒤편 오른쪽에 진료소가 있다. 중세의 수도원은 수도공간이면서 도서관이었고 병원이자 약국이며 구빈원이기도 했다. 진료소는 병의 전파를 막기 위하여 환자들을 격리시켜 치료하는 곳이기에 당연히 독립적인 건물이 필요했다. 진료소의 벽은 수도원을 처음 건축할 때의 것으로 추정되지

↑ 수도원의 대장간
↓ 옛 정원의 분수와 연못

만, 건물은 17세기에 건축된 것이다. 수도자들은 근처에서 재배한 약초와 제조한 약으로 진료소의 환자들을 치료하였다. 이곳에서는 진료소장이 모든 권한을 가지고 있었기 때문에 일종의 수도원 안의 수도원인 셈이었다.

수도원에 있는 12세기 말의 대장간은 유럽에서 가장 오래된 대장간 중 하나이며 길이 53m, 너비 13.5m의 크기로 프랑스와 잉글랜드를 통틀어 가장 큰 규모이다. 아마도 가장 잘 보존된 중세 산업의 현장일 것이다. 그

옛날에 수력을 이용한 물레바퀴와 유압식 망치로 어떻게 쇠를 다루고 농기구를 만들었을지, 대단하다는 생각이 절로 든다. 베네딕투스 수도회의 모토 "기도하고 일하라"에서 알 수 있듯이, 기도뿐만 아니라 노동도 영적인 행위로 여겨진다. 그래서인지 노동의 현장인 대장간도 건축의 형태에 있어서는 교회당이나 수도원과 별반 다르지 않다. 일찍이 베르나르가 교회를 '기도의 작업장'이라 부른 것도 이런 가치를 반영하고 있는 것이다.

시토 수도회

그러면 퐁트네 수도원이 속한 시토 수도회는 어떤 곳이었을까? 10세기에 수도원 개혁을 기치로 새롭게 설립된 클뤼니 수도회가 시간이 지나면서 점차 본래의 원칙과 규칙에서 벗어나자, 이에 대한 반작용으로 일어난 운동이 시토 수도회의 설립으로 이어졌다. 시토 수도회는 베네딕투스의 『수도 규칙』을 문자 그대로 엄격하게 지키며 자급자족에 근거한 가난한 삶을 철저하게 따르고자 하는 열정에서 시작되었다.

초기 시토회의 역사를 기술한 문헌에 따르면 몰렘의 베네딕투스 수도자이던 로베르(Robert de Molesme)가 1098년 3월 21일 디종의 남쪽 황량한 광야인 시토에 21명의 수도자들과 함께 새로운 수도원을 창설했다고 한다. 본의 르나르(Renard de Beaune)와 그의 아내 호디르네(Hodierne)가 수도원 부지로 기증한 땅은 습지인 데다 덤불로 가득하여 거칠었다. 아마도 덤불을 의미하는 고대 프랑스어 'cistels'에서 시토(Cîteaux)라는 지명이 유래된 것으로 여겨진다. 그런데 1년 만에 몰렘 수도원에서 로베르를 돌려보내달라고 요구하는 바람에 로베르는 몰렘으로 돌아가게 된다. 로베르의 뒤를 이어 알베릭(Alberic 혹은 Aubrey, 수도원장 재임 1099-1108)이 10여

년 동안 시토 수도회를 지도하고, 잉글랜드 출신인 스티븐 하딩(Stephen Harding, 수도원장 재임 1108-1133)이 3대 수도원장을 맡아 25년을 이끌었다. 하딩은 시토를 서방수도원의 확고한 중심지로 만든 인물로 시토 수도회의 실질적 설립자라고 불릴 만하다.

시토 수도회는 부르고뉴의 공작 오도 1세의 보호 아래 자리를 잡았고, 얼마 지나지 않아 프랑스를 넘어 유럽 전역으로 빠르게 확산하였다. 시토 수도회가 급속한 성장에도 불구하고 통일성을 유지할 수 있었던 것은 모체가 되는 수도원과 다른 지역에 새롭게 생겨난 수도원들이 돈독한 모녀(母女) 관계를 맺었기 때문이다. 새롭게 설립된 수도원들은 '시토의 딸들'(Daughters of Cîteaux)이라 불렀다. 시토에서 시작된 수도회가 낳은 최초의 딸 수도원은 시토 남쪽의 라 페르테(La Ferté, 1113), 서쪽의 퐁티니(Pontigny, 1114), 북쪽의 클레르보(Clairvaux, 1115), 동쪽의 모리몽(Morimond, 1115)에 설립되었다. 모(母) 수도원의 원장은 1년에 한 번은 딸 수도원을 방문하도록 했다. 각 수도원은 자신들의 수도원장을 선출할 자유가 있었지만, 행정적으로는 모 수도원의 통제하에 있었다. 또한 시토 수

시토회의 모체 시토 수도원

도회의 3대 수도원장인 하딩이 제정한 『사랑의 헌장』(*Carta caritatis*)에 규정된 총회 제도에 따라, 1년에 한 번 모든 시토회 소속 수도원장들이 시토에 모임으로써 시토회의 통일성과 연대가 가능하였다. 이들은 소박하고 단순한 흰색의 수도복(베네딕투스는 검은색, 프란체스코는 잿빛 혹은 회색, 도미니크는 검은색과 흰색)을 입었기 때문에 '백의(白衣)의 수도자'라 불린다.

시토회는 1969년 총회에서 정한 현대적 지침에서 "일상생활에서 우리는 성 베네딕투스의 『수도규칙』에서 요구하는 대로 성무일도, 영적 독서, 육체노동 사이의 균형을 유지한다."라고 규정하고 있다.[앙드레 루프 아빠스, 『시토회가 걷는 길』, 수정의 성모 트라피스트 여자 수도원 옮김 (왜관: 분도출판사, 2011), 302.] 시토회 수도자의 반복되는 일상은 기도하고, 읽고, 일하는 것이었다. 시토회는 엄격하고 문자적인 수도규칙 준수, 공동생활 방식, 예배 의식의 간소화, 기도와 영적 독서, 노동과 자급자족의 가치를 지금까지 지켜오고 있다. 영국 케임브리지 대학 교회사 명예교수인 크리스토퍼 브룩은 이들을 가리켜 "12세기 가톨릭교회의 청교도"라도 평가하기도 하였다.[크리스토퍼 브룩, 『수도원의 탄생』, 이한우 옮김 (파주: 청년사, 2005), 223.]

오늘날 전 세계에는 180여 개의 시토회 소속 수도원이 있다. 시토 수도회는 일반적인 규칙을 따르는 '완률 시토 수도회'와 더욱 엄격한 규칙을 따르는 '엄률 시토 수도회'(트라피스트)로 구분되는데, 2019년 말 현재 완률 시토 수도회에는 14개 수도원에 2,500명 정도가, 엄률 시토 수도회에는 160개 수도원에 3,000명 정도가 수도생활을 하고 있다. 보다 자세한 정보는 각각의 홈페이지에서 얻을 수 있다. 완률 시토 수도회 홈페이지 주소는 https://www.ocist.org/ocist/index.php/en이며, 엄률 시토 수도회 홈페이지 주소는 https://www.ocso.org이다. 우리나라에도 경남 창원시에 '엄률 시토회 수정의 성모 트라피스트 여자 수도원'(http://www.trappistkr.org)이 있다.

시토 수도원

↑ 침묵과 기억의 길 위에 놓인 첫 번째 기념명패에 1098년 로베르가 시토 수도원을 시작했음을 알리고 있다. 100년 단위로 기념명패가 길을 따라 놓여 있다.

↓ 시토 수도회의 설립자 로베르

시토회의 발상지에 세워진 시토 수도원은 전 세계에 흩어져 있는 시토 수도회의 모체이다. 다른 수도원과 마찬가지로 16세기 초까지는 활발한 수도공동체였지만, 16세기 후반 프랑스 종교전쟁 이후 점차 쇠락하였고, 17세기 말에는 70여 명의 수도자들만 남았다. 그마저도 1789년 프랑스혁명이 일어나자 수도원이 국가에 귀속되면서 해체되고 말았다.

그러다가 1898년 수도원의 유적지에 흔히 트라피스트라 불리는 엄률 시토 수도자들이 돌아와서 수도원을 재건하였다. 트라피스트라는 이름은 엄률 시토 수도회 개혁운동이 발생한 프랑스 북서부 도시 솔리니 라 트라프(Soligny-la-Trappe)에 위치한 '라 트라프 수도원'(La Trappe Abbey)에서 유래한 것이다. 엄률 시토 수도회는 1664년 랑세 출신의 아르망 장 르 부티에(Armand Jean le Bouthillier de Rancé)의 개혁운동에서 시작되었으며, 이후 여러 공동체들이 생겨나다가 1892년 하나로 합쳐져 독자적인 수도공동체를 형성하였다.

시토 수도원 교회 내부

나폴레옹 보나파르트가 1789년 4월과 1791년 5월 23일 시토 수도회에 왔음을 알리는 명패

오늘날 시토 수도원의 수도자들은 자신들의 전통이 시작된 바로 그 자리에서 수도생활을 하는 것에 대해 자부심을 갖고 있다. 시토에는 2019년 현재 15명의 수도자들이 살고 있다. 이곳에서 생산하는 '시토 수도원 치즈'는 프랑스뿐만 아니라 전 세계적으로 많은 사람의 사랑을 받고 있다. 시토 수도원은 1998년 수도회 설립 900주년 기념식을 가졌다.

클레르보의 베르나르*

시토 수도회가 프랑스 전역으로, 또 국경을 넘어 온 유럽으로 확장될 수 있었던 것은 클레르보의 베르나르 덕분이다. 1112년 베르나르가 시토 수도

* 베르나르에 관한 기술은 박경수, 『박경수 교수의 교회사 클래스』(서울: 대한기독교서회, 2010), 108-10쪽 내용을 보완한 것이다.

회에 입문한 일은 시토회 역사에서 획기적인 전환점이 되었다. 그로 인해 12세기는 '시토 수도회의 세기' 혹은 '베르나르의 세기'가 될 수 있었다. 베르나르를 중심으로 시토 수도회는 수도원의 역사상 유례없는 성장을 이루었고, 그의 지대한 영향력으로 시토회는 종종 '베르나르파'라고 불릴 정도이다. 베르나르가 죽을 무렵 시토회 소속 수도원은 340개를 넘어섰으며 13세기가 시작될 무렵에는 700개가 넘었다. 이렇게 하여 시토 수도회는 넓게는 베네딕투스회 개혁파에 속하지만 독자적인 새로운 공동체로 확실히 자리매김하게 되었다.

베르나르는 '그의 시대의 키메라'라고 불리기도 하는데, 이는 그가 수도자임에도 현실 교회정치에 깊이 관여해 영향력을 행사했기 때문이다. [E. Rozanne Elder and John R. Sommerfeldt eds., *The Chimaera of His Age: Studies on Bernard of Clairvaux* (Cistercian Publications, January 1, 1980).] 베르나르는 2차 십자군의 필요성을 역설하고, 피에르 아벨라르(Pierre Abélard, 1079-1142)와 신학논쟁을 벌였으며, 당시 그가 지닌 것으로 받아들여지던 '교황청 위의 권위'를 기반으로 교회개혁을 주도하였다. 그는 관상적 삶을 중시하는 동시에 행동하는 사람이었고, 신비주의 사상가인 동시에 스콜라 신학자였다. 베르나르를 그리스 로마 신화에 등장하는 '키메라'(머리와 다리는 사자, 몸통은 염소, 꼬리는 뱀으로 이루어진 괴물)에 견준 것은, 한 사람이 수도자, 정치가, 외교관, 건축가 등 다양한 역할을 수행한 것에 대한 수사학적 표현일 것이다. 그는 자신이 세운 클레르보의 수도원에 조용히 머물면서 수도생활에만 전념하기보다는, 수도원을 설립하기 위해 사방으로 돌아다니며 일한 '키메라'였다. 베르나르는 수도자들의 정주(定住)를 역설했지만 정작 그 자신은 방랑자였다. 따라서 시토회 연구가인 존 소머펠트(John Sommerfeld)는 '클레르보의 베르나르'(Bernard of Clairvaux)가 아니라 '클레르보로부터의 베르나르'(Bernard from Clairvaux)라 불러야 정확할 것이라고 말한다.[John Sommerfeldt, "The Chimaera revisited," *Cîteau: Commentarii Cistercienses. Revue d'histoire cistercienne/A Journal of Historical Studies,* 38:1-2 (1987), 5.] 베르나르는 중세 시대 시토 수도회의 확장에 가장 중요한 역할을 한 인물이었다.

베르나르는 적극적인 행동가이자 그리스도에 관한 명상에 전념한 신비주의자였다. 그가 작시한 찬송시 중에서 세 곡이 현재 우리가 사용하는 찬송가에 포함되어 있는데, 85장 〈구주를 생각만 해도〉, 145장 〈오 거룩하신 주님〉, 262장 〈날 구원하신 예수님〉이다. 이 찬송시들은 모두 예수 그리스도에 대한 묵상에 관한 것이다. 이와 같은 베르나르의 그리스도 중심성 때문에 종교개혁자 루터조차도 베르나르가 수도자 서약보다는 그리스도께서 값없이 베푸신 구원의 은혜를 더욱 의지했다고 높이 칭송하였다.

로마가톨릭교회는 베르나르를 성인이자 교회의 가르침에 결정적인 영향을 끼친 교회박사로 선언하였다. 신학적으로 베르나르는 매우 보수적인 입장을 견지하였지만 몇 가지 점에서는 로마교회의 입장에서 벗어날 만큼 자유로운 주장을 펴기도 하였다. 그는 마리아의 무원죄 잉태설을 부정하였고, 세족식을 성례 가운데 하나로 간주하였으며, 세례받을 기회가 없을 경우 세례가 구원에 절대로 필요한 것은 아니라고 주장하였다.

시토 수도회는 베르나르 외에도 2명의 교황 에우게니우스 3세와 베네딕투스 12세를 배출하는 등 중세 시대에 큰 영향력을 행사했지만, 13세기에 접어들면서부터 프란체스코와 도미니크가 세운 탁발(托鉢)수도회의 왕성한 활동의 그늘에 가려지게 되었다.

정원 속 수도원의 흥망성쇠

파운틴스 수도원

파운틴스 수도원 가는 길

2008년 2월 7일 목요일, 학생들과 함께 파운틴스 수도원(Fountains Abbey) 유적지를 찾았다. 유적지라고 표현한 이유는, 지금은 수도자들이 생활하지 않고 수도원의 흔적만 남아 있기 때문이다. 잉글랜드의 중부 도시 요크에서 북서쪽으로 50km 남짓한 거리에 있는 파운틴스 수도원은 중세 시대 시토회 소속 수도원으로 잉글랜드에서 가장 크고 부유한 수도원 중 하나였다. 지금 남아 있는 유적지 규모만 보아도 그 당시 수도원이 얼마나 번성했는지 짐작할 수 있다.

학생들과 이곳을 방문한 것은 학생교류 프로그램 덕분이었다. 필자가 재직하고 있는 장로회신학대학교와 잉글랜드 '요크 세인트 존 유니버시티'(York St. John University)가 자매결연을 맺은 후 2008년 처음으로 학생교류가 이루어지게 되어서 당시 학부 신학과 책임을 맡고 있던 필자가 학생 10명을 인솔해 요크를 찾았다. 2주 동안 강의도 듣고 역사문화 탐방도 진행했는데, 그 일환으로 파운틴스 수도원을 방문하였다. 어느덧 15년이 지났지만, 그때 함께한 학생들과 지금도 허물없이 지낼 만큼 서로에게 깊

파운틴스 수도원 전경

파운틴스 수도원을 방문한 필자와 학생들

은 인상을 남긴 여정이었다. 변한 것이 있다면 당시 대학생이던 제자들이 이제는 30대 중후반이 되어 가정을 이루고, 목회자가 되어 자신의 몫을 톡톡히 감당하고 있다는 것이다.

파운틴스 수도원 400년의 역사

파운틴스 수도원의 역사는 요크의 세인트 메리 베네딕투스 수도원(St. Mary's Abbey in York)에 있던 13명의 수도자들과 함께 1132년에 시작된다. 세인트 메리 수도원의 부원장 리처드(Prior Richard)를 비롯한 일단의 수도자들은 수도원의 규칙이 느슨해지고 수도자들이 나태한 생활을 하고 있는 현실을 목도하고 수도원장에게 근본적인 개혁을 요구하였다. 이들은 6세기 베네딕투스가 세운 수도규칙과 기본 원칙으로 돌아가 예배를 통해 하나님을 찾고, 기도와 묵상에 전념하며, 노동의 의무를 지키는 공동체로 회복할 것을 간청하였다. 하지만 이러한 요청은 받아들여지지 않았고 결국 13명의 수도자들은 추방당하고 만다. 다행히 요크의 대주교이던 투르스탄(Thurstan of Bayeux)의 보호를 받아 1132년 12월 27일 스켈강(River Skell) 인근의 파운틴스 계곡으로 피신하여 자리를 잡았다. 이것이 파운틴스 수도원의 시작이다.

파운틴스 계곡은 '사람이 거주하기보다는 야생동물에게 적합한' 장소였으며, 마치 고독한 은수자들이나 살 법한 잉글랜드 북쪽의 광야와도 같은 곳이었다. 그렇지만 강가였기 때문에 생활에 필수적인 물이 풍부했고, 건물을 짓기 위한 돌과 나무 또한 쉽게 구할 수 있어서 은신처로는 제격이었다. 파운틴스라는 지명도 그곳의 샘들 때문에 붙여졌을 것이다. 수도자(monk)를 의미하는 그리스어 '모나코스'(μοναχός)는 '홀로'를 뜻하는 '모노스'(μόνος)에서 유래했는데, 파운틴스 계곡은 고독이라는 수도자의 의미를 실천하기에 적절한 황무지였다.

파운틴스 계곡에 터를 잡은 수도자들은 이듬해에 당시 수도원 개혁운동의 중심이던 시토 수도회에 도움을 청했다. 시토회는 1098년 프랑스 시토에서 시작된 개혁 수도회로, 클레르보의 베르나르가 지도력을 행사하고 있었다. 12세기에 접어들어 시토회가 유럽 전체로 빠르게 확산하면서 시토회 소속 수도원이 다양한 지역에 생겨났지만, 모체가 되는 수도원과 새롭게 설립된 수도원이 모녀 관계를 통해 건축과 생활방식의 통일성을 유지하고 있었기 때문에 어디를 가든지 안정감을 느낄 수 있었다. 1135년 파운틴스 수도원은 공식적으로 클레르보 수도원의 딸 수도원으로 받아들여진다. 이로써 파운틴스 수도원은 리보 수도원(Rievaulx Abbey, 파운틴스 수도원에서 북동쪽으로 45km 정도 떨어져 있다.)에 이어 잉글랜드에서 두 번째로 시토회 소속 수도원이 되었다. 베르나르는 자신의 제자 중 한 명인 제프리(Geoffrey of Ainai)를 파운틴스로 파송하여 수도원의 정착을 도왔고, 파운틴스 수도자들은 그를 통해 시토회의 규칙과 예전, 의복과 음식의 사용,

건축양식을 배웠다.

1144년 3대 수도원장 헨리 무르닥(Henry Murdac, 재임 1144-47) 때에 돌로 만든 작은 교회당과 목재로 된 수도원 건물이 세워졌다. 하지만 1146년 폭도들에게 수도원이 공격을 당하는 바람에 건물의 일부를 제외하고 불에 타는 등 모두 무너지고 말았다. 그렇지만 모리스(Maurice, 재임 1147-48)와 토롤드(Thorold, 재임 1148-50)를 거쳐 새롭게 6대 수도원장을 맡은 리처드(Richard III, 재임 1150-70) 때에 수도원은 안정을 되찾고 번성하게 된다. 그는 교회와 건물을 수리하고 확장하여 더 많은 사람이 머물 수 있도록 만들었다. 리처드가 계획한 건축은 그의 계승자인 로버트(Robert of Pipewell, 재임 1170-80)에 의해 계속 추진되어 1170년 마무리되었다. 이때부터 파운틴스 수도원은 가난한 사람과 난민을 돌보고 보살피는 피난처로서 명성을 얻기 시작하였다. 이것이 다시 기부자들의 기부를 끌어내는 요인이 되기도 하여 수도원은 점점 부유해졌다.

12세기에 건립된 파운틴스 수도원은 기본적으로 시토회 지도자 베르나르의 원칙에 따라 소박하고 단순하게 지어졌다. 베르나르가 혐오한 사치스러운 장식과 꾸밈은 모두 배제하여 교회의 제단에도 채색 나무십자가와 철제 촛대만이 허용되었다. 그렇지만 이후 13세기 중엽 동쪽 끝에 세운 9개의 제단이 있는 예배실과 16세기 초에 건립한 종탑은 예외적으로 화려한 면을 보여준다. 수도원은 13세기 전반부 수도원을 이끈 3명의 존(John of York, 재임 1203-11/John of Hessle, 재임 1211-10/John of Kent, 재임 1220-47) 시대에 전성기를 누렸다. 교회의 성가대석과 동쪽 끝 9개의 제단 예배당도 이때 지어졌다. 그러나 13세기 후반에 접어들면서 수도원은 어려운 상황과 맞닥뜨리게 되었다. 이 기간에 재임한 수도원장이 무려 11명이나 된다는 사실은 당시 수도원이 얼마나 어렵고 복잡한 지경에 놓여 있었는지를 잘 대변해준다.

14세기에 들어서면서 상황은 더 악화된다. 스코틀랜드인의 침입, 세금의 증가, 더욱이 흑사병의 발발로 수도자 수가 급감했을 뿐만 아니라 재정적 상황도 극도로 나빠졌다. 14세기 후반 교황청의 분열로 상황은 더욱 복잡해졌다. 잉글랜드는 로마 교황청에 속하였기 때문에 잉글랜드의 수도원들은 아비뇽 교황청에 속한 프랑스 시토회와의 관계 단절을 요구받았다. 이로 인해 수도원장들은 자체적인 수도규칙을 만들어야 했고 점차 복잡한 교회정치에 연루될 수밖에 없었다. 급기야는 수도원장직을 두고 정치적 싸움을 벌이는 혼란까지 벌어졌다. 15세기 중반에 와서야 파운틴스 수도원은 다시 안정을 되찾았고, 새롭게 임명된 수도원장들의 지도력으로 수도원 건물이 복구되고 조직도 재편될 수 있었다. 특히 마르마듀크 후비(Marmaduke Huby, 1495-1526)가 수도원장으로 재직한 16세기 초반에 수도원은 새로운 부흥을 경험하게 된다.

그러나 잉글랜드에 종교개혁의 바람이 불어닥치면서 파운틴스 수도원의 운명은 전혀 다른 국면을 맞았다. 잉글랜드의 국왕 헨리 8세는 첫 번째 왕비인 아라곤의 캐서린(Catherine of Aragon)과의 결혼을 무효화하고 앤 불린(Anne Boleyn)과의 결혼을 추진하는 과정에서 교황청과 마찰을 빚었다. 결국 1534년 헨리 8세는 '수장령'(Acts of Supremacy)을 통해 로마가톨릭 교회와 결별하고, 이제부터는 교황이 아니라 국왕인 자신이 잉글랜드 교회의 수장이라고 선언한다. 이어 국고를 채우고자 수도원의 재산을 몰수하여 로마가톨릭 수도원 해산령을 공포하였는데, 이로 인해 1539년 파운틴스 수도원도 해체되고 만다. 이렇게 파운틴스 수도원은 1132년부터 1539년까지 400여 년의 시간을 뒤로한 채 역사의 무대에서 사라지고 말았다.

1539년 수도원 건물을 포함하여 인근 200만m^2에 달하는 땅이 왕실로 넘어갔고, 1540년에는 당시 의회 의원이자 전직 런던 시장이던 리처드 그레샴(Richard Gresham)에게 팔렸다. 1597년 파운틴스 수도원과 인근 부

서쪽에서 바라본 파운틴스 수도원의 모습

지는 스티븐 프록토르(Stephen Proctor)에게 양도되었고, 1627년에는 메신저(Messenge) 가문에게, 그리고 1768년에는 윌리엄 아이슬라비(William Aislabie)에게 넘어갔다. 현재 수도원 유적지를 둘러싸고 있는 스터들리 수생식물원(Studley Royal Park)은 윌리엄 아이슬라비와 그의 아버지 존 아이슬라비(John Aislabie)가 조성한 잉글랜드의 대표적인 정원이다. 정원은 자연미를 최대한 살렸으며, 자연과 어우러진 우아한 건축물과 조각상, 운하, 연못, 인공 폭포, 끝없이 펼쳐진 잔디밭으로 꾸며져 있다. 1966년에야 오랫동안 개인 소유로 있던 수도원과 수생식물원을 웨스트라이딩주(West Riding County) 의회가 구입하였고, 1974년에는 노스요크셔주(North Yorkshire County)로 소유권이 넘어갔다. 1983년 문화유산 보존 단체인 내셔널트러스트(National Trust)가 노스요크셔 의회로부터 모든 부동산을 매입하여 지금까지 관리해오고 있다. 수도원과 수생식물원은 그 역사적 중요성과 문화적 가치를 인정받아 1986년 유네스코 세계유산에 등재되었다.

교회당 안으로

파운틴스 수도원은 28만m²(약 8만 5,000평)의 규모로, 13세기에 세워진 3.4m 높이의 벽으로 둘러싸여 있다. 교회와 수도원 건물은 스켈강가에 자리 잡고 있으며 강을 따라 농업과 산업, 생활 공간이 자리하고 있다. 파운틴스 수도원 교회당의 주 출입구는 서쪽에 있다. 출입구 정면은 1160년경 수도원 북쪽 바위산에서 얻은 사암으로 만들어진 것이다. 풍화작용을 겪은 돌 건축물은 미묘한 색깔을 띠며 주변과 조화를 이룬다. 문을 통해 안으로 들어서면 푸른 잔디 위에 양쪽으로 노르만 양식의 육중한 기둥이 줄지어 길게 뻗어 있는 교회당의 규모에 압도당하게 된다.

당시 시토회에는 수도생활에 전념하는 수도자(monks)와 노동하는 역할을 맡은 평신도 형제(lay brothers)가 함께 있었다. 평신도 형제들은 대개 수도 선서를 한 무학자들이었고, 수도원에는 수도자들이 사용하는 것과 구별된 그들만의 숙소와 식당과 진료소가 있었다. 교회는 함께 사용했지만 중간에 칸막이를 두어 동쪽에는 수도자들이, 서쪽에는 평신도 형제들이 자리했다. 제단 역시 별도로 마련되어 있어 사실상 2개의 교회가 있었다고 할 수 있다. 평신도 형제들은 성직자가 되기보다는 수도정신에 따라 살기로 서원한 사람들로서 석공, 목동, 제혁업자, 제화공, 제철공, 제빵사, 양조업자 등으로 수도원에서 일했다. 이들이 수도원의 농업과 산업을 전담한 덕분에 수도자들은 반복적인 노동에서 벗어나 수도생활에 전념할 수 있었고, 파운틴스 수도원은 중세 잉글랜드에서 가장 부유한 수도원이 될 수 있었다.

교회의 내부는 중앙의 신랑과 기둥 바깥으로 남쪽(오른편) 측랑과 북쪽(왼편) 측랑이 있는 구조이다. 지금은 볼 수 없지만 측랑 쪽의 지붕은 돌로

수도원 교회의 신랑과 기둥

마무리되었고, 중앙 신랑의 지붕은 나무였다. 위쪽에는 고창층(高窓層)이 있어 외부의 빛을 안으로 받아들일 수 있었다. 앞쪽으로 걸어가면 남쪽 익랑을 만나게 되는데 이곳은 수도원에서 가장 오래된 부분으로 시토회 건축의 단순함을 잘 보여준다.

수도자들은 새벽에 첫 예배를 드리기 위해 숙소에서 계단을 내려가 남쪽 익랑을 통해 교회당 안으로 들어갔다. 15세기에는 남쪽 익랑의 내부 경당을 성물 안치소로 개조하여 수도원의 값진 보물들을 보관하였다.

교회당의 동쪽 끝으로 가면 완전히 다른 건축 양식과 만나게 된다. 성직자석과 9개의 제단을 갖

교회당 남쪽 익랑의 작은 예배당은 수도원에서 가장 오래된 장소로 시토회 건축의 간결함을 보여준다.

추고 있는 이 부분은 13세기 초에 건축된 것으로, 인근 니더데일에서 나온 대리석 기둥으로 화려하게 장식되어 있어 소박한 시토회 건축과 대비된다. 15세기 말 수도원장 존 단턴(John Darnton, 재임 1479-95)은 교회당 동쪽 벽 중앙에 큰 수직 창을 만들어 넣어 건물을 고딕양식으로 바꾸어 놓았다. 흥미로운 것은 창문 머리 부분의 균열을 보강하기 위해 장식용 조각을 만들었는데, 안쪽에는 천사 조각상으로, 바깥쪽에는 이교의 상징인 녹색 인물 조각상으로 꾸몄다는 점이다. 어쩌면 이것은 하나님을 믿는 교회에는 천사의 평화와 선함이 가득하지만, 바깥 이교의 세상에는 불안과 죽음만 있을 뿐임을 상징하는

교회당 동쪽에서 바라본 전경

교회당 동쪽 벽 창문 머리 부분 안쪽의 천사상

교회당 동쪽 벽 창문 머리 부분 바깥쪽의 녹색 인물상

교회 중앙 제단 자리의 모자이크 타일

종탑 벽면에 "오직 하나님께만 명예와 영광이 영원하소서."라는 글귀가 새겨져 있다.

지도 모른다. 중앙 제단이 있던 곳임을 표시하는 타일 바닥은 18세기 윌리엄 아이슬라비가 당시 남아 있던 것들을 모아 만든 것이다.

북쪽 익랑의 끝에 있는 종탑은 수도원장 마르마듀크 후비가 헨리 8세의 통치기에 지역의 석회암으로 건축한 것이며 높이가 52m에 이른다. 탑의 벽감에는 클레르보의 베르나르로 짐작되는 조각상이 수도원을 아래로 내려다보고 있다. 탑의 벽면에는 수도원장의 머리글자인 'M. H.'와 함께 시토회 성무일도 책에서 발췌한 "오직 하나님께만 명예와 영광이 영원하소서."라는 글귀가 새겨져 있다.

수도원 안으로

수도원의 중심부는 38m² 넓이의 회랑이다. 회랑은 수도원 어디에서든 쉽게 접근할 수 있는 사각형의 중심 공간이다. 따라서 수도원의 주요 건물과 시설은 모두 여기에 잇대어 있다. 수도원 건물의 이러한 배치는 수도자의 생활 반경을 최소한으로 만드는 실용적인 건축 구조로, 베르나르가 설립한 프랑스의 퐁트네 수도원 구조를 그대로 반영하고 있다.

파운틴스 수도원의 회랑은 북쪽으로는 교회당과, 동쪽으로는 수도자들의 챕터하우스와 연결되어 있다. 챕터하우스는 수도원의 제반 행정 업무를 관장하는 장소이기도 하다. 이 챕터하우스는

수도원 회랑의 내부 광장

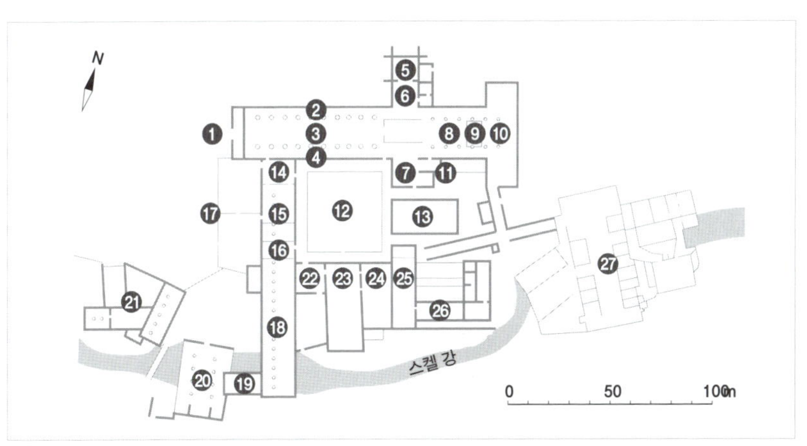

파운틴스 수도원의 평면도

① 교회당 입구
② 북쪽 측랑
③ 신랑
④ 남쪽 측랑
⑤ 종탑
⑥ 북쪽 익랑
⑦ 남쪽 익랑
⑧ 성직자석
⑨ 중앙 제단
⑩ 9개의 제단 예배당
⑪ 성물 안치소
⑫ 회랑
⑬ 챕터하우스
⑭ 외부 저장고
⑮ 창고
⑯ 식품 저장고
⑰ 바깥 뜰
⑱ 평신도 형제 식당
⑲ 평신도 형제 숙소
⑳ 평신도 형제 진료소
㉑ 게스트하우스
㉒ 부엌
㉓ 수도자 식당
㉔ 온열실
㉕ 숙소 지하실
㉖ 수도자 숙소
㉗ 수도자 진료소

회랑의 동쪽에 있는 챕터하우스의 아치

수도자들의 숙소 자리의 지하 공간

12세기 후반 리처드 3세가 수도원장이었을 때 완공된 곳으로, 챕터하우스 동쪽 끝에는 19명의 수도원장 무덤이 있는데 그중 첫 번째가 리처드 3세이다. 2층에는 수도자들의 숙소가 있다.

수도자들은 마치 주인의 명을 기다리는 파수꾼처럼 옷을 입고 신발을 신고 잠을 잤다. 수도자들이 한밤중에 숙소에서 성무일도를 위해 교회당으로 갈 때 사용한 계단은 낮에 이용하는 계단과 별도로 회랑의 동쪽 면과 접한 남쪽 가장자리에 있었다.

회랑의 남쪽은 수도원의 일상생활과 관련 있는 공간이다. 12세기에 돌로 만들어진 온열실에는 11월부터 부활절까지 수도자들이 몸을 녹일 수 있는 목재용 난로가 있다. 또한 매일 음식을 만드는 부엌과 함께 식사하는 식당이 있다. 수도자들은 나무로 된 긴 의자에 앉아 밥을 먹으면서 설교단에서 낭독되는 경건한 서적의 내용에 귀를 기울였다. 수도자들은 여름에는 하루 두 차례, 겨울에는 한 차례만 식사를 하였다. 육류는 노약자나 병자에게만 특별히 주어졌는데, 14세기에 와서는 특별한 날의 경우 육류가 제공되기도 하였다. 부엌은 수도자와 평신도 형제들이 함께 사용했지만, 식당은 부엌의 동쪽과 서쪽 양쪽으로 따로 마련되어 있었다.

회랑의 서쪽에는 식품 저장고로 연결되는 길이 있다. 교회당 남쪽 벽에서부터 스켈강에 이르기까지 91m에 이르는 공간은 저장시설, 창고, 평신도 형제들의 식당으로 이루어져 있다. 교회당 벽에 접해 있는 외부 저장고는 바깥의 큰 뜰로 이어지는데, 이곳은 침묵을 강조하는 수도원에서 수도생활과 수도원의 업무와 관련된 대화가 허락된 유일한 장소였다. 눈앞에 펼쳐진 넓은 잔디밭에는 200명 이상을 수용할 수 있는 평신도 형제들을 위한 숙소와 진료소의 유적이 남아 있다. 평신도 형제들의 진료소 너머에는 후원자나 상인들이 머물던 게스트하우스가 있다.

수도자들의 진료소는 평신도 형제들의 진료소 정반대쪽에 멀리 떨어져 있다. 수도원 건물 중 가장 동쪽에 있는데 지금은 대부분 소실되어 폐허만 남아 있는 상태이다. 수도자들의 진료소는 부엌, 방, 예배당, 대강당을 모두 갖추고 있어 그 자체로 또 하나의 작은 수도원이었다. 수도원장의 숙소도 이 건물에 있었다.

상상력을 자극하는 곳

파운틴스 수도원은 잉글랜드에서 가장 크고 잘 보존된 시토회 유적지이다. 남아 있는 유적의 규모만으로도 그 당시 얼마나 많은 수도자가 살았을지 짐작할 수 있다. 그 앞에 서면 마치 타임머신을 타고 중세 시대로 간 것 같은 느낌이 든다. 저절로 상상의 날개를 펴고 중세 수도자가 된다. 비록 지금은 옛 모습을 잃었지만 남아 있는 수도원의 웅장한 유적은 중세 시대 수도원의 흥망성쇠와 수도자의 삶과 희망을 들여다보게 해주는 창문과도 같다.

* 파운틴스 수도원 유적지의 모습은 '구글 어스'에서 생생하게 감상할 수 있다. 인터넷 주소창에 다음을 입력하면 접속할 수 있다. https://bit.ly/파운틴스수도원보기

✤ 후기

파운틴스 수도원을 방문했다면, 그곳에서 북동쪽으로 45km 정도 떨어져 있는 리보 수도원(주소: Rievaulx Bank, Rievaulx, Helmsley, North Yorkshire, YO62 5LB, England, 홈페이지 주소: https://www.english-heritage.org.uk/visit/places/rievaulx-abbey)도 가보길 권한다. 리보 수도원은 파운틴스 수도원보다 9개월 빠른 1132년 3월 설립된 잉글랜드 최초의 시토회 수도원이다. 파운틴스 수도원과 마찬가지로 리보 수도원도 프랑스 클레르보 수도원의 딸 수도원이다. 리보 수도원 역시 헨리 8세의 수도원 해산령에 따라 1538년 12월 폐쇄되었다.

내친김에 휘트비 수도원(주소: Abbey Lane, Whitby, YO22 4JT, England, 홈페이지 주소: https://www.english-heritage.org.uk/visit/places/whitby-abbey)까지 찾아가 보라. 파운틴스 수도원은 요크의 세인트 메리 수도원에 있던 13명의 수도자들이 설립하였다. 그런데 세인트 메리 수도원은 베네딕투스회 소속 휘트비 수도원의 수도자들이 1088-89년에 세웠다. 따라서 족보로 따지자면 휘트비 수도원의 딸이 세인트 메리 수

휘트비 수도원 유적

도원이고, 파운틴스 수도원은 그 손녀에 해당할 것이다. 파운틴스 수도원에서 북동쪽으로 100km 정도 떨어져 있는 휘트비 수도원은 657년 여성 수도자 힐다(Hilda of Whitby)가 세운 곳으로 무려 1,400년에 이르는 역사를 지닌 유서 깊은 수도원이다. 바로 이곳에서 664년 잉글랜드 교회사의 분기점이 되는 중요한 결정이 내려졌다. 잉글랜드 교회가 그동안 지켜온 켈트 그리스도교 전통을 포기하고 로마 그리스도교 전통을 따르기로 결의한 것이다. 이로써 잉글랜드 교회는 1534년 헨리 8세가 수장령을 통해 로마가톨릭교회와 결별하기 전까지 900년 가까운 세월 동안 로마가톨릭교회의 영향권에 들어가게 되었다. 휘트비 수도원 역시 헨리 8세의 수도원 해산령으로 인해 1539년 폐쇄되고 지금은 폐허의 유적만 남아 있다.

한편 휘트비는 영국과 호주의 패스트푸드에 해당하는 '피시 앤드 칩스'(fish and chips)의 고장으로 유명한데 그래서인지 소위 자기 가게가 원조라며 내세우는 집이 많이 있다. 맛이야 어디나 비슷하겠지만 그래도 바닷가 마을 휘트비의 자칭 원조 가게에서 먹는 기분은 조금 색다를 것이다.

하나님과 세상을 열렬히 사랑한 힐데가르트를 만나는 곳

아이빙엔 수도원

독일 라인 강변 뤼데스하임(Rüdesheim)의 높은 언덕 위에 자리잡은 아이빙엔(Eibingen) 수도원은 흔히 힐데가르트 수도원이라 불린다. 현재 건물은 20세기 초에 세워진 것이지만, 이 수도원의 역사는 12세기 힐데가르트가 수도원을 설립한 때로 거슬러 올라간다. 850년이 넘는 세월 동안 우여곡절을 겪고서도 여전히 힐데가르트의 정신과 영성을 살아내고 있는 수도공동체가 바로 아이빙엔 수도원이다. 필자도 이곳을 마음에만 품고 있다가 2018년 연말과 2019년 연시에 걸쳐 뤼데스하임과 빙엔에 머물면서 힐데가르트의 발자취를 추적해볼 수 있는 기회를 가졌다.

수도원의 역사, 1165-1900

힐데가르트는 1098년 보름스에서 가까운 베르머스하임(Bermersheim)에서 태어났다. 14세가 되던 해 디지보덴베르크(Disibodenberg) 수도원에 부속된 여성 은거지에 입문하였는데, 1136년에는 그 여성 수도공동체의 원장으로 선출되기에 이른다. 1150년 힐데가르트는 빙엔에 있는 고백자 루페르트(Confessor Rupert)의 무덤 터 위에 루페르츠베르크 수도원을 세웠는데, 이때부터 그녀는 '빙엔의 힐데가르트'로 불리게 된다. 당시에는 여성들을 위한 수도공동체가 별도로 없었고, 여성들은 남성들이 수도생활을 하는 수도원 건물에 딸린 부속 공간에서 수도생활을 하는 것이 관례였다. 하지만 힐데가르트가 세운 루페르츠베르크 수도원은 독자적인 여성 수도공동체였다는 점에서 분명한 차이점을 지닌다.

루페르츠베르크 수도원을 찾는 수도자들이 점점 늘어나자 힐데가르트는 1165년 라인강 건너편 뤼데스하임의 옛 아우구스티누스 수도원을 취득해 새로운 수도원을 설립하였다. 이것이 아이빙엔 수도원의 시작이다. 힐데가르트는 라인강을 사이에 두고 루페르츠베르크 수도원과 아이빙엔 수도원을 오가며 두 수도원을 지도하였다. 1179년 9월 17일 힐데가르트가 세상을 떠난 뒤 루페르츠베르크 수도원과 아이빙엔 수도원은 역사의 흐름에 따라 부침을 거듭하였다.

17세기 유럽을 휩쓴 30년전쟁(1618-48)의 혼란 속에 루페르츠베르크 수도원은 1632년 스웨덴 군대에 의해 파괴되고 만다. 1636년에 수녀들이 다시 돌아왔지만 건물은 재건축이 불가능할 정도로 훼파된 상태였다. 결국 루페르츠베르크 수녀들은 아이빙엔 수도원으로 이주하였고, 루페르츠베르크 수도원은 영영 사라지고 말았다. 그렇지만 옛 수도원의 유적인 지하저장고에 '힐데가르트협회'가 들어서 그녀의 영성과 사역을 알리는 영적인 공간으로 활용하고 있다.

아이빙엔 수도원은 기근, 전염병, 전쟁 등의 재앙을 겪으면서도 18세기 말까지 계속 명맥을 이어나갔는데, 1802년 세속화의 과정에서 결국 폐쇄되고 건물은 교구교회에 이양된다. 이런 이유로 힐데가르트의 유해가 아이빙엔의 교구교회인 '힐데가르트 순례교회'에 있게 된 것이다. 지금도 순례교회는 매년 힐데가르트를 기억하려고 찾아오는 순례자들을 위해 다양한 프로그램을 운영하고 있다. 2020년에는 코로나19 바이러스로 인해 힐데가르트의 축일 기념행사를 9월 17일(그녀가 사망한 날) 오전 10시에 온라인으로 생중계하는 색다른 풍경이 벌어졌다.

19세기 후반에 들어오면서 림부르크의 주교 페터 요세프 블룸(Peter Josef Blum)과 아이빙엔의 교구 사제 루트비히 슈나이더(Ludwig Schneider)가 보헤미아 영주인 카를 뢰벤슈타인-베르트하임-로젠베르크(Karl zu Löwenstein-Wertheim-Rosenberg)의 지원을 받아 아이빙엔 수도원의 재건을 추진하였다. 재건될 수도원의 첫 수녀원장으로는 당시 프랑스 솔렘의 성 세실리아 베네딕투스 수도원의 수녀로 있던 영주의 큰딸 마리아 안나를 염두에 두었으나 1896년 7월 2일 36세의 나이로 그녀가 갑자기 세상을 떠나고 만다. 그렇지만 영주 카를은 수도원 재건 계획을 고수하였고 재정적인 지원도 아끼지 않았다. 이렇게 하여 아이빙엔 힐데가르트 수도원은 카를의 후원을 받아 건축가 출신 수사 룻저 린크라거(P. Ludger Rincklage)의 설계로 옛 수도원(현재 힐데가르트 순례교회)에서 조금 떨어진 곳에 터를 잡았다. 1900년 7월 2일, 영주의 큰딸 마리아가 세상을 떠난 지 꼭 4년 만에 보이론의 대수도원장 플라치두스 볼터가 수도원의 주춧돌을 놓았다.

수도원의 역사, 1900-2021

아이빙엔 수도원 건축을 시작한 지 4년 만인 1904년 중심 건물이 완공되어, 그해 9월 17일 힐데가르트 축일에 프라하의 성 가브리엘 수도원에서 베네딕투스회 수녀 12명이 도착하였다. 수도원은 이전에 힐데가르트 수도원이 지녔던 모든 권리와 특권을 보유하게 되었고, 따라서 지역의 주교가 아니라 교황청의 직속 관할에 속하게 되었다. 수도원 교회당은 4년이 더 지난 1908년 완공되어 9월 7일 림부르크의 주교 도미니쿠스 빌리(Dominikus Willi)에 의해 축성되었다. 축성 다음 날 레긴트루디스 사우터(Regintrudis Sauter, 재임 1908-55)가 새로운 수도원의 첫 수녀원장으로 임명되었다. 이후 많은 수녀들이 수도원에 입문하였고 공동체는 제1차 세계대전과 같은 격랑 가운데서도 잘 유지되었다.

제2차 세계대전이 발발하자 레긴트루디스 사우터 수녀원장은 수도원을 구하기 위해 1941년 5월 수도원 일부 시설을 독일군 부상 병사들을 돌보는 병원으로 제공하고 수녀들이 간호하는 일까지 감당하게 했지만, 그럼에도 수도원을 지키지는 못했다. 1941년 7월 2일 주춧돌이 놓인 지 41주년 되던 날, 115명의 수녀들은 수녀원을 빼앗긴 채 쫓겨났다. 수도원의 자매들은 독일 비밀경찰의 명령으로 24시간 이내에 수도원을 떠나야만 했고, 수도원은 군용병원으로 개조되었다. 일부 수녀들은 병원으로 개조된 수도원에 남아 적십자의 간호보조원으로 환자들을 돌보고 살림을 떠맡았다. 1944년 11월 폭격으로 뤼데스하임 지역 대부분이 파괴되는 피해를 입었으나 수도원은 다행히 화를 면하였다. 전쟁이 끝나가던 1945년 3월 19일 아이빙엔 군용병원은 폐쇄되었고, 그해 7월 2일 수도원을 빼앗긴 지 꼭 4년 만에 수녀들은 자신들의 보금자리를 되찾았다. 전쟁이 끝난 후에도 10여 년 동안 수도원은 폭격으로 집을 잃은 사람들과 동독에서 피신한 사람들에게 거처를 제공하였다.

수도원으로 돌아온 수녀들과 자원봉사자들의 헌신으로 수도원 건물은 복구되었다. 수도원은 여든의 나이에도 여전히 건강한 레긴트루디스 사우터 수녀원장의 지도로 다시 활기를 띠게 되었다. 사우터 수녀원장은 1955년 90세의 나이로 47년간 봉사한 수녀원장의 직에서 물러났고, 이후 두 번째 수녀원장 포르투나타 피셔(Fortunata Fischer, 재임 1955-78), 세 번째 수

아이빙엔 힐데가르트 수도원

녀원장 에델트라우트 포르스터(Edeltraud Forster, 재임 1978-98)를 거쳐, 지금은 클레멘티아 킬레발트(Clementia Killewald, 재임 2000-현재)가 네 번째 수녀원장으로 선출되어 그 직무를 이어가고 있다. 12세기부터 이어져온 힐데가르트 수도원 역사 전체로 보면 39대 수녀원장이다.

수도원과 교회당

영주 카를의 후원으로 1900년 재건축이 시작되어 1904년 완공된 현재의 아이빙엔 수도원에는 회랑, 식당, 챕터하우스, 수녀들의 공동 공간, 개인 기도실, 도서관 등이 있다. 도서관은 약 5만 권의 책을 소장하고 있으며 그중에 힐데가르트가 저술한 첫 번째 신학서적 『쉬비아스』(*Scivias*)의 필사본이 포함되어 있다. 약초와 꽃의 정원과 200명 이상의 수녀들이 묻혀 있는 묘지도 있다. 십자형 정원의 중앙에는 현 수도원의 건축기념 기둥이 있는데, 수도원 건물의 주춧돌을 놓은 지 100주년이 되는 2000년에 세운 것이다. 아쉽지만 수녀들이 수도생활을 하고 있는 내부 공간은 특별한 허락이 없이는 둘러볼 수 없다. 그러나 수도원 교회와 주변의 전원적 풍경을 보는 것만

수도원 교회 전경 탑 사이에 예수 그리스도, 마리아, 요한의 조각상이 있다.

으로도 마음의 위안과 영혼의 평안을 충분히 경험하게 될 것이다.

수도원 교회 역시 영주 카를의 후원으로 건축되었는데, 1900년 7월 2일 주춧돌을 놓아 1908년 9월 7일 축성식을 가졌다. 교회로 들어가는 탐방객의 눈에 가장 먼저 들어오는 것은 45m 높이의 탑 2개이다. 두 탑 사이에 있는 벽 중앙에는 십자가에 달린 예수 그리스도와 양옆으로 어머니 마리아와 사도 요한이 보이는데, 붉은 사암(砂巖)으로 조각된 것이다. 십자가 위 지붕과 출입문 위에는 베네딕투스의 십자가가 있어 이곳이 베네딕투스 수도회 소속임을 보여준다. 교회 양쪽 출입문에도 청동으로 베네딕투스의 십자가 28개 조각되어 있고, 그 안에는 "CSPB"(Crux Sancti Patris Benedicti = 거룩한 사부 베네딕투스의 십자가)라는 문자가 새겨져 있다.

수도원 교회 출입문의 베네딕투스 십자가 문장

교회당 안으로 들어서면 독특한 분위기가 탐방객을 맞이한다. 내부의 그림들은 보이론 미술학교 출신 파울루스 크렙스(Paulus Krebs)와 그의 제자들이 작업한 것이다. 신비로운 색감은 방문자로 하여금 차분하게 자신을 성찰하도록 이끄는 묘한 매력이 있다. 아이빙엔 수도원 교회의 회화는 크렙스의 가장 중요한 작품인 동시에 보이론 미술학교 최고의 작품 중 하나로 인정받고 있다. 보이론 미술학교는 베네딕투스수도자연합에서 설립한 학교이니만큼 그 화풍이 수도원에 가장 적합하고 조화롭다.

교회당 제단 위 후진에 위치한 그리스도 그림은 교회당 전체를 압도하며 아우른다. 금색 바탕에 그려진 그리스도는 비잔틴 성화의 판토크라토르(Pantocrator), 즉 우주의 왕이자 통치자로서 두 팔을 벌려 모든 이를 환대하며 사랑하는 형제로 표현되어 있다. 만왕의 왕이신 그리스도의 두 팔이

교회의 제단 아치의 성화

지친 우리를 꼭 껴안아주실 것만 같다. 그 아래쪽에는 우리를 구원하신 하나님의 어린양 예수 그리스도를 상징하는 후광을 두른 양을 중심으로 양쪽에 열두 마리의 양이 그려져 있는데 이는 열두 제자를 상징하는 것이다. 다시 그 아래쪽에는 8명의 천사가 그려져 있는데 그 날개 위에 "SCTS"(Sanctus=거룩)라는 문자가 새겨져 있다. 이는 주님의 거룩하심을 찬양하며 경배하는 모습이다.

교회당 앞쪽 후진을 둘러싼 제단의 아치 부분을 보면 천장과 맞닿아 있는 높은 곳에 "Tabernaculum Dei Cum Hominibus"(하나님의 장막이 사람들과 함께 있으매, 계 21:3)라는 글귀가 새겨져 있어 이곳이 곧 하나님이 우리 가운데 임하시는 장소임을 나타낸다. 글귀 아래에는 왼쪽의 베네딕투스와 오른쪽의 쌍둥이 여동생 스콜라스티카가 서로를 마주보고 서 있고, 그 밑에는 열쇠를 쥔 베드로와 십계명을 든 모세가 서로를 마주보며 있다. 제단에 세워진 금으로 도금된 십자가는 보이론 미술학교에서 제작한 것으로, 2004년 9월 14일 십자가 현양 축일에 세워졌다.

교회당 신랑 오른쪽 벽에는 신구약 성서의 구원사가 묘사되어 있다. 여

교회당 오른쪽 신구약 구원사가 묘사된 벽화

교회당 왼쪽 하나님의 계시가 묘사된 벽화 아래에는 힐데가르트의 생애를 묘사한 그림 5개가 있다.

기에는 노아의 방주, 아브라함과 사라를 찾아온 세 천사, 천국을 오르내리는 야곱의 사다리 꿈, 언약궤를 맨 제사장들의 행렬, 알지 못하는 신에게 제사하는 제단이 그려져 있다. 왼쪽 벽에는 자기 백성을 향한 하나님의 계시가 묘사되어 있는데 낙원에 있는 아담과 하와, 그리스도의 성육신(탄생), 최후의 만찬, 성령의 강림, 그리스도와 교회 사이의 교통(신랑과 신부, 목자와 양, 포도나무와 가지의 관계)이 그려져 있다.

특별히 왼쪽 벽의 하단부에는 힐데가르트 생애의 대표적인 순간들이 벽화로 표현되어 있다. 파울루스 크렙스는 스스로를 '성 힐데가르트의 화가'로 자부했기 때문에 각별한 애정과 헌신으로 힐데가르트의 생애를 다섯 장면에 담았다. 첫 번째는 힐데가르트가 1112년 14세의 나이로 디지보덴베르크 수도원의 여성 은거지에 도착한 장면이다. 두 번째는 힐데가르트가 루페르츠베르크로 떠나는 장면이다. 그녀는 그곳에서 1150년 루페르츠베르크 수도원을 설립하였다. 세 번째는 힐데가르트가 잉겔하임 암 라인(Ingelheim am Rhein)에서 황제 바르바로사(Barbarossa)에게 조언하는 장면이다. 그녀는 수도자이자 예언자인 동시에 수많은 사람의 조언자이기도

힐데가르트가 디지보덴베르크 수도원에 도착한 장면

힐데가르트가 루페르츠베르크로 떠나는 장면

힐데가르트가 황제 바르바로사에게 조언하는 장면

힐데가르트가 자신이 설립한 아이빙엔 수도원을 배경으로 눈먼 소년을 치유하는 장면

힐데가르트가 세상을 떠날 때 하늘의 징조가 나타나는 장면

했다. 네 번째는 힐데가르트가 1165년 아이빙엔에 수도원을 설립한 것과 뤼데스하임의 눈먼 소년을 고쳐준 것을 보여주고 있다. 다섯 번째는 힐데가르트가 1179년 9월 17일 세상을 떠날 때 하늘의 징조가 나타난 장면을 표현하고 있다.

측랑에는 힐데가르트와 베네딕투스회 여성 성인들이 묘사되어 있다. 성물 안치소 문 위의 동쪽 벽에는 힐데가르트가 오른손에 깃촉 펜을 들고 있는 모습으로 그려져 있다. 반대편 측랑의 서쪽 벽에는 5명의 여성, 즉 루

깃촉 펜을 들고 있는 힐데가르트의 모습에서 환시를 기록하는 그녀를 떠올릴 수 있다.

5명의 여성 성인들

페르츠베르크의 마르가레트(Margareth), 루페르츠베르크의 힐트라우트(Hiltraud), 슈폰하임의 유타(Jutta), 루페르츠베르크의 이다(Ida), 쇠나우의 엘리자베스(Elisabeth)의 모습이 보인다. 교회당 출입문 위쪽에는 수도원과 교회 건물의 설립자인 영주 카를에 대한 감사의 글이 기록되어 있다.

수도원에서의 삶

아이빙엔 수도원의 수녀들은 베네딕투스 수도회 소속이기 때문에 당연히 베네딕투스의 『수도규칙』에 따라 살아간다. “기도하고 일하라”라는 수도회의 모토에 따라 하나님을 찾는 삶을 추구하고 있다. 또한 서로를 지지하는 공동체생활, 침묵을 통한 들음, 고독을 통해 배우는 인내, 서원을 통한 헌신의 가치를 온몸으로 실천하려는 수녀들이 홀로 또 함께 살아가고 있다. 수녀가 되려는 사람은 6년에 가까운 수습기간을 거친 다음, 세 가지 서약을 통해 하나님과 공동체에 스스로를 묶게 된다. 먼저 정주(定住, stabilitas) 서약을 통해 자신이 선택한 장소에 삶의 뿌리를 내리고 죽기까지 하나님을 찾는 삶을 살기로 약속한다. 두 번째로 수도자답게 살기(conversatio morum) 서약을 통해 복음에 따른 삶을 살기로 약속한다. 이 서약에는 가난과 정결의 삶이 포함된다. 세 번째로 순명(順命, obeodientia) 서약을 통해 자신의 뜻을 하나님의 뜻에 굴복시키는 삶을 살기로 약속한다. 이들은 자발적으로 서로가 서로를 신뢰하고 수녀원장을 비롯한 선임자들에게 순복함으로써 하나님의 뜻을 발견하게 된다고 믿는다.

베네딕투스 수도자의 일상에서 가장 중요한 것은 하루에 일곱 혹은 여덟 차례 반복되는 예배의 시간이다. 기도와 찬양으로 예배를 드리는 것은 곧 '하나님의 일'이기에 매일 정해진 시간마다 하나님께 기도하며 예배하는 것은 거룩한 의무, 즉 성무일도(聖務日禱, Officium Divinum)이다. 또한 "기도하고 일하라"라는 베네딕투스의 가르침대로 수녀들은 정해진 시간에 맞춰 육체노동을 기꺼이 감당하고 있다. 베네딕투스의 『수도규칙』은 "자신의 손으로 노동함으로써 생활할 때, 비로소 참다운 수도자가 된다."(48장)라고 가르치기에, 이들에게는 노동이 곧 기도이다. 수녀들은 공평하게 부엌과 세탁실, 과일과 채소밭, 바느질과 목공, 건물의 보수와 관리, 방문객 환

포도밭과 수도원(출처: 힐데가르트 수도원 홈페이지)

힐데가르트 수도원의 수녀들(출처: 힐데가르트 수도원 홈페이지)

대와 접대, 지역사회 봉사와 섬김, 연구와 집필 등의 일을 분담한다.

수도원을 찾는 사람은 분명 주변에 넓게 펼쳐진 포도밭 풍경에 감탄할 것이다. 필자가 방문했을 때는 추운 겨울이라 포도나무가 앙상했는데도 넓은 포도밭이 무척 인상적이었다. 아이빙엔의 수녀들은 7헥타르에 이르는 포도밭을 유기농으로 경작하고 있다. 1헥타르는 길이가 100m인 정사각형의 면적이니, 7헥타르는 가로와 세로가 각 700m에 이르는 엄청난 규모이다. 이 포도밭이 수녀들의 노동의 현장, 곧 기도의 현장인 셈이다. 또한 수녀들이 직접 만든 쿠키도 맛있기로 유명하니 방문한다면 구입해 먹어보는 즐거움도 누리길 바란다.

독자들이 아이빙엔 힐데가르트 수도원을 방문한다면, "모든 손님을 그리스도처럼 맞이하라."(『수도규칙』 53장)라는 베네딕투스의 가르침을 따르는 수녀들의 환대를 받게 될 것이다. 수도원에서 침잠하며 조용히 자신을 성찰하고 하나님의 뜻을 발견하기 원하는 방문자는 미리 예약하면 수도원의 게스트하우스에서 머물 수 있다. 지금도 아이빙엔 수도원에는 50여 명의 수녀, 10여 명의 직원, 평균적으로 20여 명의 방문객이 함께 기도하고 일하며 하나님의 뜻을 찾고 있다.

힐데가르트 순례교회

아이빙엔 수도원 가까이에 '힐데가르트 순례교회'가 있다. 현재의 아이빙엔 수도원은 20세기에 들어와 새롭게 건축된 것이고, 원래 힐데가르트가 세운 옛 아이빙엔 수도원 자리가 바로 힐데가르트 순례교회이다. 따라서 힐데가르트의 유해도 이곳에 보관되어 있다. 힐데가르트는 1179년 루페르츠베르크 수도원에서 숨을 거두었기에 처음에는 그곳에 유해가 보관되었다. 그러나 30년전쟁의 격랑 속에서 루페르츠베르크 수도원이 파괴되자 1636년 수녀들이 힐데가르트의 유해를 가지고 아이빙엔 수도원으로 건너왔다. 하지만 아이빙엔 수도원도 1802년 세속화 과정에서 문을 닫게 되고 1831년 건물은 교구교회 소유로 넘어간다. 이렇게 하여 힐데가르트의 유해는

힐데가르트 순례교회 힐데가르트가 세운 아이빙엔 수도원의 본래 터이자 지금도 그녀가 잠들어 있는 곳이다.

아이빙엔의 교구교회인 힐데가르트 순례교회에 머무르게 되었다. 역사가의 관점에서 보자면 힐데가르트의 숨결을 느끼기에는 현재의 아이빙엔 수도원보다 과거 아이빙엔 수도원이던 순례교회가 더 적합한 장소이다. 힐데가르트가 수도원을 세워 생활한 곳이고, 또 죽어서도 잠들어 있는 곳이기 때문이다.

힐데가르트 순례교회는 아이빙엔의 교구교회로, 현재는 '거룩한 십자가 라인가우 교구'(Heilig Kreuz Rheingau Parish)에 속한 교회이다. 이 교회는 '세례자 요한 교회'라고도 불리는데, 아이빙엔 지역의 수호성인이 세례자 요한인 데서 비롯된 이름이다. 교회는 1932년 9월 3-4일에 큰 화재를 겪었다. 옛 건물은 모두 불탔고, 1934년 프랑크푸르트 건축가 룸멜 형제(Hans and Christoph Rummel)에 의해 지금의 현대식 건물로 재건축되었다. 교회 외벽의 남쪽 모서리에 있는 힐데가르트 조각상은 1957년 프란츠 베른하르트가 프랑코니아 지역의 석회암으로 만든 것으로, 매년 힐데가르트의 축일인 9월 17일에 거행되는 순례 축제를 기념하기 위해 제작되었다.

힐데가르트 순례교회의 기념명패

힐데가르트 축일의 순례를 위해 만든 조각상

힐데가르트의 유해가 보관되어 있는 유골함

힐데가르트 순례교회에서 우리는 힐데가르트 서거 750주년인 1929년 쾰른의 금 세공사 요세프 클리피쉬가 만든 힐데가르트 유골함을 볼 수 있다. 유골함은 마치 작은 건물처럼 보인다. "주께서 구원과 기쁨의 옷을 내게 입히셨다"(사 61:10)라는 성경구절과 함께 정의, 용기, 지혜, 절제의 네 가지 덕을 상징하는 알레고리가 조각되어 있고, 네 성인이 둘씩 짝을 이루어 서 있다. 유골함에는 힐데가르트의 유해와 기젤베르트(Giselbert), 루페르트(Rupert), 빅베르트(Wigbert)의 유골 일부가 함께 들어 있다. 이 유골함은 1932년 화재에도 불구하고 안전하게 보존되었다. 1988년 대규모 개축 후에 유골함은 중앙 제단 위 한가운데에 자리를 잡고 순례자들을 맞이하고 있다.

예배당 제단 왼쪽에는 아기 예수를 안고 있는 마리아가, 오른쪽에는 요셉이 테라코타(점토로 구워 만든) 작품으로 만들어져 있는데, 뮌헨의 조각가 아우구스트 벡베커(August Weckbecker)의 1939년 작품이다. 필자가 방문했을 때가 마침 성탄절기라 요셉의 제단은 성탄 구유로 아름답게 장식되어 있었다.

중앙 제단의 유골함 위에 있는 규석(珪石) 모자이크 제단화와 스테인드

교회당 정면의 중앙 제단과 측면 제대

글라스 창문들은 텔크테 출신의 예술가 루트비히 바우어(Ludwig Baur)의 작품이다. 제단 위 모자이크 작품은 수도원 설립 800주년인 1965년에 제작된 것으로, 힐데가르트의 작품 『쉬비아스』에 나오는 열한 번째 채식화(彩飾畵) "생명의 근원: 참된 일치 속의 진정한 삼위일체"를 구현한 것이다. 1961년 만들어진 창문에는 힐데가르트가 목격한 비전과 그녀가 효력이 있다고 말한 식물들이 표현되어 있다. 예배당 출입구 쪽에

교회 중앙 제단의 모자이크 제단화와 힐데가르트 유골함

교회당 창문에 묘사된 힐데가르트의 비전

힐데가르트의 첫 저작 제목인 『쉬비아스』 (*Scivias*) 문양

← **"Porta Vitae"(생명의 문)이라는 글자가 새겨진 세례반**

→ **힐데가르트 순례교회 앞에 서 있는 조각상** 하인츠 프랑크와 게르하르트 쾨니히 가문의 기부로 크리스토프 폼머 교수가 만든 테라코타 작품이다.

는 2001년 축성된 세례반이 눈길을 끄는데 "Porta Vitae"(생명의 문)이라는 글자가 새겨져 있다. 세례가 새로운 생명으로 들어가는 첫 관문임을 말해준다.

힐데가르트는 누구인가

힐데가르트는 놀라운 여성이다. 900년 전 여성에 대한 억압이 뚜렷했던 시대적 환경 속에서, 어떻게 한 여성이 이토록 많은 일을 해낼 수 있었는지 그저 놀라울 뿐이다. 하나의 호칭으로는 힐데가르트의 전모를 결코 포괄할 수 없다. 신비가, 예언자, 수도자, 수도원 설립자, 신학자, 자연과학자, 약사, 의사, 상담가, 작가, 시인, 설교자, 교회의 성인, 교회박사, 이 모든 호칭이 그녀에게 적합하다. 참으로 힐데가르트는 시대를 뛰어넘는 여성이었고, 그 시대가 감당할 수 없는 인물이었다. 힐데가르트의 삶과 영성을 다룬 마가레테 폰 트로타(Margarethe von Trotta) 감독의 2009년 영화 〈비전〉(Vision)이 국내에서 2011년 〈위대한 계시〉라는 제목으로 상영된 바 있다.

힐데가르트는 1098년 독일의 베르머스하임에서 귀족 가문의 열 번째 자녀로 태어나 1112년 디지보덴베르크 수도원에 속한 여성 수도공동체에 입문하였고, 1136년에는 그 공동체의 원장이 되었다. 힐데가르트는 1141년 특별한 환시를 경험하고 저술을 시작한다. "주님의 성육신 후 1141년, 내가 42년 7개월을 살았을 때 하늘에서 번개와 함께 강력한 빛이 쏟아졌다. 그 빛이 나의 머리를 관통하였고 내 가슴을 불태웠다. 그리고 불현듯 성서의 의미가 나에게 밝히 드러났다." 이후 그녀는 "네가 보고 들은 것을 받아 적어라."라는 지시를 받았다고 한다. 이렇게 하여 저술된 책이 창조주와 세계에 대한 상징으로 가득한 그녀의 대표작이자 데뷔작인 『쉬비아스』(*Scivias*=Scito vias Domini, 주님의 길을 알라)이다. 『쉬비아스』에는 힐데가르트가 목격한 26개의 환시가 창조, 구원, 종말의 3부로 나뉘어 기록되어 있다. 1부는 창조, 최초의 인간인 아담과 하와의 죄를 통한 피조세계의 타락 그리고 타락의 결과를 다룬다. 2부는 그리스도를 통한 구속에서 시작하여 교회를 통해 구원의 역사가 어떻게 계속 이어지는지를 말한다. 3부는 전체 구원의 역사를 점차 완공되어 가는 건물로 비유해 표현하고 있다. 하나님과 인간의 이야기, 즉 창조자이신 하나님을 등졌다가 다시 그분에게로 돌아가는 인간의 이야기가 여러 이미지를 통해 생생하게 전해진다.

힐데가르트는 『쉬비아스』 외에도 두 권의 신학서적을 더 펴냈다. 1158-63년에 저술한 『책임 있는 인간』(*Liver Vitae Meritorum*)과 1165-74년에 저술한 『세계와 인간』(*Liver Divinorum Operum*)이다. 중세 여성으로서는 참으로 놀라운 일이다. 이것은 그녀 스스로 여러 번 강조했듯이 책 쓰는 것을 유난히 좋아해서가 아니라, 환시를 통해 자신에게 알려진 것을 전해야 한다는 의무감 때문에 어쩔 수 없이 벌어진 일이다. 그녀는 『쉬비아스』의 서문에서 "오직 하나님의 채찍이 나를 병상에 묶어 두었을 때, …마침내 나는 쓸 수밖에 없었다."라고 고백한다. 그리고 자신의 환시가 하나님의 계시인지 악마의 속삭임인지 알 수 없어 두려워 당대 저명한 수도원장인 클레르보의 베르나르에게 편지를 보내 자문을 청하기까지 했다. 베르나르는 자신의 제자이던 교황 에우게니우스 3세에게 그녀의 글을 보여주었고, 교황은 트리어 대회에서 그녀의 환시를 공식적으로 인정하였다.

신학서적 이외에도 힐데가르트는 두 권의 의학치료서(*Physika, Causae et Curae*), 500여 종의 식물, 동물, 광물에 대한 자료와 보석을 이용한 치료법, 오페라 극본(*Ordo Virtutum*), 노래 77편, 그림 36점, 수많은 편지를 남겼다. 참으로 그녀는 르네상스 시대를 앞선 만능 여성이었다. 이뿐만 아니라 그동안 남성 수도원에 종속되어 있던 여성공동체를 독립시켜 독자적인 수녀원으로 이끈 수녀원 설립자이기도 하다.

힐데가르트는 52세가 되던 1150년 라인 강변의 도시 빙엔에 루페르츠베르크 수도원을 설립하였다. 그리고 15년 후인 1165년에는 라인강 건너편 뤼데스하임에 아이빙엔 수도원을 세웠다. 1179년 9월 17일 죽기까지 그녀는 두 수도원을 지도하면서 그리스도교 영성의 역사에 중요한 기여를 하였다. 교회와 세상에 미친 영향을 고려할 때 힐데가르트는 로마가톨릭교회에서 진작 성인으로 시성되었어야 마땅하다. 하지만 그녀의 가르침에 대한 충분한 연구가 이루어지지 않은 탓에 이 일은 오랫동안 미루어져 왔다. 그러다 20세기 후반부터 21세기 초반까지(1978-2010) 30여 년의 노력 끝에 힐데가르트 전집 비평본이 출간되었고, 이후 그녀에 대한 재평가가 이루어지게 되었다. 마침내 2012년 5월 10일 교황 베네딕투스 14세가 힐데가르트를 로마가톨릭 성인으로 축성하였고, 같은 해 10월 7일에는 그녀를 교회박사로 선언하였다. 이렇게 하여 빙엔의 힐데가르트는 아빌라의 테레사, 시에나의 카타리나, 리지외의 테레즈에 이어 로마가톨릭교회에서 인정한 네 번째 여성 교회박사가 되었다.

힐데가르트의 유산

2012년 10월 7일 교황 베네딕투스 14세는 "사도적 편지"에서 힐데가르트를 보편교회의 박사로 선언하면서 그녀를 다음과 같이 평가하였다.

"거룩한 베네딕투스 수도회 수녀의 가르침은 '순례하는 인간'(homo viator)에게 이정표를 제시합니다. 그녀가 제안하고 실천한 여러 가치를 지닌 메시지는 그 어느 때보다 민감한 현대 세계에 특별히 적합성을 지니는 것 같습니다. 예를 들어 신학적 탐구에 신선한 자극을 주는 힐데가르트의 카리스마적이고 관상적인 능력으로는 다음과 같은 것들이 있다고 생각합니다. 그리스도의 신비의 아름다움에 대한 성찰, 교회/신학과 문화, 과학, 현대 미술과의 대화를 시도한 점, 인간 자아실현의 하나의 가능성으로 성별된 삶의 이상을 제시한 점, 예전을 삶의 성사로 재평가한 점, 교회개혁을 단지 빈약한 구조의 변화가 아니라 중심의 내적 변화로 이해한 점, 침범되어서는 안 되고 보호되어야 할 자연 세계의 법칙에 대한 민감성입니다."

현대에 이르러 힐데가르트를 대안의학, 자연치료, 보석치료, 음악치료, 미술치료, 생태주의와 연관시켜 주목하는 경향이 있다. 힐데가르트의 유산이 21세기의 관점에서 재조명되는 것은 대단히 의미 있는 일이지만, 무엇보다 그녀가 수도자였다는 점에 주목할 필요가 있다. 그녀의 영성의 통전성과 특징을 고찰하고 적용하는 것이야말로 우리가 힐데가르트를 가장 잘 따르는 길일 것이다.

뤼데스하임의 아이빙엔 수도원과 힐데가르트 순례교회를 방문했다면, 라인강을 사이에 두고 뤼데스하임과 마주보고 있는 작은 도시 빙엔도 꼭 찾아보기를 권한다. 힐데가르트는 아이빙엔에 수도원을 세우기 이전에 빙엔에 먼저 수도원을 세웠다. 이것이 그녀를 흔히 '빙엔의 힐데가르트'라고 부르는 이유이다. 1150년 빙엔에 루페르츠베르크 수도원을 설립한 것이 먼저이고, 너무 많은 사람이 모여들자 1165년 라인강 건너편에 아이빙엔 수도원을 세운 것이다. 힐데가르트에게는 빙엔의 루페르츠베르크 수도원이 어머니 수도원이고, 뤼데스하임의 아이빙엔 수도원은 딸 수도원인 셈이다.

루페르츠베르크 수도원이 1632년 문을 닫게 되면서 지금 그곳에는 옛 수도원의 유적인 지하 저장고만 남아 있지만, '힐데가르트협회'가 그곳에서 힐데가르트를 기념하는 다양한 사업을 진행하고 있다.

루페르츠베르크 수도원 유적지 인근에는 힐데가르트 기념교회가 있다. 교회의 외벽

힐데가르트협회에서 운영하는 옛 루페르츠베르크 수도원 지하 유적

← 빙엔의 힐데가르트 기념교회

↑ 힐데가르트 기념교회의 명패. "예언자 힐데가르트가 1147-79년 이곳에서 살았다."

↓ 힐데가르트 기념교회의 조각상

→ 빙엔의 도심 사거리에 있는 힐데가르트 기념조형물

에 "예언자 힐데가르트가 1147-79년까지 이곳에서 살았다."라는 명패가 있고, 왼손에는 베데딕투스 십자가를 들고 오른손은 우리를 향해 팔을 벌리고 있는 힐데가르트 조각상이 방문객을 맞이한다.

작은 도시 빙엔의 중심 사거리에 세워진 힐데가르트 기념조형물과 가끔씩 건물 벽에서 만나는 힐데가르트 벽화가 이곳이 그녀의 도시임을 상기시킨다.

빙엔에서 힐데가르트와 관련이 있는 곳으로 성 로쿠스(Rochus)를 기념하는 로쿠스 채플이 있다. 1802년 아이빙엔 수도원이 문을 닫았을 때 내부의 성물들이 라인강 건너 빙엔의 로쿠스 채플로 넘어갔기 때문에 힐데가르트의 흔적을 따라가는 사람들은 이곳 역시 찾게 된다. 힐데가르트 제대와 그림, 고백자 루페르트의 유골 등이 이곳

↑← 빙엔의 로쿠스 채플과 앞에 있는 베들레헴 채플
↑→ 빙엔의 로쿠스 채플 내의 힐데가르트 제대
↓← 십자가자매회에서 운영하는 '힐데가르트 포럼'
↓→ 빙엔의 'Museum am Strom'에서도 힐데가르트를 만날 수 있다.

으로 옮겨졌지만, 1889년 화재로 그 대부분이 소실되었다. 이후 교회당이 재건되면서 힐데가르트의 제대도 복원되었다. 제대 중앙에는 힐데가르트가 있고, 주변에 그녀의 생애에서 중요한 여덟 장면이 묘사되어 있다.

로쿠스 채플 옆에는 십자가자매회에서 운영하는 '힐데가르트 포럼'이 있다. 이곳은 식당과 숙소와 포럼의 장소로 제공되고 있으며, 정원에는 힐데가르트의 약초들이 자라고 있다. 빙엔을 방문하는 순례자에게 최적의 숙소일 것이다.

라인 강변에 있는 박물관(Museum am Strom)에서도 힐데가르트의 생애와 작품과 흔적을 만날 수 있으니 빙엔을 찾는다면 꼭 방문해보길 권한다.

예수의 테레사를 만나다

아빌라의 수도원

프랑스

산티아고 데 콤포스텔라

바르셀로나

스페인

아빌라

마드리드

포르투갈

아빌라의 수도원

예수의 테레사 수도원
강생수도원
산호세 수도원
아빌라 대성당
맨발의 카르멜 수도회

알제리

모로코

아빌라 가는 길

2014년 1월 19일 주일, '예수의 테레사' 혹은 '아빌라의 테레사'라 불리는 한 여성의 자취를 고스란히 간직하고 있는 스페인의 중세 도시 아빌라를 찾았다. 눈이 많이 내려 다음 날 갈까 하다가 눈 내리는 아빌라 풍경도 좋을 듯해 마드리드 차마르틴 역에서 기차를 타고 아빌라로 향했다. 눈 덮인 스페인의 시골 풍경에 넋을 잃고 있다 보니 1시간 30분이 금방 지나갔다.

아빌라 구석구석에는 예수의 테레사의 흔적이 많이 남아 있다. 그녀가 태어난 생가 터에 1636년 '예수의 테레사 수도원'이 세워졌고, 그녀가 30년 동안 수도생활을 한 '강생수도원'에는 지금도 테레사의 삶과 정신을 계승하려는 수녀들이 수도생활을 이어가고 있으며, 그녀가 설립한 17개의 수도원 중 첫 번째 수도원인 '산호세 수도원'도 아빌라에 있다.

아침부터 펑펑 내리던 눈이 오후가 되면서 점차 그치고 파란 하늘이 드러났다. 좀 더 머물고 싶었지만 당일 저녁에 마드리드로 돌아가는 일정을 계획한 터라 기차역으로 향할 수밖에 없었다. 예수의 테레사 수도원에서 하루를 묵으면서 여유롭게 보고, 느끼고, 생각할 시간을 갖지 못한 것이 못내 아쉬웠다. 돌아가는 기차 안에서 그녀의 삶과 사역에 대해 곱씹어보았다. 주님을 닮고자 하는 갈망 그리고 하나님과 하나 되려는 열망이 은총을 경험하게 하고, 그 은총이 다시 거룩한 사랑을 낳는다. 신비주의자이면서 동시

마드리드 차마르틴 역에서 아빌라행 기차에 오르는 필자

눈이 내린 아빌라의 성벽이 인상적이다.

에 수도원 개혁가이던 테레사에게서 관상과 행동이, 기도와 실천이 균형을 이루었음을 보았고, 그 영성이 나에게도 또 한국교회에도 필요한 경건의 능력이라는 생각에까지 미쳤다.

아빌라, 돌과 성녀의 도시

해발고도 1,132m의 고지대에 자리잡은 아빌라는 스페인에서 가장 높은 지대에 있는 도시라 할 수 있다. 로마제국 이전 청동기 시대부터 아빌라에는 켈트족에 속하는 베토네스 부족이 이미 거주하고 있었다. 프톨레마이오스의 『지리학』에서는 아빌라를 아불라(Abula) 혹은 아블라(Abla)로 언급하고 있다. 이 도시는 이베리아 반도에서 그리스도교를 받아들인 최초의 도시 중 하나로, 전승에 따르면 1세기에 세쿤두스가 복음을 전했다고 한다. 로마제국에 점령된 후 아빌라 혹은 아벨라(Abela)로 불렸고, 전형적인 로마풍의 도시로 바뀌어갔다. 직사각형 형태의 도시에는 2개의 중심도로가 교차되어 있고 중앙에 광장이 형성되었다. 지금도 동쪽과 서쪽 성벽 출입구에는 로마 시대의 유적이 그대로 남아 있다.

이후 아빌라는 서로마제국을 멸망시킨 서고트족의 점령지가 되었다가 8세기 초에는 이슬람 세력인 무어인들에게 정복당한다. 이때부터 아빌라의 인구는 급격히 줄어들게 된다. 그러다가 카스티야와 레온 지역을 다스리던 알폰소 6세의 사위 레이몽 드 부르고뉴(Raymond de Bourgogne)를 중심으로 레콩키스타(Reconquista, 재정복이라는 의미로 이슬람교도에게 빼앗긴 국토를 회복하고자 한 국토회복운동)가 시작되었고, 이로 인해 점차 무어인들을 내쫓게 되면서 1088년부터 다시 사람들이 모여들었다. 레이몽은 1090년에 아빌라를 방어하기 위한 성벽 공사를 시작하였는데, 오늘날 아빌라를 찾는 방문객의 눈을 단번에 사로잡는 것이 바로 이 성벽이다. 11세기 말부터 14

성벽으로 완전히 둘러싸인 아빌라

세기에 걸쳐 건설되었으며 아빌라 구도심을 완전히 감싸고 있다. 성벽은 둘레 2.5km, 높이 12m, 두께 3m이고, 9개의 문과 88개의 반원형 타워를 갖추고 있으며, 성벽 내부의 면적은 31헥타르에 이른다.

아빌라는 16세기 초 로마가톨릭 군주 치하에서 번성을 누렸다. 1520년 4월 발발한 코뮌의 반란 시기에 이 사건의 해결을 위해 소집된 '거룩한 위원회'(Santa Junta)가 처음(1520년 8월 1일) 모인 곳도 아빌라였다. 하지만 17세기 이후로 도시는 점차 쇠락했고 한때 인구가 4,000명에 불과하기도 했다. 19세기에 이르러 수도 마드리드에서 아빌라를 통과해 프랑스 국경 인접 도시 이룬까지 가는 철도가 놓이면서 아빌라에 다시금 사람들이 정착하기 시작해 현재는 6만여 명의 시민이 살고 있다. 도시를 둘러싸고 있는 높은 성벽, 수많은 교회와 수도원을 보면 마치 타임머신을 타고 중세 시대로 돌아간 느낌이 든다.

특별히 아빌라는 16세기 예수의 테레사의 숨결이 고스란히 남아 있는 도시이다. 아빌라에서는 10월이면 성 테레사 축제가 성대하게 개최된다. 다양한 문화행사와 화려한 행렬과 장엄한 예식이 펼쳐지는데, 그녀의 축일인 10월 15일 생가 터에 건축된 수도원 교회에서 대성당까지 이어지는 행렬이 축제의 정점이다. 특징적인 성벽과 테레사로 인해 '돌과 성녀의 도시'라 불리는 아빌라는 1985년 도시 전체가 유네스코 세계유산으로 등재되었다.

맨발의 카르멜회 '예수의 테레사 수도원'

아빌라 성벽에 있는 9개의 문 가운데 정면의 '산타 테레사 문'으로 들어서면 '예수의 테레사 수도원' 교회당이 나타난다. 테레사의 생가 터로 알려진

예수의 테레사 수도원 교회의 정면. 앞에 테레사의 조각상이 보인다.

이곳에 수도원과 교회를 세워 그녀를 기억하고자 한 무리는 맨발의 카르멜 수도회이다. 맨발의 카르멜회는 이 장소를 매입하여 소속 수사인 알론소 데 산호세(Alonso de San José)에게 건축을 맡겼고, 1630년 10월 15일 주춧돌을 놓아 1636년 10월 15일 성대한 축성식을 열게 되었다.

교회당 정면 위쪽에는 가운데 둥근 구멍이 있는 삼각형 모양의 지붕이 있고, 중간 부분에는 테레사의 대리석 조각상과 그 주변으로 5개의 문장 (Cepeda and Ahumada families, Order of the Barefoot Carmelites, Duke of

Olivares, Governor, Doctor of the Church를 상징하는 문장)이 보인다. 아래쪽에는 3개의 아치형 출입문이 있다. 교회당 내부는 중앙 신랑과 양쪽에 2개의 측랑, 앞쪽에 십자가의 횡대에 해당하는 익랑을 두고 있어 라틴십자형 구조를 이룬다. 신랑과 익랑이 교차해 만나는 한가운데 천장은 돔으로 이루어져 있다. 교회당 안에는 4개의 경당이 있다.

↑ 예수의 테레사 수도원 교회 중앙 제단화
↓ 예수의 테레사 수도원 박물관

중앙 제단화는 그레고리오 페르난데스(Gregorio Fernández, 1576-1636) 공방의 작품으로 테레사의 환시를 표현하고 있다. 교회당 안에 있는 〈카르멜산의 성모 경당의 성모상〉과 〈기둥에 묶여 있는 예수상〉도 페르난데스의 작품이다.

중앙 제단의 왼쪽에 있는 문을 통해 나가면 성 테레사 경당이 있는데, 전승에 따르면 바로 이곳이 테레사가 태어난 장소라고 한다. 경당에는 테레사가 경험한 환시, 강생수도원에서 아기 예수를 만난 장면, 오빠 로드리고와 함께 순교를 위해 가출한 장면 같은 테레사의 생애 몇 장면이 묘사되어 있다. 옆에 있는 작은 정원에서 어린 시절 테레사가 뛰어놀았다고 전해진다.

수도원은 봉쇄를 원칙으로 하기 때문에 방문객의 출입이 제한되지만, 테레사가 태어난 장소는 돌아볼 수 있다. 그리고 '라 산타'(La Santa)로 불리는 작은 박물관에서는 테레사의 오른손 손가락 뼈, 샌들 한 짝, 로사리오 염주, 채찍질했던 밧줄 등을 볼 수 있다. 이곳에는 십자가의 요한(1542-91, 테레사와 함께 카르멜회 개혁에 앞장선 인물)의 유해도 일부 보관되어 있다.

1895년부터 1969년까지 카르멜회 신학과 철학을 배우는 대학으로 사용되기도 한 이 수도원을 방문하려는 순례자는 홈페이지를 통해 예약하면 수도원 숙소에 머물 수 있다. 소위 '테레사 양식'(Teresian style)으로, 즉 수수하고 단순하게 꾸며진 숙소가 이곳이 수도원임을 상기시킨다.

맨발의 카르멜회 '강생수도원'

아빌라의 '강생수도원'은 1478년 아빌라 성벽 안에 설립되었다가 테레사가 태어난 1515년 성벽 밖 바로 앞에 있는 예전 유대인 묘지 장소로 옮겨졌다. 테레사는 20세가 되던 1535년 11월 2일 카르멜 수도회 소속인 이 수도원에 들어갔다. 이곳은 당시 도시에서 가장 활기차고 부유한 수도원이었다. 그런데 사람들이 많이 모여들고 부유해지면서 수도규칙은 느슨해졌고, 수녀들조차 물질적인 풍요에 물들어 가난, 금욕, 고행, 고독과 같은 수도생활 본래의 가치에서 멀어져 있었다. 테레사는 이곳에서 수도생활을 하면서 기도 중에 신비적 황홀경을 경험하고, 카르멜 수도회의 개혁을 꿈꾸었다. 강생수도원에서 테레사는 무려 30년(1535-62, 1571-74)을 수녀로, 수녀원장으로 지내면서 수도원 개혁을 이끌었다.

강생수도원의 종루 앞에 있는 테레사의 상

수도원은 중앙정원을 둘러싸고 2층으로 이루어져 있다. 16세기 말에 테레사가 사용했던 작은 방은 이후 기도처로 사용되다가 1717년 예배당으로 만들어졌다. 현재의 '심장관통체험'(La Transverberación) 예배당은 4개의 중심 아치와 한 개의 반원형 돔으로 이루어져 있다. 예배당 내부는 18세기에 바로크 양식으로 개조되었는데, 제단과 제단화도 바로크 양식이다. 제단화 중앙에는 천사가 든 사랑의 창이 테레사의 심장을 관통하는 모습이 표현되어 있고, 양옆으로는 예수의 테레사와 십자가의 요한 조각상이 서 있다. 테레사가 경험한 환시를 표현한 대표적인 이 작품은 조각가 베르니니(Gian Lorenzo Bernini)의 〈성 테레사의 황홀경〉으로, 이탈리아 로마의 산타 마리아 델라 비토리아 교회당에서 볼 수 있다. 이 작품은 성령의 감동 안에서 천사의 화살이 테레사의 심장을 관통하여 하나님의 뜻과 완전히 일체가 되는 환희를 극적으로 표현하고 있다. 베르니니의 테레사 조각 작품은 아빌라 성벽의 알카사르 문 옆에도 남아 있다.

수도원의 박물관에서는 테레사가 기도하던 방을 비롯해 그녀와 관련된 다양한 것들을 볼 수 있다. 이곳에는 십자가의 요한이 그린 〈십자가 위의 그리스도〉도 보관되어 있다. 또한 수도원 정원에는 테레사가 완숙한 경지

강생수도원 교회의 제단화

베르니니, 〈성 테레사의 황홀경〉(1645-52) 로마의 산타 마리아 델라 비토리아 교회당에 있는 조각 작품이다.

아빌라 성벽 앞 베르니니의 테레사 조각상에 눈이 쌓여 있다.

강생수도원 박물관의 모습

에 이른 1577년에 저술한 『영혼의 성』의 내용이 시각적으로 재현되어 있다. 아빌라의 강생수도원에서는 지금도 테레사의 영성을 흠모하며 이어가기를 원하는 30여 명의 수녀들이 수도생활을 하고 있다.

맨발의 카르멜회 '산호세 수도원'

'산호세 수도원'은 1562년 테레사가 설립한 첫 번째 수도원이다. 가족의 도움을 받아 구입한 대지 위에 세워진 것으로 알려진 이 수도원은 본래 카르멜 개혁파의 엄격성의 원칙과 잘 부합되는 단순하고 소박한 모습이었다고 한다. 현재의 수도원은 1607년 건축가 프란체스코 데 모라(Francisco de Mora, 1553-1610)가 새롭게 세운 것이다. 내부에 있는 묘지 중에는 테레사의 형제와 친척의 묘지도 있다.

아빌라의 산호세 수도원

테레사는 1562-67년 이곳에 머물면서 『자서전』, 『완덕의 길』과 같은 책을 저술하였다. 그녀는 후에 이곳에 묻히기를 원했지만, 1582년 알바 데 토르메스(Alba de Tormes)로 가는 도중에 죽었기에 그 소원을 이루지는 못했다. 사실 처음에는 그녀의 유해가 산호세 수도원으로 옮겨졌으나, 당시 알바의 공작 부부의 입김 때문에 결국 알바 데 토르메스로 돌아갔다. 따라서 테레사의 심장과 팔

산호세 수도원이 테레사가 1562년에 세운 첫 번째 수도원임을 알리는 표지판

을 비롯한 유해는 현재 알바 데 토르메스의 수도원에 보관되어 있다.

산호세 수도원 박물관에는 테레사와 십자가의 성 요한의 편지와 필사본, 테레사가 사용했던 물건들이 전시되어 있으며, 프란체스코 데 수르바란(Francisco de Zubarán)의 〈아시시의 성 프란체스코〉, 알론소 카노(Alonso Cano)의 〈기둥에 묶인 그리스도〉 그림도 보관되어 있다.

아빌라 대성당

스페인 최초의 고딕 건축물 중 하나로 간주되는 아빌라 대성당은 알바르 가르시아(Alvar Garcia de Estrella)가 1091년 건축을 시작했다고 알려져 있다. 하지만 한 세기가 흐른 1172년, 대성당은 알폰소 8세의 명을 받은 프랑스 부르고뉴 출신 석공 장인 지랄 프루셀(Giral Fruchel)에 의해 재건축되었고 이후 17세기에 이르기까지 오랜 기간에 걸쳐 개축과 증축이 이루어졌다. 이러한 이유로 아빌라 대성당에는 시대에 따른 건축사조의 변화가 그대로 반영되어, 사실상 로마네스크 양식과 고딕 양식, 르네상스 양식이 혼재되어 있다.

대성당 정면은 비대칭인데, 왼쪽은 고딕 양식, 오른쪽은 르네상스 양식이다. 내부는 라틴십자가 구조로 중앙 신랑과 양쪽 측랑, 익랑으로 이루어져 있다. 측랑의 폭이 신랑만큼 넓어 마치 3개의 신랑으로 이루어진 것처럼 보인다는 점이 특이하다. 그렇지만 중앙 신랑은 측랑에 비해 높이 솟아오른 천장과 그 아래 커다란 창문들을 갖추고 있다. 천장은 고딕 양식에서 만날 수 있는 늑골궁륭(肋骨穹窿, rib-vault) 형식을 취하고 있다. 흥미롭게도 대성당 후진의 벽이 도시를 둘러싸고 있는 성벽과 맞닿아 있어 대성당이 성벽의 역할을 하고 있다.

아빌라 대성당 전경

아빌라 대성당 내부

아빌라의 주교이자 신학자인 알론소 페르난데스의 묘
바스코 데 라 자르자가 조각했다.

내부로 들어가서 먼저 보게 되는 세례반은 1514-16년 만들어진 것으로 바스코 데 라 자르자(Vasco de la Zarza)의 작품이다. 대성당 안에는 바스코의 또 다른 걸작이 있는데, 15세기 스페인 아빌라의 주교이자 신학자인 알론소 페르난데스(Alonso Fernandez)의 묘를 장식하고 있는 조각품이다. 익랑에는 아빌라의 수호성인 성 세쿤두스(Secundus)와 성 카타리나(Catharina)의 제단이 있다. 이 역시 바스코가 16세기 초반에 만들었으나 완성시키지는 못하였다. 세쿤두스 제단은 이시도로 비욜도(Isidoro Villoldo)에 의해, 카타리나 제단은 루카스 지랄도(Lucas Giraldo)와 후안 로드리게스(Juan Rodríguez)에 의해 마무리되었다. 장대한 찬양대석에는 성전 봉헌, 동방박사의 경배, 무고한 사람들에 대한 학살이 묘사되어 있는데, 동방박사 중 한 명을 흑인으로 묘사하고 있는 점이 흥미롭다. 카타리나 제단을 완성한 지랄도와 로드리게스의 작품이다.

중앙 제단의 거대한 제단화는 페드로 베루게테(Pedro Berruguete)가 15세기 말과 16세기 초에 걸쳐 작업한 것을 이어받아 산토스 크루즈(Santos Cruz)와 후안 데 부르고뉴(Juan de Bourgogne)가 완성한 것이다. 최근 연구에 따르면 아빌라 출신 화가 로렌초(Lorenzo de Ávila)도 이 작업에 참여한 것으로 보인다. 제단화는 3단으로 구성되어 있으며 제일 하단에는 복음서 저자 4명과 최초의 교회박사 4명이 함께 있다. 왼쪽에서 오른쪽으로

찬양대석 앞의 조각품으로 가운데 동방박사 중 한 명이 흑인인 것을 확인할 수 있다.

대성당 제단화

그레고리우스, 히에로니무스, 누가, 요한, 마태, 마가, 암브로시우스, 아우구스티누스가 그려져 있다. 중간 부분과 상단에는 예수 그리스도 생애의 중요한 순간이 그려져 있다. 먼저 중간 부분을 보면 중앙에 예수 변모사건이 있고, 왼쪽부터 수태고지, 그리스도의 탄생, 동방박사의 경배, 성전에 봉헌되심이 표현되어 있다. 마지막으로 제단화 상단을 보면 중앙에 갈보리 십자가 사건이 있고, 왼쪽부터 겟세마네에서의 기도, 채찍에 맞으심, 부활, 회복이 묘사되어 있다. 이 밖에도 대성당 박물관에는 많은 명화와 성물이 보관되어 있다.

맨발의 카르멜 수도회

맨발의 카르멜 수도회(Ordo Carmelitarum Discalceatorum, O. C. D.)는 로마 가톨릭교회의 탁발수도회로, 창설자는 예수의 테레사와 십자가의 요한이다. 이들은 기존 카르멜 수도회가 느슨한 규칙과 부유한 생활로 본래의 정신에서 많이 벗어났다고 판단하여 보다 엄격하고 단순한 삶을 추구하는 개혁을 시도하였다.

카르멜 수도회라는 이름은 이스라엘의 카르멜산에서 유래되었는데, 13세기 성지를 찾은 한 무리가 카르멜산에서 기도하는 단순한 삶을 살겠노라 서약한 것이 출발점이다. 그들은 첫 예배당을 동정녀 마리아에게 헌정하고, 자신들을 '카르멜산의 동정녀 마리아의 형제들'이라고 불렀다. 1206-14년경 교회법 학자이기도 했던 예루살렘의 대주교 알베르트(Albert of Jerusalem)가 카르멜 형제들의 요청에 따라 카르멜회의 수도규칙을 저술함으로써 카르멜회의 탄생을 도왔다. 카르멜회 사람들은 카르멜산과 관련이 있는 선지자 엘리야에게 깊은 영감을 받았다. 따라서 엘리야가 한 고백,

후안 데 라 미세리아, 〈아빌라의 테레사〉(1570) 1576년 테레사가 61세일 때의 초상화로, 실제 그녀의 모습과 가장 비슷한 것으로 추정된다.

아빌라에 있는 십자가의 성 요한 조각상

맨발의 카르멜 수도회의 문장

"내가 만군의 하나님 여호와께 열심이 유별하오니"(왕상 19:10)를 자신들의 좌표로 삼고 있다. 오늘날 카르멜회의 문장에도 이 모토가 새겨져 있다. 이후 성지 이스라엘이 이슬람의 수중에 들어가게 되면서 카르멜회 사람들은 카르멜산을 떠나 유럽에 정착하였다.

14-16세기를 거치면서 카르멜의 수도규칙은 점점 이완되었고, 수도생활의 양상도 13세기 초 카르멜산에서의 모습과는 많이 달라졌다. 바로 이러한 때에 아빌라의 테레사가 카르멜 '강생수도원'에 입문하였다. 테레사는 카르멜회가 13세기에 지녔던 본래의 소명과 원칙으로 돌아가야 한다고 믿었고, 개혁에 앞장서 결국에는 '맨발의 카르멜 수도회'를 창설하기에 이른다. 테레사는 1562년 8월 24일 아빌라에 '산호세 수도원'을 설립하여 마리아에 대한 헌신, 기도의 삶, 철저한 봉쇄와 금욕, 육체노동, 절제와 금식, 형제애적 사랑, 완전한 가난에 기초한 엄격한 수도생활을 추구하였다. 그리고 1568년 11월 28일에는 십자가의 성 요한과 함께 세고비아에서 가까운 두루엘로(Duruelo)에 맨발의 카르멜회 남자 수도원을 세웠다.

맨발의 카르멜회는 1580년 6월 22일 교황 그레고리우스 13세의 교령에 의해 카르멜 수도회와 별개의 독자적인 수도회로 인정받는다. 자신들의 장상을 선출하고 독자적인 헌장도 갖춘 어엿한 독립 수도회가 된 것이다. 수도회의 수녀들은 봉쇄수도원에서 생활하며 관상생활에 전념하고, 수사들은 교구와 교회에서 봉사하며 영성생활에 집중한다. 재속 평신도는 매일의 삶에서 자신의 소명을 따라 살아간다. 카르멜회와 맨발의 카르멜회는 갈색 수도복을 입는다.

카르멜회와 맨발의 카르멜회는 현재 전 세계 126개국에 850여 개의 남녀 수도원을 둔 국제 수도회이다. 1만 2,000여 명의 수녀와 4,000여 명의 수사들이 소속되어 있으며, 카르멜 영성을 세상 한가운데서 실천하며 살아가는 평신도로 구성된 재속회도 있다. 한국에서는 1974년 8월 이탈리아 베네치아 관구의 요아킴 귀조(Joachim Guizzo) 신부가 한국인 회원 3명과 함께 입국하여, 9월 8일 성모탄생 축일에 서울 삼성동에서 첫 공동체 창립 미사를 거행한 것이 한국 카르멜 수도회의 시작이다. 남자 수도원은 서울 종로의 한국관구 본부를 비롯하여 인천, 창원, 나주, 성주 그리고 미국의 로스앤젤레스에 있으며, 여자 수도원은 서울을 비롯하여 대구, 대전, 밀양, 상주, 충주, 경남 고성, 경기도 광주 천진암 그리고 캄보디아 프놈펜에 있다. 인천과 창원에 피정의 집을 운영하고 있으며, 또한 '가르멜영성연구소'라는 출판사를 통해 수도회 역사와 카르멜회의 영성과 관련된 책들을 출판하고 있다. 홈페이지 주소는 www.carmel.kr이다.

예수의 테레사의 생애*

참된 영성은 관상과 행동 모두를 포괄하는 것이어야 한다. 진정한 기도는 실천적 행동과 분리될 수 없다. 이런 관점에서 볼 때 예수의 테레사는 매력적인 인물이다. 테레사는 카르멜 수도회의 개혁가로서 '맨발의 카르멜회'를 창설하였다.(여기서 '맨발'이라는 용어는 문자 그대로 신발을 신지 않았다는 뜻이다.

* 이하의 내용은 박경수, 『인물로 보는 종교개혁사』(서울: 장로회신학대학교 출판부, 2019), 349-67에 실린 "아빌라의 테레사의 통전적 영성"의 내용을 발췌한 것이다.

다른 개혁그룹과 마찬가지로 테레사의 수녀들과 수사들은 가난한 그리스도와의 동일시의 표시로 맨발로 다니거나 샌들을 신는 금욕적 관습을 채택하였다. 당시 좋은 신발은 사치로 여겨졌기 때문이다—필자 주) 동시에 그녀는 영성가로서 소위 '영적 결혼'을 경험하고, 이것을 기도생활의 다양한 단계로 풀어 학문적으로 설명하였다. 테레사는 신비적 관상과 예언적 행동이 함께할 수 있음을 보여줌으로써 바람직한 영성이 어떤 모습인지를 제시하였다.

테레사는 1515년 3월 28일 스페인의 카스티야와 레온 지역에 속한 아빌라에서 아버지 알론소(Alonso de Cepeda)와 그의 둘째 부인인 베아트리체(Beatríz de Ahumada) 사이에서 9남매 중 셋째로 태어났다. 테레사에게는 아버지의 첫째 부인에게서 태어난 3명의 이복 형제자매가 있었다. 따라서 그녀는 12남매 가운데 다섯째였다.

1535년 테레사는 20세의 나이로 아빌라에 있는 '카르멜 강생수도원'에 수녀로 입문하였다. 수도원에서 생활하면서 테레사는 기도생활의 기쁨에 눈을 뜬다. 1539년 그녀는 심각한 병으로 인해 3년 동안 극심한 고통과 죽음 직전까지 가는 경험을 하고, 그러다가 1555년경 강렬한 회심의 체험을 한다. 테레사는 고난받는 그리스도의 상(像) 앞에 섰을 때 그리고 아우구스티누스의 『고백록』을 읽으면서 결정적인 전환을 경험했다고 고백한다. 이때부터 죽을 때까지 그녀는 기도생활에 몰두하며 그 깊이를 더해간다. 그러나 테레사는 수도원 안에서 자신이 기도생활에 전념하기 어렵다는 것을 깨달았다. 그녀는 당시의 카르멜 수도원이 본래의 규율에서 벗어나 너무 세속화되었기 때문에 수도원의 변화가 반드시 필요하다고 생각하며 개혁을 시도하였다. 강력한 반대와 수많은 장애에도 불구하고 테레사는 1562년 가난, 평등, 초연, 봉쇄, 자율의 원칙하에 '산호세 수도원'을 새롭게 창설하였다.

생애 마지막 20년(1562-82) 동안 그녀는 여성들을 위한 15개의 수도원, 남성들을 위한 2개의 수도원 등 총 17개의 새로운 수도원을 스페인 땅에 세웠다. 그녀는 참으로 열정적인 수도원 개혁가였으며 『자서전』, 『완덕의 길』, 『수도원의 설립』, 『영혼의 성』 등 네 권의 책과 시, 묵상, 권면을 비롯한 많은 소품 그리고 440여 통에 이르는 편지를 쓴 탁월한 작가였다. 1582년 10월 4일 테레사는 '아가서의 구절들을 암송하면서 그리고 자신이 교회의 딸로 살아온 것에 대해 하나님께 감사하면서' 숨을 거둔다.

테레사는 로마가톨릭교회에 의해 1614년 4월 24일 복자로, 1622년 3월 12일에는 성인으로 추대되었다. 그리고 1970년 9월 27일 교황 바오로 6세에 의해 여성으로서는 역사상 처음으로 로마교회 최고의 영예인 '교회박사'로 승인되었다. 교회박사란 성인들 가운데서 로마교회의 신학적 기초를 형성하는 데 결정적 공헌을 한 사람들에게만 수여하는 최고의 칭호이다.(지금까지 남성은 32명, 여성은 4명이 교회박사로 승인되었다. 여성의 경우 아빌라의 테레사를 시작으로, 시에나의 카타리나는 1970년 10월 4일, 리지외의 테레즈는 1997년 10월 19일, 빙엔의 힐데가르트는 2012년 10월 7일에 각각 교회박사로 선포되었다—필자주) 테레사는 16세기 이후로 줄곧 교회의 좋은 교사로 인정받았지만, 1970년에 이르러서야 기도에 대한 그녀의 가르침이 로마교회의 영성과 신학에 결정적 영향을 미쳤음을 공인받게 된 것이다.

수도원 개혁가 예수의 테레사

테레사의 영성은 그녀의 독특한 배경과 분리하여 이해될 수 없다. 테레사의 할아버지와 아버지는 유대인으로서 로마가톨릭 교인으로 돌아선 '개종인'(converso)이었다. 또한 테레사는 '여성'이고, 카르멜 수도회의 '수녀'였다. 그녀는 프로테스탄트 종교개혁과 로마가톨릭의 종교재판이 교차하는

16세기 스페인의 아빌라에 살았다. 당시 스페인에서 개종인, 여성, 수녀로 살아간 불리한 환경을 고려하면서 신비가, 개혁가, 학자로서 그녀가 이룬 성과를 평가할 때에라야 우리는 그것이 얼마나 대단한지 이해할 수 있을 것이다.

테레사의 카르멜 수도회 개혁은 수도원 본래의 정신을 회복하고자 하는 운동이었다. 현대 연구자들에 따르면 처음 카르멜 수도회는 이스라엘의 카르멜산 언덕에 모여 살아가는 은수자들의 작은 공동체였다. 예루살렘의 대주교이자 교회법 학자이던 알베르트는 1206-14년경 카르멜회의 부탁으로 수도규칙을 작성하였다. 수도회 규칙은 복종, 침묵, 고독, 가난, 공유, 공동체의 덕을 강조하는 내용이었다. 이와 같은 규칙은 이후 모든 카르멜 수도회의 기본적 교본이 되었을 뿐만 아니라 수도회 내 모든 갱신 운동의 기준이 되었다.

그러나 16세기 아빌라의 카르멜 수도원은 원래의 정신을 잃어버린다. 카르멜 수도원들은 수도회의 규칙이 정하고 있는 이상을 실천하기에 너무 많은 인원이 모여 있었다. 테레사가 속한 '강생수도원'에도 무려 180명이 넘는 수도자들이 있었다. 이로 인해 음식의 부족, 계층의 차별과 같은 문제점들이 나타났고 심지어 사람들이 서로 부딪혀 수도원 안에서 다니기가 불편할 정도였다. 또한 심각한 재정난을 해결하기 위해 수도원은 부자들의 헌금에 의존할 수밖에 없었다. 귀족들은 수도원에 충분한 헌금을 제공하고, 수도원은 기부자들과 그들 가족의 영혼을 위해 구송기도를 제공하였다. 따라서 수도원은 기부자의 영향력에서 벗어나 공동체의 자율성을 유지할 수가 없었다. 사회 계층 제도가 수도원 안에도 반영된 것이다. 가난한 자매들은 기숙사에서 잠을 자고 먹을 음식도 부족했지만, 부유한 자매들은 안락한 침실에서 지내면서 개인 하녀까지 두었다. 이런 상황에서 테레사는 카르멜 수도회의 규칙이 표방하던 본래의 정신을 지키는 새로운 공동체를 설립하고자 하는 생각을 갖게 되었다.

테레사는 서로를 친밀히 알 수 있도록 처음에는 13명이 넘지 않는 작은 공동체를 지향하였다. 그녀가 세운 새로운 수도원은 가난, 초연, 평등, 자율의 원칙에 기초하여 설립되었다. 테레사는 무엇보다도 엄격한 가난의 원칙을 더욱 강조하고, 그래서 부자들이 제공하는 기부금을 거절하였다. 그녀는 가난한 삶을 통하여 '헌금을 확보하기 위해 기부자들을 만족시켜야 한다는 부담으로부터 수도원을 자유롭게 만들기를' 원했다. 또한 수도생활을 위해서는 세속 사회로부터 거리를 유지해야 한다고 주장하였다. 이것을 '초연'이라고 부른다. 더욱이 테레사는 그녀의 공동체가 사회적 계급과 계층에 근거한 모든 차별을 철폐하고 평등의 원칙 위에 세워지기를 원했다. 테레사의 수도원에서 모든 수녀는 '자매'라는 호칭만 사용하였으며, 수도원 원장의 경우에는 '어머니'라고 불렀다. 테레사는 그녀의 자매들에게 "우리 모두는 평등해야 합니다."라고 말했다고 한다. 이렇게 함으로써 그녀는 모든 사회 계층의 차별로부터 해방된 자율적 공동체를 추구하였다.

수많은 어려움에 직면했음에도 불구하고 그녀는 개혁적인 새로운 수도원들을 스페인 곳곳에 설립하였다. 우리는 테레사의 가르침뿐만 아니라, 반대에 직면했을 때 그녀가 보여준 용기와 견고함으로부터도 많은 것을 배우게 된다. 테레사는 자신의 책 『수도원의 설립』에서 1573년부터 1582년까지 새로운 수도원을 설립해나간 이야기를 기술하였다. 이 책에서 테레사는 '독자들을 매일의 삶의 실제적 문제들로 이끌며, 성속(聖俗)의 영역과 물질을 결합시키고, 관상의 삶과 행동의 삶을 결합시킨다.' 테레사의 새로운 수도원 개혁운동은 개인적이며 내적인 기도를 가난한 사람들과 공동체를 위한 활동적 섬김과 결합시켰다.

기도의 스승 예수의 테레사

이러한 테레사의 통전적 영성은 그녀의 저서 안에 그대로 반영되어 있다. 테레사는 『완덕의 길』에서 기도생활의 세 가지 본질적인 주제를 다룬다. 그것은 다름 아닌 사랑, 초연함, 겸손으로 정결, 가난, 복종이라는 수도생활의 서약과 연결된다. "주님께서 우리에게 간절히 명하신 내적이며 외적인 평화를 얻으려면 이 세 가지가 왜 중요한지를 분명하게 이해하는 것이 꼭 필요합니다. 첫 번째는 서로 사랑하는 것입니다. 두 번째는 모든 피조물로부터 초연함을 유지하는 것입니다. 세 번째는 참된 겸손입니다. 내가 비록 겸손을 제일 마지막에 말했지만 겸손은 이 세 가지 중에서 가장 중요하며 나머지 모든 덕을 포함하는 것입니다."[Teresa of Avila, *The Way of Perfection* (New York: Doubleday, 1991), 53.] 참된 겸손, 피조물로부터의 초연, 서로 사랑하는 것이야말로 기도생활의 가장 근본적인 기둥이라고 여겼던 테레사는 이처럼 기도와 사랑의 균형이 잡힌 공동체를 추구하였다.

테레사는 62세가 되던 1577년 그녀의 걸작으로 꼽히는 『영혼의 성』을 썼다. 이 책은 테레사의 기도에 대한 성숙한 사상을 오롯이 담고 있기에 그녀가 남긴 최고의 작품으로 간주된다. 여기에서 테레사는 다음과 같이 말한다. "나의 자매들이여, 이것이 바로 우리가 애써야 하는 것입니다. 우리 모두 우리의 즐거움을 위해서가 아니라 오직 섬길 힘을 얻기 위해서 기도 중에 이 뜻을 두고 열심을 가집시다. …내 말을 믿으십시오. 마르다와 마리아는 꼭 함께 가야 합니다."[Teresa of Avila, *The Interior Castle* (Mahwah: Paulist Press, 1979), 192. 누가복음 10:38-42 참조.] 테레사는 카르멜 수도회의 원래 정신으로 돌아가 신비적 경험과 이웃 사랑을 결합시킨다. 마리아의 믿음과 마르다의 봉사를 연합하는 통전적 영성을 추구하며 기도가 삶과 분리되어서는 안 된다고 말한다.(Teresa of Avila, *The Interior Castle*, 70.) 결국 많이 기도하는 것은 많이 사랑하는 것이다.

테레사의 균형 잡힌 생애는 성서에 나타난 예수의 가르침을 기억나게 한다. 복음서에서 예수의 세 제자, 베드로, 야고보, 요한은 변화산에서 예수의 신비한 변모를 목격한다. 그들은 신비한 경험을 하고서 계속 그 산에 머물기를 원했으나, 예수는 산을 내려갔고 그 즉시 간질병 걸린 아이를 고쳐주신다. [공관복음서의 저자인 마태, 마가, 누가는 모두 변화산 사건(마 17:1-13, 막 9:2-13, 눅 9:28-36)과 간질병을 앓는 아이를 고치는 이야기(마 17:14-20, 막 9:14-29, 눅 9:37-43)를 결합시킨다—필자 주] 이 이야기는 변화산의 신비적 경험이 이 세상 안에서의 삶으로 표현되어야 함을 보여준다. 성서는 우리에게 골방에서 은밀히 기도하고, 시장에서 하나님의 은혜를 나누라고 가르친다. 이런 점에서 아빌라의 테레사는 참으로 '예수의 테레사'로 불릴 만하다.

영적 헌신 없는 사회적 헌신은 없다. 동시에 영적인 전념은 공동체 안에서 사랑의 행동으로 표현되어야 한다. 테레사는 신비주의자이자 개혁가로서 기도와 행동을 결합시킨 통전적 영성의 본보기이다. 관상과 행동, 믿음과 실천, 기도와 사랑의 균형을 강조한 그녀의 삶은 '고독과 연대'(solitude and solidarity)라는 두 단어로 요약될 수 있을 것이다. 테레사의 영향력은 세대를 이어 모든 그리스도인에게 통찰을 준다.

'길'을 찾기 위한 영적 순례

이냐시오 순례길

수도원에 관심을 가진 독자라면 아마도 '산티아고 순례길'(Camino de Santiago)에 익숙할 것이다. 이곳은 순례 여정의 종착지인 산티아고 데 콤포스텔라라는 스페인 갈리시아 지방의 작은 도시로, 사도 야고보의 유해를 보관하고 있다고 알려진 9세기부터 오늘에 이르기까지 예루살렘, 로마와 더불어 순례자들의 많은 사랑을 받고 있다. 지금도 해마다 수십만 명의 순례자들이 수백 킬로미터에 이르는 산티아고 순례길을 걷고 있다.

그런데 최근 스페인에 걷기 열풍을 불러일으킨 또 다른 순례길이 있다. 다름 아닌 '이냐시오 순례길'(Camino Ignaciano)이다. 예수회의 설립자인 이냐시오가 1522년 전쟁에서 입은 부상을 떨쳐내고 로욜라에서 몬세라트 수도원과 만레사 동굴까지 걸어간 약 700km의 길인데, 사람들은 이 길을 따라 걸으면서 그의 삶과 신앙과 영성을 기억하고 자신을 성찰한다. 이냐시오가 태어난 로욜라가 속한 바스크 지역에서 시작하는 이 순례길은 라리오하, 나바라, 아라곤, 카탈루냐까지 총 다섯 지역에 걸쳐 있으며, 전부 27개의 구간으로 나누어져 있다. 종착점인 만레사 동굴은 이냐시오가 강

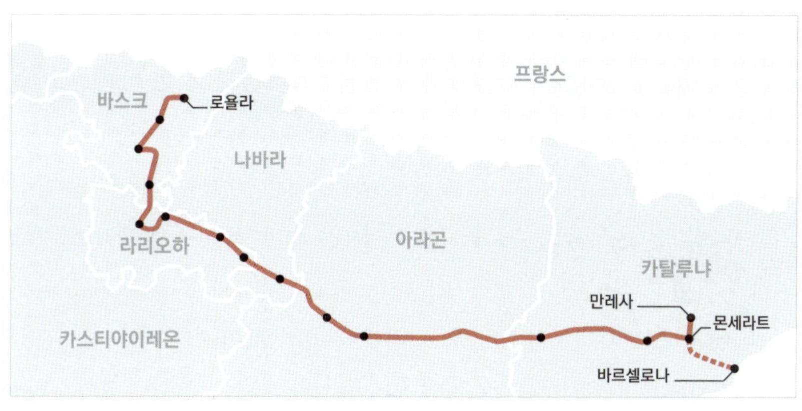

이냐시오 순례길에 대한 자세한 정보는 홈페이지(https://caminoignaciano.org/en/the-ignatian-way)를 참고하라.

력한 영적 각성을 경험한 장소이다. 이곳에서의 영적 경험은 후일 그의 책 『영신수련』의 근간이 되었다. 필자는 2018년 여름 이냐시오의 순례길을 따라 그가 머물렀던 장소들을 찾아가면서 스스로를 돌아보는 기회를 가졌다.

로욜라의 이냐시오와 예수회

로욜라의 이냐시오(Ignatius de Loyola, 1491-1556)는 스페인 북부의 로욜라 성에서 벨트랑 로욜라와 마리아 발다 사이에서 태어났다. 그는 교회의 관습에 따라 세례를 받고 이니고(Íñigo)라는 세례명을 얻었다. 그러나 후에 안티오케이아의 주교이던 성 이냐시오에 대한 신심 때문에 자신의 이름을 바꾼 것으로 짐작된다. 이냐시오는 아버지와 친분이 두터운 궁정의 유력인사 후안 벨라스케스에게 보내져서 청소년 시절 대부분을 보낸다. 1518년 벨라스케스가 죽자 이냐시오는 나바라의 총독이자 나헤라의 공작인 안토니오 만리케의 기사로 투신했다가 1521년 5월 20일 프랑스와의 전쟁 중에 팜플로나에서 중상을 입고 만다. 그는 부상으로 인한 극심한 고통 가운데 생사의 고비를 넘기면서 『그리스도 전기』와 『성인열전』과 같은 책을 읽고 회심을 경험한다.

건강을 회복하자마자 이냐시오는 로욜라를 떠나 중세부터 영적인 중심지로 여겨지던 몬세라트 수도원으로 향한다. 긴 여정 끝에 몬세라트 수도원에 도착한 그는 성모상 앞에 엎드려 무력을 상징하는 검을 버리고 자신의 죄를 자백하며 신앙의 사람으로 거듭난다. 이제까지는 세속의 기사였으나 이후로는 영적인 기사가 되겠다고 결심하면서 입고 있던 기사 복장을 벗어버리고 올이 거친 베옷으로 갈아입었다고 한다. 그 후 다시 길을 떠나 만레사 동굴에 이른다. 그는 이곳에서의 고행과 이후 성지순례를 통해 다시 한번 깊은 영적 경험을 하게 된다. 성지에서 돌아온 후 이냐시오는 그가 표현한 대로 "영혼들을 돕기 위해" 체계적인 공부를 해야겠다고 결심하였다. 그리하여 1524년부터 1534년 석사 학위를 받기까지 오랜 시간에 걸쳐 바르셀로나, 알칼라, 살라망카, 파리에서 인문학과 신학 연구에 몰두하였다.

↑ 기사 시절의 이냐시오
↓ 예수회 총장 시절의 이냐시오

1534년 8월 15일 이냐시오는 6명의 친구들(피에르 파브르, 프란체스코 하비에르, 디에고 라이네스, 알폰소 살메론, 니콜라스 보바디야, 시몬 로드리게스)과 함께 몽마르트 성당에서 가난과 정결에 힘쓰고 영혼구제를 위해 일생을 바치기로 서약한다. 이것이 예수회의 기원이다. 1537년 6월 24일 사제로 서품을 받은 이냐시오와 동료들은 스스로를 '예수의 친구'로 자칭하였는데, 이는 후일 그대로 예수회의 명칭이 된다. 1539년 예수회라는 새로운 수도회의 회헌 초안을 작성해 교황에게 승인을 요청하여, 1540년 마

루벤스, 〈로욜라의 이냐시오〉(1620-22) 그가 손을 얹은 책에 "하나님의 더 큰 영광을 위하여"라는 예수회의 모토가 쓰여 있다.

침내 교황 바오로 3세로부터 공식 인가를 받게 된다. 이냐시오는 1541년 예수회의 총장으로 선출되어 1556년 죽기까지 그 직책을 수행하였다. 그는 1522년부터 틈틈이 쓰기 시작한 『영신수련』을 기초로 많은 사람의 영적 훈련을 지도하였는데, 그의 영성 수련법은 지금도 여전히 많은 사람에게 영향을 미치고 있다.

예수회의 활동은 매우 다양했지만 기본적으로 선교와 교육에 집중되었다. 강력한 선교 노력을 통해 여러 대륙에서 상당한 결실을 얻었으며 브라질·인도·일본 등에까지 선교사를 파송하였다. 또한 대학을 비롯한 여러 교육기관을 설립하여 사람들을 교육시키는 데 힘을 쏟았다. 1551년에서 1650년 사이 신성로마제국 내에 예수회가 설립한 학교가 무려 150개가 넘을 정도였다. 이냐시오는 이렇게 교육과 선교에 집중해 내실을 다지며 로마가톨릭교회를 든든히 세움으로써 16세기 종교개혁의 거센 바람에 맞서고자 하였다. 종교개혁에 대한 대책 회의 성격이 짙은 로마가톨릭교회의 트리엔트 공의회에도 대표를 파견하여 쇄신책 마련에 힘을 보탰다. 덧붙여 그는 교황권에 대한 맹종에 가까운 절대적 순명을 강조하였는데, 이는 당시 프로테스탄트 종교개혁으로 인해 약화되고 있던 로마 교황의 권위를 지키고자 함이었다. 예수회는 16세기 종교개혁에 맞서 로마가톨릭교회를 옹호하는 전위부대 역할을 했다고 할 수 있다. 예수회의 모토처럼 "하나님의 더 큰 영광을 위하여" 살기 원했던 이냐시오는 1609년 교황 바오로 5세에 의해 복자로 선포되었으며, 1622년에는 그레고리우스 15세에 의해 동료인 프란체스코 하비에르와 더불어 로마교회의 성인으로 추대되었다.

← **예수회의 문장** "IHS"는 예수(IHΣOYΣ)를 뜻하는 그리스어의 처음 세 문자이다. 이것은 '예수 인류의 구원자'(Iesus Hominum Salvator)로 해석되기도 한다.

→ **최초의 예수회 출신 교황 프란체스코의 문장** 방패의 중앙에 예수회의 상징 "IHS"가 있고, 왼쪽 아래의 별은 성모 마리아, 오른쪽 아래의 나르드 꽃은 요셉을 상징한다. 방패 뒤에는 교황이 천국열쇠를 가진 베드로의 후계자임을 나타내는 2개의 열쇠, 교황의 삼중 직무인 통치·성품·교도권을 상징하는 '교황관'(Tiara)이 보인다. 제일 아래에는 마태를 부르시는 장면에서 가져온 "자비로이 부르시니"(miserando atque eligendo)라는 프란체스코 교황의 좌우명이 있다.

로욜라 성소, 이냐시오가 태어난 곳

이냐시오는 1491년 10월 23일 스페인 바스크 지역의 소도시 아즈페이티아(Azpeitia)의 로욜라 성에서 태어났다. 그가 태어난 집은 1521년 팜플로나 전투에서 중상을 입고 돌아온 이냐시오가 회심한 장소이기도 하다. 다시 말해 로욜라 성은 그의 육적인 출생지인 동시에 영적인 출생지인 셈이다. 바로 이 터에 로욜라의 이냐시오 성소가 세워졌다. 이냐시오가 죽기 전부터 최초의 예수회원들은 그가 태어나고 회심한 이 장소에 큰 의미를 부여하였으며, 1551년 프란체스코 보르자(Francisco de Borja)에 의해 이냐시오의 고향집 예배당에서 첫 번째 미사가 봉헌되었다. 이냐시오가 1556년 7월 31일 숨을 거두고, 1622년 3월 12일 성인으로 축성된 이후 예수회는 창설자의 출생지를 보존하는 일에 적극 나섰다.

첫 교회당 건립은 베르니니(Giovanni Lorenzo Bernini)의 제자인 이탈리아 건축가 카를로 마리아 폰타나(Carlo Maria Fontana)가 책임을 맡았지만, 오늘날 우리가 보는 교회 건물은 지역 건축가들(Antonio Larraza, Martin de Zaldua, Sebastian de Lecuona, Ignacio de Ibero)이 완성한 것이다. 높이가 65m에 달하는 교회당은 길이 150m의 전면과 조화를 이루고 있다. 1689년 3월 28일 주춧돌을 놓았고, 50여 년이 지난 1738년 7월 31일 이냐시오의 축일에 축성되었다. 이자레이츠(Izarraitz)산에서 채석한 석회암 석재로 600여 명의 석공이 만든 건축물이다.

교회당의 돔은 직경 20m, 높이 50m로, 돔의 바닥에는 믿음, 소망, 헌신, 사랑, 지혜, 정의, 용기, 절제의 덕이 표현되어 있고, 돔의 위쪽에는 건물의 비용을 부담한 합스부르크가와 부르봉가의 문장이 새겨져 있다. 중앙 제단은 이냐시오 데 이베로(Ignacio de Ibero)가 상감 대리석으로 장식한 바로크 양식으로 설계되었다. 제단 위쪽에 있는 은으로 만든 성 이냐시오의 동상은 1758년 카라카스 왕립 기푸즈코안 사(社)가 만든 것이다. 교회당의 측면에는 프란시스 보르자, 프란체스코 하비에르, 예수의 거룩한 심장, 우리의 보호자 동정녀 마리아, 페드로 클라베르, 알폰소 로드리게스에게 헌정된 제단들이 있다. 오르간은 1889년 프랑스 오르간 건축가 카바이에 콜(Cavaillé-Coll)이 설치한 것으로 3개의 건반과 2,172개의 파이프로 이루어져 있으며, 지금도 각종 예전과 콘서트에 사용되고 있다.

로욜라 성소의 교회당

교회당 돔의 천장

교회당의 중앙 제단

하비에르 제단

예수의 성심 제단

로욜라 성소의 핵심은 이냐시오가 태어난 집이다. 출입문 옆에는 팜플로나 전투에서 부상을 입은 이냐시오가 들것에 실려 고향에 도착하는 모습을 표현한 청동 조각품이 있다.

집은 아래는 돌, 위는 벽돌로 이루어진 4층 건물이다. 1층은 창고와 지하 저장고로 사용되었을 것이다. 2층은 일상의 생활공간으로 여러 개의 방과 부엌이 있고, 3층은 침실, 기도실, 식당, 거실이 있다. 이곳 침실에서 1491년 13남매의 막내아들 이냐시오가 태어났다.

기도실 옆의 식당과 거실은 가족의 중심 생활공간이었으며, 손님을 맞이하는 장소였다. 그가 부상을 당한 후 요양하면서 『그리스도 전기』와 『성인열전』을 읽고 예수의 발자취를 따라 예루살렘에 가고 싶다는 강력한 열망을 가진 것도 이곳에서였다. 4층은 이냐시오의 회심기념 예배당이다.

1991년 이냐시오 탄생 500주

↑ **교회당 뒤쪽 문과 오르간**

→ **이냐시오가 부상당한 모습을 표현한 청동 조각**

↓ **이냐시오가 태어난 장소** 로욜라 성소와 이냐시오 출생지에 대해서는 홈페이지(https://loyola.global/en)를 참조하라.

년, 2006년 이냐시오 서거 450주년 등 중요한 시기마다 로욜라 교회에서 이냐시오를 기억하는 예전이 진행되었다. 로욜라에는 1972년 설립되어 이냐시오 영성 형성에 중심 역할을 하는 피정의 집이 있으며, 1990년부터 방문객을 위한 유스호스텔도 운영하고 있다. 도서관에는 16세기 이후 출판된 도서와 희귀본 등 15만여 권이 소장되어 있다. 이곳은 이냐시오 순례길의 출발지이기도 하다.

몬세라트 수도원, 이냐시오가 영적 기사로 거듭난 현장

필자는 2018년 6월 21일 바르셀로나에서 당일로 몬세라트 수도원과 만레사 동굴을 다녀왔다. 몬세라트 수도원을 가려면 가급적 아침 일찍 출발하

톱니 모양을 한 몬세라트 산의 위용

는 것이 좋다. 바르셀로나에서 기차를 타고 몬세라트역(Montserrat-Monistrol)에 도착하면 다시 산악열차를 타고 수도원이 있는 곳으로 올라가야 하기 때문이다. 그리고 또 다시 강철 케이블로 만든 푸니쿨라(Funicular)를 타고 수도원 위쪽에 있는 산으로 올라가야 한다. 새벽같이 출발했기에 산 위에서 아침 산책 겸 트래킹을 즐길 수 있었다. 몬세라트는 수도원으로도 유명하지만, 산 자체로도 명산이라 트래킹을 위해 찾아오는 사람이 많다. 여유롭게 몬세라트 산을 누린 다음 12시에 있는 '몬세라트 수도원 어린이합창단'(Escolania de Montserrat)의 찬양을 듣기 위해 수도원으로 내려갔다.

몬세라트산 중턱에 위치한 거룩한 동굴 예배당이 산과 일체가 된 듯 보인다.

몬세라트라는 말은 카탈루냐어로 '톱니 모양의 산'(Mons+serrtus)이란 뜻이다. 전승에 따르면 880년경 산의 동굴에서 동정녀 마리아의 상(像)이 발견되었다고 한다. 해발 600m 고지에 있는 '거룩한 동굴'(Santa Cova) 예배당은 지금도 수많은 순례자가 찾는 몬세라트 수도원의 원천이다.

몬세라트 수도원은 1025년 스페인 카탈루냐 지역 리폴의 수도원장이자 비크의 주교인 올리바(Oliba)가 건립하였다. 그리고 천년의 세월 동안 수많은 변화를 겪으면서 지금까지 자리를 지키고 있다. 13세기부터 기적을 일

으키는 마리아상으로 인해 순례자가 줄을 이었으며, 오늘날 세계적 명성을 떨치고 있는 몬세라트 수도원 어린이합창단이 14세기부터 있었다는 문헌 자료가 있다. 만일 그렇다면 유럽 최초의 어린이합창단일 것이다. 소년으로만 구성된 이 합창단은 지금도 전 세계를 무대로 공연을 하고 있다. 1476년 수도원은 고딕 양식으로 재건되었고, 1490년에는 인쇄 설비를 갖추고 출판을 시작하였다. 현재의 수도원 교회당은 1592년에 축성된 건물이다. 흥미로운 것은 몬세라트의 은수자이던 베르나트 보일(Bernat Boil)이 콜럼버스의 항해에 참여하였고, 그래서 오늘날 서인도제도의 섬 중 하나가 몬세라트라는 이름을 가지게 되었다는 사실이다.

근대에 들어와서는 나폴레옹의 군대에 의해 몬세라트 수도원이 파괴되는 일이 있었다.(1811-12) 그리고 1835년에는 법령에 따라 수도원의 모든 재산이 압류당하고 수도원에는 단 한명의 수도자만 남게 되는 일도 있었다. 1858년에 이르러서야 문타데스(Muntades) 수도원장의 지도하에 몬세

푸니쿨라를 타고 내려오면서 바라본 몬세라트 수도원의 전경

라트 수도원의 재건이 시작되었다. 1880년에는 몬세라트 성지 밀레니엄 기념식을 거행하고, 1881년에는 마리아상의 대관식 행사를 열어 성모 마리아를 카탈루냐 지역의 수호성녀로 선포하였다.

수도원은 20세기 스페인 역사의 비극을 함께 겪었다. 1936-39년 스페인 내전 때에는 수도자 23명이 살해당했고 나머지 수도자들은 모두 수도원을 떠나야 했다. 수도원 교회 지하 묘실에는 이때 순교한 수도원장 안토니 마르세트와 수도자들의 무덤이 있다. 다행히 스페인 카탈루냐 주 자치정부가 몬세라트를 지켜 파괴와 약탈은 면할 수 있었다. 내전이 끝나면서 수도자들은 다시 수도원으로 돌아왔다. 또 수도원은 1970년 프랑코 정권 때 이틀 동안 경찰에게 점령당하는 일도 겪었으며, 1986년에는 산불로, 2000년에는 홍수로 큰 피해를 당하기도 하였다.

1995-96년에 새롭게 개조된 몬세라트 수도원 복합단지 안에는 레스토랑, 미술관, 도서관, 수도원 기록실, 출판사, 미디어 방송국, 순례자를 위한 숙소 등 다양한 시설이 마련되어 있다. 베네딕투스회에 속하는 몬세라트 수도원에는 지금도 하나님과 교통하며 세상을 섬기려는 80여 명의 수도자들이 공동체를 이루어 살아가고 있다.

몬세라트 수도원 교회당

몬세라트 수도원 교회당은 하나의 신랑으로 이루어진 구조인데, 길이 58m, 너비 15m, 높이 23m의 규모이다. 내부 버팀벽 사이에 경당들이 위치해 있고, 2층에는 측면 스탠드와 채광창이 있으며, 천장은 고딕양식의 특징인 갈빗살 형태이다. 20세기 후반(1991-96)에 이루어진 개축 덕분에 외부의 빛이 자연스레 안으로 들어온다. 교회당 안에는 요셉 리모나(Josep

수도원 교회당의 정면

Llimona)가 나무로 만들어 1896년 설치한 에스겔, 예레미야, 이사야, 다니엘 선지자의 조각상이 있다.

제단 중앙 2층에는 '모레네타'(Moreneta, 카탈루냐어로 '작은 검은색 마돈나') 라고 불리는 마리아상이 있다. 12세기 말 나무로 제작된 것으로, 오랜 세월 사람들의 얼굴과 손이 닿으면서 색이 검게 변하였다. 마리아의 오른손은 우주와 피조세계를 상징하는 둥근 구(球)를 들고 있고, 왼손은 무릎 위에 앉은 아기 예수의 어깨를 감싸려는 동작을 하고 있다. 아기 예수는 오른손으로 사람들을 축복하며, 왼손에는 풍요와 영생을 상징하는 파인애플을 들고 있다. 이 기적의 검은 마리아상으로 인해 몬세라트 수도원에는 일찍부터 수많은 순례자의 발길이 이어졌다. 그래서 수도원의 정확한 이름은 '몬세라트의 성모 마리아 수도원'이다. 카탈루냐 사람들은 수호성녀인 몬세라트의 검은 마리아를 매년 4월 27일 축일로 기념하고 있다.

'모레네타'라 불리는 몬세라트의 검은 마리아상

제단 위 2층의 검은 마리아상 앞에서 기도하기 위해 순서를 기다리는 사람들이 보인다.

1522년 이냐시오는 영적인 질문을 잔뜩 품은 순례자 신분으로 몬세라트 수도원을 방문하였다. 그 당시에는 산악열차도, 푸니쿨라도 없었으니 고행의 순례길이었다. 이냐시오는 이곳 마리아상 앞에서 지금까지 세상의 기사로 살려고 하던 모든 헛된 욕망을 내려놓고, 거룩한 마리아의 기사로 살 것을 서약하였다.

만레사 동굴, 이냐시오 영성의 깊이가 더해진 곳

새벽같이 서둘렀지만 몬세라트 산행과 수도원 탐방을 마치고 나니 시간이 늦어 점심도 먹지 못하고 다음 목적지인 만레사로 향했다. 여름에 스페인을 여행한다면 꼭 염두에 두어야 할 것이 '시에스타'(la siesta)라는 독특한 낮잠 문화이다. 라틴어 '여섯 번째 시간'(hora sexta)에서 유래한 말인데, 동틀 때부터 6시간이 지나고 맞이하는 시간이라는 의미이다. 스페인의 시에스타는 오후 1시부터 4시까지이지만 점심시간이 시작되는 12시부터 문을 닫는 관광지가 태반이다. 작은 마을이나 시골일수록 더욱 그렇다. 따라서 여름 스페인 여행은 자신이 방문할 장소의 개관시간과 식당의 영업시간을 미리 확인해야 한다. 물론 여행을 하다 보면 항상 그러기가 어려울 것이다. 이날 필자도 오후 3시가 넘어서야 만레사역에 도착하여 목적지인 만레사 동굴로 걸어가다가 다행히 일찍 문을 연 카페테리아 한 곳을 발견해 샌드위치로 늦은 점심식사를 할 수 있었다. 시에스타 시간에 문을 여는 식당이 거의 없다 보니 그 시간에도 카페 안은 현지인들로 북적거렸다. 얼마간 휴식을 취한 뒤 만레사 동굴의 개관시간인 오후 4시에 맞춰 다시 걸음을 옮겼다.

만레사 동굴은 이냐시오가 1522년 3월부터 1523년 2월까지 11개월 동안 머문 장소이다. 이냐시오는 이곳에서 기도하면서 영적 체험을 하고, 그것을 바탕으로 『영신수련』을 저술하기 시작하였다. 그는 자서전에서 만레사 동굴 앞을 흐르는 카르도네르강에서 강한 성령의 조명을 경험했다고 말한다. 소위 '카르도네르의 조명'이라는 경험이 이냐시오의 영성 형성에 결정적 계기가 되었다. 이곳에서 머문 11개월의 은거는 이후 예수회 창설을 통해 하나님과 이웃과 세상을 섬기는 원동력이 되었다. 따라서 예수회원들에게 "만레사로 가라!"라는 표현은 그들의 역사, 신앙적 소명, 영성의 근원으로 순례하라는 의미로 통한다. 이냐시오 자신도 만레사 시절을 자신의 초대교회라고 여러 차례 언급하였다. 이런 점에서 만레사는 예수회의 요람이다.

만레사 동굴을 방문하면 먼저 동굴 옆에 세워진 교회를 만나게 된다. 핵심은 동굴이고, 교회는 마치 동굴의 현관과 같은 역할을 한다. 교회 정면에 있는 고린도 양식의 기둥 사이 중앙 벽감에 펜과 『영신수련』을 들고 서 있

만레사 동굴 위에 세워진 예배당

← 순례자의 복장을 하고 있는 이냐시오

→ 순례자들이 사용했던 밥그릇

만레사 예배당의 제단과 구조

는 이냐시오 조각상이 보인다. 이냐시오 위쪽에 위치한 달걀 모양의 창에서 사방으로 비치는 햇살 무늬는 하나님의 조명을 상징한다. 18세기 중반에 건축된 교회 내부의 구조는 하나의 신랑에 측면 경당들, 격자 모양의 중앙 제단으로 이루어져 있다. 중앙 제단은 1864년에 조성된 것으로, 제일 위에는 삼위일체, 즉 우주를 상징하는 둥근 물체를 들고 있는 하나님, 십자가를 잡고 있는 예수 그리스도, 비둘기로 상징된 성령이 자리하고 있다. 특이한 것은 성령의 상징인 비둘기가 검다는 점이다. 삼위일체 밑 중앙에 성모 마리아상이 서 있고, 아래쪽 좌우에는 이냐시오와 히메네스가 서 있다. 예배당 측면의 기둥들에는 예수회의 중요 지도자들의 조각상이 있다.

이냐시오의 동굴은 통로를 통해 교회에서 자연스럽게 이어지는데 1906-19년 예수회의 마르티 코로나스(Martí Coronas)가 이 통로를 예술적으로 장식하였다. 통로의 바닥에는 로욜라 가문의 문장, 이냐시오가 팜플로나

↑ 교회에서 이냐시오 동굴로 이어지는 통로. 베네치아 양식의 스테인드글라스에 표현된 두루마리에는 『영신수련』의 구절들이 적혀 있다.

↓ 동굴 입구 위에 두 천사가 들고 있는 『영신수련』을 통해 이곳 만레사 동굴이 이냐시오의 영성이 깊어지고 형성된 요람임을 상징적으로 보여준다.

전투에서 부상당한 사실을 상기시키는 대포, 이냐시오가 예수바라기였음을 상징하는 해바라기 장식이 있다. 통로를 거치면 드디어 이냐시오가 머물던 작은 자연 석굴이 나온다. 동굴 안의 설화석고 제단에 이냐시오가 펜과 책을 들고 있는 참회자의 모습으로 표현되어 있는데 이는 17세기 후반 조안 그라우(Joan Grau)가 만든 것이다. 이냐시오가 이곳 만레사 동굴에서 자신의 경험을 바탕으로 『영신수련』을 저술하기 시작했음을 표현한 것이다. 이냐시오가 기도하던 동굴의 오른쪽 벽 위에는 십자가가 새겨져 있다.

만레사 동굴 안의 제단에 묘사된 참회자 이냐시오

십자가 앞에서 간절한 마음으로 자신의 소명에 어떻게 응답할지 고뇌하는 이냐시오의 모습이 떠오른다.

19세기 말인 1894-96년에는 교회 뒤편으로 예수회 수도원과 영성센터가 건립되었다. 17세기 조안 그라우와 프란체스코 그라우의 작품이다. 바로크 양식의 측면은 3단 구조로 되어 있는데, 상단과 하단은 단순한 반면 중앙 부분은 26명의 찬양하는 천사, 24명의 역사적 인물, 타원형 창들로 장식되어 있다. 만레사 '국제이냐시오영성센터'(International Center for Ignatian Spirituality)는 전 세계에서 찾아온 순례자들이 자신의 소명과 영성을 돌아보고 훈련을 통해 다시금 회복되어 떠나는 영성 재형성의 산실이다. 만레사는 이냐시오가 이곳 동굴에 도착한 지 500주년이 되는 2022년에 다양한 행사를 마련하였다.

알칼라, 살라망카, 파리, 이냐시오의 신학 공부 여정

몬세라트에서의 결단과 만레사에서의 영적 경험 이후 이냐시오는 성지 예루살렘을 순례하려는 열망에 사로잡힌다. 이냐시오는 1523년 3월부터 9월까지 6개월에 걸친 고된 예루살렘 순례를 감행한다. 예루살렘에서 돌아온 뒤 그는 '영혼들을 도우려면 얼마 동안 공부를 해야겠다.'는 결심을 하게 된다. 하지만 그의 신학 여정은 '얼마 동안'이 아니라 1524년 바르셀로나에서 라틴어 공부를 시작하여 1526년 알칼라 대학교, 1527년 살라망카 대학교, 1528년 프랑스 파리의 콜레주 드 몽테규를 거쳐 1534년 상트바르브에서 석사학위를 받기까지 10년 동안 이어진다.

알칼라 데 에나레스(Alcalá de Henares)는 마드리드에서 자동차나 기차로 40분 정도의 가까운 거리에 있다. 『돈키호테』의 작가 세르반테스의 도

히메네스가 1499년 설립한 산 일데폰소 알칼라 대학교. 대학교 채플 안에 히메네스가 잠들어 있다.

Vocabularium hebraicum atq3 chaldaicū totius veteris testamenti cū alijs tractatibus prout infra in prefatione continetur in academia complutensi nouiter impressum.

← 『콤플루툼학파 대역성서』의 표지

→ 2017년 히메네스 서거 500주년, 2018년 초대교회 어린이 순교자인 유스토와 파스토르 유해가 알칼라로 온 지 450주년을 기념하여 만든 히메네스 추기경과 두 어린이 조각상

시로 잘 알려진 알칼라는 로마가톨릭의 개혁운동과도 관련이 깊은 도시이다. 스페인의 추기경이자 정치가이던 히메네스 데 시스네로스(Ximénez de Cisneros)는 로마가톨릭 성직자 교육을 위해 1499년 알칼라 대학교를 설립하였고, 특히 히브리어, 그리스어, 라틴어 등의 여러 언어를 대조하면서 읽을 수 있는 『콤플루툼학파 대역성서』(*Complutensian Polyglot*)를 편찬하였다. 6권으로 이루어진 『콤플루툼학파 대역성서』는 알카라의 라틴어 이름인 '콤플루툼'(Complutum)을 따라 명명된 것이다. 이냐시오는 이곳 알칼라 대학교에서 1년 6개월 정도 신학을 공부하였다.

이냐시오는 1527년 살라망카를 거쳐 1528년 초에 프랑스 파리의 콜레주 드 몽테귀(Collège de Montaigu)에 도착하여 신학 공부를 이어갔다. 이

← 팡테옹 옆에 위치한 콜레주 드 몽테규 외벽 위쪽 오른편에 적혀 있는 이냐시오와 칼뱅의 이름
→ 이냐시오가 석사학위를 받은 콜레주 드 상트바르브

곳은 현재 파리의 수호성인 즈느비에브 기념도서관(Bibliothèque Sainte-Geneviève)으로 바뀌었다. 도서관 벽에는 몽테규와 인연이 있는 인물들의 이름이 기록되어 있는데 위쪽 오른편에 이냐시오와 칼뱅의 이름이 나란히 적혀 있다. 이냐시오는 1529년 10월에 몽테규와 바로 인접해 있는 상트바르브(Collège de Sainte-Barbe)로 학적을 옮겨 공부를 이어갔고, 1534년 석사학위를 취득하였다. 상트바르브는 엄격한 몽테규와 비교하면 학풍이 훨씬 자유로운 곳이었다. 파리는 이냐시오가 신학을 형성하는 데 중요한 도시였을 뿐만 아니라 앞으로 예수회를 함께 이끌어갈 동지들을 만난 의미 있는 장소였다. 1534년 8월 15일 파리 몽마르트의 생피에르 교회당에서 이냐시오를 포함한 7명의 친구들이 의기투합하여 '하나님의 더 큰 영광과 영혼들을 위한 봉사'에 전념하기로 서약하였는데, 이것이 사실상 예수회의 출발이라 할 수 있다. 이냐시오는 1539년 예수회의 규칙인 『회헌』 초안을 작성하였고, 1540년 교황 바오로 3세로부터 정식 승인을 받게 되었다.

몽마르트 생피에르 교회당에서 1534년 8월 15일 이냐시오와 친구들이 신앙적 삶을 서원하였다.

로마의 '예수교회', 예수회의 어머니 교회

이냐시오와 동료들은 예루살렘으로 가서 이교도들에게 복음을 전하고자 했으나 길은 열리지 않았다. 결국 그들은 로마로 가기로 결정하여 1538년 로마에 도착하였다. 이때부터 이냐시오는 죽을 때까지 로마에 머물면서 예수회를 출범시키고 로마가톨릭교회의 수호와 쇄신을 위해 투신하게 된다. 그는 1541년 초대 예수회 총장에 선출되어 1556년 죽기까지 15년 동안 그 직책을 맡아 수행하면서 '수도적 헌신과 세상에의 봉사'라는 예수회의 기본 방향을 설정하였다.

예수회의 어머니 교회인 로마의 '예수교회'의 정식 이름은 '가장 거룩한 이름 예수교회'이다. 예수교회의 건축 구조와 내부의 그림과 조각은 예수회에 속한 교회들의 모범이 되었다. 교회 건축은 이냐시오가 죽은 후 프란체스코 보르자의 제안으로 건축가 자코모 바로치 비뇰라(Giacomo Barozzi da Vignola)가 1568년 6월 26일 본격 시작하였다. 1573년 비뇰라가 죽은 후에는 자코모 델라 포르타(Giacomo della Porta)가 전임자의 설계에 따라 계속 진행하였다. 예수교회는 1584년 11월 25일 축성되었다. 하지만 17세기 후반 예수회는 처음의 간소하고 소박한 내부 장식 대신에 바로크 양식의 화려한 예술 장식으로 로마가톨릭교회와 예수회의 승리를 부각하기로 결정하였고, 이로 인해 지금의 예수교회는 17세기 바로크 양식을 대표하는 건축물이 되었다.

예수교회 정면

교회 정면은 바로크 양식을 건축에 적용한 최초의 파사드로, 1575년 자코모 델라 포르타의 작품이다. 정면은 상부와 하부 두 부분으로 나누어져 있다. 하단부에는 여섯 쌍의 벽기둥이 있고, 벽기둥 사이에 3개의 출입구가 있다. 중앙 출입구 바로 위에는 곡선 형태의 팀파눔이 있고 양옆으로 2개의 메달이 보인다. 왼쪽 메달에는 "SPQR"이라는 약자가 적혀 있는데, '로마의 원로원과 백성'(Senātus Populusque Rōmānus)이라는 의미로 이 교회가 로마의 역사와 전통에 연결되어 있음을 밝힌다. 오른쪽 메달은 예수회 출신으로서 최초로 교황이 된 프란체스코의 문장이다. 팀파눔 위쪽으로는 "IHS"라는 예수회의 상징이 새겨져 있다. 좌우편의 출입구 위에는 벽감 안

'로마의 원로원과 백성'의 머리글자인 "SPQR"

교황 프란체스코의 문장

에 조각상이 있는데, 왼쪽은 이냐시오이고 오른쪽은 하비에르이다. 두 사람의 발밑에 있는 사람 형태의 작은 조각은 이단을 억누르고 무찌르는 예수회의 승리를 상징하기 위한 것이다. 상단부에는 네 쌍의 벽기둥이 있는데, 중앙에는 창문이 있고 양옆에는 벽감이 있지만 안에 조각상은 없다.

교회에는 예배당의 현관에 해당하는 배랑이 없기 때문에 방문객은 곧장 교회의 몸 안으로 들어가게 된다. 교회 내부 구조는 하나의 신랑에 짧은 익랑과 측면 경당으로 이루어져 있다. 따라서 방문객이 교회의 어느 장소에 있든지 중앙 제단이 곧바로 눈에 들어온다. 자코모 델라 포르타가 설계한 최초의 제단은 19세기 개축 과정에서 사라졌고, 현재의 제단은 안토니오 사르티(Antonio Sarti)가 1834-43년에 제작한 것이다. 위쪽에 "IHS"를 둘러싼 광채와 천사들은 리날도 리날디(Rinaldo Rinaldi)가 조각한 것이고, 아래에 할례를 표현하는 제단화는 알레산드로 카팔티(Alessandro Capalti)의 작품이다. 후진 천장의 그림 〈신비로운 어린 양의 영광〉은 1672-85년 사이에 일명 바치치오(Baciccio or Baciccia)로 알려진 조반니 바티스타 가울리(Giovanni Battista Gaulli)의 프레스코화이다. 방문객의 눈을 단번에 사로잡

예수교회의 중앙 제단 왼쪽 아래에 베르니니가 조각한 벨라르미노의 흉상이 보인다.

← **바치치오, 〈신비로운 어린 양의 영광〉(1672-85)** 중앙에 빛을 발하는 어린 양이 있다.

→ **바치치오, 〈예수 이름의 승리〉** 중앙에 예수 이름의 약자이자 예수회의 상징인 "IHS"가 보인다.

돔에 그려진 구약성서의 인물들

는 교회 신랑 천장의 화려한 프레스코화 〈예수 이름의 승리〉 또한 바치치오의 작품이다. 웅장한 돔은 비뇰라의 설계에 따라 델라 포르타가 완성하였다. 돔의 프레스코화 역시 바치치오의 작품으로 구약성서의 인물들을 묘사하고 있다.

예배당의 오른쪽 측면에는 출입구부터 제단 방향으로 성 안드레의 순교, 십자가의 고난, 천사들의 경배를 표현하는 경당이 차례대로 있고, 오른쪽 익랑에 프란체스코 하비에르 경당, 제단 오른쪽에 예수의 거룩한 심장 경당이 있다. 왼쪽 측면에는 출입구에서부터 프란체스코 보르자, 성가족, 거룩한 삼위일체를 표현하는 경당이 차례대로 있고, 왼쪽 익랑에 이냐시오 경당, 제단 왼편에 거리의 성모 경당이 자리 잡고 있다.

왼쪽 익랑에 있는 이냐시오 경당은 안드레아 포조(Andrea Pozzo)가 1695-99년 설계하였다. 제대 아래에 있는 금박의 청동항아리는 알레산드로 알가르디(Alessandro Algardi)가 1637년 제작한 것으로 이냐시오의 유해를 담고 있다. 제대 위에는 이냐시오의 모습이 담긴 제단화가 있다. 매일 오후 5시 30분(계절에 따라 변경될 수 있다.)이 되면 웅장한 음악이 연주되면서 이 제단화가 아래로 내려오고 뒤에 숨겨져 있던 이냐시오 조각상이 드러난다. 이때 환한 조명이 조각품을 비춘다. 마치 드라마틱한 한 편의 쇼를 보는 것 같으니 시간에 맞춰 방문해보기를 권한다.

이냐시오 조각상은 피에르 르 그로스(Pierre Le Gros the Younger)가 1697년 순은으로 만든 작품이다. 이 조각상은 1797년 프랑스의 침입으로 손상을 입었다가 이후 복구되었다. 프랑스 군인이 훼손했다는 설과 함께 교황 피우스 4세가 나폴레옹의 욕심을 만족시키기 위해 일부 은을 녹였다는 이야기도 있다. 현재의 이냐시오상은 아다모 타도리니(Adamo Tadolini)가 만든 복제품이다. 제단화 위에는 거룩한 삼위일체가 표현되어 있으며 삼위일체 하나님과 제단화 사이에 예수 이름의 약어이자 예수회의 상징인 "IHS"가 새겨

이냐시오 경당과 제단화

← 정해진 시간이 되면 제단화가 내려오면서 뒤쪽의 이냐시오 조각상이 드러난다.

→ 이냐시오 조각상이 완전히 드러난 모습

피에르 르 그로스, 〈이단을 타도하는 신앙〉

장 밥티스트 테오동, 〈우상숭배를 깨부수는 신앙의 승리〉

하비에르 경당 하비에르의 순교 장면을 묘사한 제단화와 아래에 그의 오른팔이 담긴 유해함이 있다.

↑ **베르니니의 벨라르미노 흉상**

↓ **'예수회 고백자들의 집' 안에 있는 이냐시오의 방**

져 있다. 제대 아래 양쪽에는 2개의 조각이 있다. 〈이단을 타도하는 신앙〉이라는 왼쪽의 조각은 르 그로스의 작품으로 어린아이가 이단의 책, 아마도 프로테스탄트 종교개혁자들의 것으로 보이는 책을 찢고 있으며, 신앙을 상징하는 여인이 이단 무리를 발로 짓밟아 쫓아내고 있다. 〈우상숭배를 깨부수는 신앙의 승리〉라는 오른쪽의 조각은 장 밥티스트 테오동(Jean-Baptiste Théodon)의 작품으로 신앙의 여신이 우상숭배자들을 몰아내고 있다.

반대편 오른쪽 익랑에는 피에트로 다 코르토나(Pietro da Cortona)가 설계한 프란체스코 하비에르 경당이 있다. 유해함에는 하비에르의 오른팔 일부가 담겨 있다. 하비에르의 다른 유해는 인도 고아의 예수회 교회에 안치되어 있다. 바로크 양식의 제단 위에는 카를로 마라타(Carlo Maratta)가 하비에르의 죽음을 묘사한 사실적인 그림이 있다.

제단의 성소 성직자석에 프로테스탄트 종교개혁에 반대하여 적극적으로 로마가톨릭을 옹호한 예수회원 로베르토 벨라르미노(Roberto Bellarmino, 1542-1621)의 흉상이 있는데 베르니니의 조각 작품이다. 벨라르미노는 가까운 거리에 있는 '성 이냐시오 교회'(Chiesa di Sant'Ignazio)에 잠들어 있다.

예수교회 옆에는 예수회 사제가 되기로 서원하고 공부하는 사람들을 위한 숙소인 '예수회 고백자들의 집'(Professed House of Jesus)이 있다. 그곳에 이냐시오가 생의 마지막 12년 동안 살았던 방이 있다. 예수교회를 간다면 이냐시오의 삶과 죽음이 쌓여 있는 방을 꼭 방문하길 권한다. 여기에 머물고 있는 신학생들은 인근의 '교황청 그레고리우스 대학교'(Pontificia Università Gregoriana, 홈페이지 주소: https://www.unigre.it/en)에서 신학과 철학을 공부하고 있다. 이 학교는 1551년 이냐시오가 설립한 학교이기는 하지만 1584년 그레고리우스 13세가 넓은 부지를 확보하여 학교를 새롭게 시작했기 때문에 학교명에 그레고리우스의 이름이 포함되어 있다.

예수회의 현재

현재 예수회를 이끌고 있는 총장은 남미 베네수엘라 출신의 아르투로 소사 아바스칼(Arturo Sosa Abascal)이다. 그는 2016년 예수회 제31대 총장으로 선출되었으며, 예수회 500년 역사상 최초의 비유럽인 총장이다. 오늘날 전 세계의 예수회원은 110개국에 걸쳐 1만 6,500명이 넘는다. 2013년 제266대 교황이 된 프란체스코도 예수회 출신으로 최초로 교황좌에 올랐다.

한국의 예수회는 한국전쟁 이후인 1955년 예수회 한국지부가 설립된 이후, 1960년 서강대학교가 문을 열었고, 1985년 한국지부가 독립지구로 발전하였으며, 2005년 예수회 한국진출 50주년에 관구로 승격되었다. 2023년 현재 관구장은 2020년에 제4대 관구장으로 임명된 김용수 신부이며, 주교 1명과 사제 141명, 수사와 수련자 23명을 포함하여 전체 회원은 165명이다.

· 예수회 https://www.jesuits.org

· 한국 예수회 https://jesuit.kr

· 도서출판 이냐시오 영성연구소 https://inigopress.kr

그리스도교 최초의 수도원, 안토니오스 수도원

허성준. 『사막에서 길을 묻다: 고대 수도승을 찾아 떠나는 영성여행』. 서울: 생활성서사, 2008.

아타나시우스·안토니우스. 『사막의 안토니우스』. 허성석 옮김. 왜관: 분도출판사, 2015.

파코미우스. 『파코미우스의 생애: 공주수도원의 창시자』. 엄성옥 옮김. 서울: 은성출판사, 2010.

팔라디우스. 『(팔라디우스의) 초대 사막 수도사들의 이야기』. 엄성옥 옮김. 서울: 은성출판사, 2009.

Athanasius, Jerome, Sulpicius Severus and Gregory the Great. *Early Christian Lives*. trans. Carolinne White. London: Penguin Classics, 1998.

자연의 신비와 인간의 역사가 만나다, 카파도키아 수도원

남성현. 『기독교 초기 수도원 운동사: 파코미우스와 바실리우스』. 서울: 엠-애드, 2006.

허성석 엮음. 『수도 영성의 기원』. 서울: 분도출판사, 2015.

파파도풀로스, 스틸리아노스. 『성 대 바실리오스: 카파도키아의 빛나는 별, 온 교회의 위대한 스승』. 박용범 옮김. 서울: 정교회출판사, 2017.

Basilius (Caesariensis). *The Rule of St. Basil in Latin and English: A Revised Critical Edition*. trans. Anna M. Silvas. Minnesota: Liturgical Press Collegeville, 2013.

Demir, Ömer. *Cappadocia: Cradle of History*. Nevşehir: Demir Color Kartpostal ve Turistik Yayın, 1997.

Dursun, A. Halûk and Michael D. Sheridan. *Chora Museum: Official Museum Guide*. Istanbul: Bilkent Kültür Girişimi Publications, 2013.

Gülyaz, Murat E. *Göreme Open Air Museum*. Antalya: Retma Publication Home, 2006.

Rousseau, Philip. *Basil of Caesarea*. Los Angeles: University of California Press, 1998.

공중에 매달린 집, 메테오라 수도원

정미연. 『그리스 수도원 화첩 기행: 이곳은 모든 것이 깊다』. 서울: 성바오로, 2011.
조현. 『그리스 인생 학교: 아토스 산에서 트로이까지 우리를 행복하게 하는 질문』. 서울: 한겨레출판, 2013.

메릴, 크리스토퍼. 『숨은 신을 찾아서: 지상에서 가장 성스러운 땅, 아토스 산으로 가다』. 김원중·김경화 옮김. 서울: 민음사, 2005.
블라코스, 이에로테오스. 『예수기도: 아토스 성산(聖山)의 한 은둔 수도승과 나눈 대화』. 박노양 옮김. 서울: 정교회출판사, 2010.
파이시오스. 『아토스 성산의 수도사들: 성모님의 정원』. 앙겔리키 박 옮김. 서울: 정교회출판사, 2011.

Sofianos, Dimitrios Z. *Meteora: Itinerary*. Holy Monastery of Transfiguration (Great Meteoro), 1991.

베네딕투스 수도회의 요람, 몬테카시노 수도원

그레고리오 대종. 『베네딕도 전기』. 이형우 역주. 왜관: 분도출판사, 1999.
드레허, 로드. 『베네딕트 옵션: 탈기독교 시대를 사는 그리스도인의 선택』. 이종인 옮김. 서울: IVP, 2019.
룩, 마이클. 『(행복한 직장인이 되려면) 베네딕토처럼 일하라: 1,500년 역사의 수도회 창설자가 알려 주는 직장 생활 안내서』. 이창훈 옮김. 서울: 가톨릭출판사, 2019.
매킨타이어, 알래스데어. 『덕의 상실』. 이진우 옮김. 서울: 문예출판사, 1997.
베네딕도. 『수도규칙』. 이형우 역주. 왜관: 분도출판사, 1991.
브룩, 크리스토퍼. 『수도원의 탄생: 유럽을 만든 은둔자들』. 이한우 옮김. 파주: 청년사, 2005.
투랙, 어거스트. 『수도원에 간 CEO: 나는 경영을 수도원에서 배웠다』. 이병무 옮김. 서울: 다반, 2014.

Abbey of Montecassino, ed. *The Abbey of Montecassino*. Montecassino, 2011.

영혼의 울림을 경험하는 곳, 프란체스코 수도원

작은 형제회(프란치스코회) 한국 관구 엮음. 『아씨시 프란치스코와 클라라의 글』. 서울: 프란치스코출판사, 2014.

우리베, 페르난도. 『당신을 위한 성 프란치스코』. 김이정 옮김. 서울: 프란치스코출판사, 2020.
카잔차키스, 니코스. 『성 프란치스코』. 박석일 옮김. 서울: 동서문화사, 2014.

Bellucci, Gualtiero. *Assisi: Heart of the World*. Assisi: Edizioni Porziuncola, 2001.
Bonsanti, Giorgio, Ghigo Roli and Stephen Sartarelli. *The Basilica of St. Francis of Assisi: Glory and Destruction*. New York: H. N. Abrams, 1998.
Lunghi, Elvio. *The Basilica of St Francis at Assisi: The Frescoes by Giotto, Hs Precursors and Followers*. London: Thames & Hudson, 1996.

간절한 기도가 예술로 승화되다, 산마르코 수도원

박성국. "마사초의 성 삼위일체의 도상적 의미." 「미술사학」 제24호 (2005): 85-117.

샤프, 필립. 『교회사전집 5: 중세시대(A.D. 1049-1294) 그레고리우스 7세부터 보니파키우스 8세까지』. 이길상 옮김. 고양: 크리스찬다이제스트, 2004.

Scudieri, Magnolia. *The Frescoes by Angelico at San Marco*. Firenze: Giunti Editore, 2004.
Tarquini, Aldo, Archivio Becocci, Sergio Cipaccioli, P. Tosi, Marco Rabatti and Anna Valeri Moore. *Santa Maria Novella*. Firenze: Becocci Editore, 2000.
Teresa of Avila. *The Way of Perfection*. New York: Doubleday, 1991.
____________. *The Interior Castle*. Mahwah: Paulist Press, 1979.

시토 수도회의 영광, 퐁트네 수도원

루프, 앙드레. 『시토회가 걷는 길: 사랑의 학교』. 수정의 성모 트라피스트 여자 수도원 옮김. 왜관: 분도출판사, 2011.
브룩, 크리스토퍼. 『수도원의 탄생: 유럽을 만든 은둔자들』. 이한우 옮김. 파주: 청년사, 2005.

Bernard of Clairvaux. *Treatise on Consideration*. Dublin: Browne and Nolan, Limited, 1921.
Elder, E. Rozanne and John R. Sommerfeldt, eds. *The Chimaera of His Age: Studies on Bernard of Clairvaux*. Kalamazoo, Michigan: Cistercian Publications, 1980.

Kinder, Terryl N. *Cistercian Europe: Architecture of Contemplation*. Grand Rapids, Michigan: Wm. B. Eerdmans, 2002.
Roux, Julie. *The Cistercians*. MSM, 2005.
Sartiaux, Frédéric. *The Abbey of Fontenay: A Cistercian Masterpiece*. Ouest-France, 2011.

정원 속 수도원의 흥망성쇠, 파운틴스 수도원

Coppack, Glyn. *Fountains Abbey: The Cistercians in Northern England*. Stroud: Amberley Publishing, 2009.
Mauchline, Mary and Lydia Greeves. *Fountains Abbey and Studley Royal*. Swindon, Wilts: Heanor Gate for National Trust, 1988.

하나님과 세상을 열렬히 사랑한 힐데가르트를 만나는 곳, 아이빙엔 수도원

정홍규. 『빙엔의 힐데가르트: 중세의 힐데가르트가 들려주는 신비한 천상의 비전 이야기』. 대구: 푸른평화, 2004.

펠트만, 크리스티안. 『빙엔의 힐데가르트: 수녀요 천재』. 이종한 옮김. 왜관: 분도출판사, 2017.
힐데가르트 폰 빙엔. 『세계와 인간: 하느님의 말씀을 담은 책』. 이나경 옮김. 서울: 올댓컨텐츠, 2011.

Hildegard of Bingen. *The Book of the Rewards of Life: Liber Vitae Meritorum*. trans. Bruce W. Hozeski. New York: Oxford University Press, 1997.
______________. *Hildegard of bingen: Scivias. trans*. Mother Columba Hart and Jane Bishop. ed. Matthew Fox. New York: Paulist Press, 1990.
______________. *Hildegard of Bingen's Book of Divine Works: With Letters and Songs*. Santa Fe, N. M.: Bear & Co., 1987.
Rath, Philippa. *Benedictine Abbey of St. Hildegard: Rüdesheim/Eibingen*. Petersberg: Michael Imhof Verlag; Revised Edition, 2012.
Rath, Philippa and Anita Weiler, eds. *Hildegard von Bingen: Pilgerbuch*. Rüdesheim/Eibingen: Abtei St. Hildegard, 2018.
Rath, Philippa, Kurt Gramer, Abtei Abtei St Hildegard, Werner Lauter and H. G. Kunz.

Hildegard of Bingen: Historical Sites. Regensburg: Schnell & Steiner; 3rd Edition, 2014.

예수의 테레사를 만나다, 아빌라의 수도원

박경수. 『인물로 보는 종교개혁사』. 서울: 장로회신학대학교 출판부, 2019.

Bernardo, G. Elena. *Ávila*. Madrid: Ediciones Aldeasa, 2006.

'길'을 찾기 위한 영적 순례, 이냐시오 순례길

김민회. 『길 위의 이냐시오』. 서울: 예수회후원회, 2019.

박경수. 『박경수 교수의 교회사 클래스: 한 권으로 끝내는 베이직 교회사』. 서울: 대한기독교서회, 2010.

아스트라인. 『(예수회의 창립자) 성 이냐시오』. 박갑성 옮김. 서울: 가톨릭출판사, 2000.

이냐시오. 『이냐시오 로욜라 자서전』. 예수회한국관구 옮김. 서울: 이냐시오영성연구소, 2003.

키흘레, 슈테판. 『(로욜라의) 이냐시오』. 이규성 옮김. 왜관: 분도출판사, 2017.

Iriberri, José Luis and Chris Lowney. *On the Ignatian Way: A Pilgrimage in the Footsteps of Saint Ignatius of Loyola*. San Francisco: Ignatius Press, 2018.

그리스도교 최초의 수도원, 안토니오스 수도원

안토니오스 수도원 입구(출처: Wikimedia Commons)

스테파노 디 조반니 디 콘솔레(Stefano di Giovanni di Console, 1392-1450), 〈성 안토니오스와 테베의 성 파울로스의 만남〉(c.1445, 34.5x47.5cm. 출처: Wikimedia Commons)

디에고 로드리게스 벨라스케스(Diego Rodríguez Velázquez, 1599-1660), 〈성 안토니오스와 최초의 은자 파울로스〉(c.1635, 188x257cm. 프라도 미술관/스페인 마드리드)

마르틴 숀가우어(Martin Schongauer, 1448-91), 〈마귀에게 유혹을 받는 성 안토니오스〉(c.1470-75, 판화. 메트로폴리탄 박물관/미국 뉴욕)

미켈란젤로 부오나로티(Michelangelo Buonarrot, 1475-1564), 〈안토니오스의 유혹〉(1487-89, 채색화. 킴벨 미술관/미국 텍사스)

히에로니무스 보쉬(Hieronymus Bosch, c.1450-1516), 〈안토니오스의 유혹〉(c.1500, 제단화. 국립고대미술박물관/포르투갈 리스본)

니콜라스 드 아그노(Nicolas de Haguenau, 1445-1538)·마티아스 그뤼네발트(Matthias Grünewald, 1470-1528), 〈이젠하임 제단화〉(c.1515. 운터린덴 박물관/프랑스 콜마르)

마티아스 그뤼네발트, 〈십자가에 못 박히신 예수〉(c.1515. 운터린덴 박물관/프랑스 콜마르)

베네딕투스 수도회의 요람, 몬테카시노 수도원

아틸리오 셀바(Attilio Selva, 1888-1970), 〈베네딕투스 임종 장면〉(1952)

피에트로 아니고니(Pietro Annigoni, 1910-1988), 〈베네딕투스의 영광〉(1978)

비냐넬리(F. Vignanelli), 〈베네딕투스와 스콜라스티카 청동상〉(1959)

영혼의 울림을 경험하는 곳, 프란체스코 수도원

조토(Giotto di Bondone)의 제자, 〈프란체스코의 영광〉(c.1320)
조토의 제자, 〈가난, 정결, 순명의 알레고리〉(c.1320)
푸치오 카파나(Puccio Capanna, 14세기 전반기에 활동), 〈그리스도의 십자가형과 성인들〉(c.1330)
조반니 치마부에(Giovanni Cimabue, c.1240-c.1302), 〈옥좌 위에 앉은 성모자와 네 천사 그리고 성프란체스코〉(1278-80, 프레스코화)

간절한 기도가 예술로 승화되다, 산마르코 수도원

프라 안젤리코(Fra Angelico, c.1387-1455), 〈십자가 앞에서 기도하는 성 도미니크〉(c.1442)
프라 안젤리코, 〈침묵을 요청하는 베로나의 성 베드로〉(c.1442)
프라 안젤리코, 〈십자가 앞의 성인들〉(1442)
프라 안젤리코, 〈십자가에서 내림〉(1426-32)
프라 안젤리코, 〈최후의 심판〉(c.1431)
도메니코 기를란다요(Domenico Ghirlandajo, 1449-94), 〈최후의 만찬〉(c.1486, 4x8m)
프라 안젤리코, 〈수태고지〉(1437-46)
프라 안젤리코, 〈조롱당하시는 예수 그리스도, 마리아와 도미니크〉(사진: 로버트 폴리도리)
프라 안젤리코, 〈성모의 대관식〉(사진: 로버트 폴리도리)
프라 안젤리코, 〈무덤에서 부활하신 그리스도, 마리아와 아퀴나스〉(사진: 로버트 폴리도리)
프라 안젤리코, 〈십자가와 마리아, 성 코스마스, 사도 요한, 베로나의 베드로〉(사진: 로버트 폴리도리)
프라 안젤리코, 〈동방박사의 경배〉(사진: 로버트 폴리도리)
산티 디 티토(Santi di Tito, 1536-1603), 〈그리스도에게 자신의 작품을 바치는 성 토마스〉(1593, 제단화)
프라 바르톨로메오(Fra Bartolomeo, 1472-1517), 〈성모자와 성인들〉(1509)
프라 바르톨로메오, 〈지롤라모 사보나롤라〉(c.1498)
페드로 베루게테(Pedro Berruguete, c.1450-1504), 〈성 도미니크와 알비파〉(1493-99, 122x83cm. 프라도 박물관/스페인 마드리드)
토마소 디 조반니(Tommaso di Giovanni, 1401-28), 〈성 삼위일체〉(1425-28, 프레스코화)
안드레아 디 보나이우토(Andrea di Bonaiuto, 1319-77), 〈전투하는 교회와 승리한 교회〉(1365-67, 프레스코화)
안드레아 디 보나이우토, 〈성 토마스 아퀴나스의 승리〉(1365-67)

안드레아 디 보나이우토, 〈고난: 갈보리 가는 길, 십자가에 매달리심, 음부로 내려가심〉(1365-67)
안드레아 디 보나이우토, 〈부활〉(1365-67)

예수의 테레사를 만나다, 아빌라의 수도원

조반니 로렌초 베르니니(Giovanni Lorenzo Bernini, 1598-1680), 〈성 테레사의 황홀경〉(1645-1652)
후안 데 라 미세리아(Juan de la Miseria, 1526-1616), 〈아빌라의 테레사〉(1570. 맨발의 카르멜회 수도원/스페인 세비야)

'길'을 찾기 위한 영적 순례, 이냐시오 순례길

페테르 파울 루벤스(Peter Paul Rubens, 1577-1640), 〈로욜라의 이냐시오〉(1620-22, 유화. 노턴 사이먼 박물관/미국 캘리포니아)
조반니 바티스타 가울리(Giovanni Battista Gaulli, 1639-1709), 〈신비로운 어린 양의 영광〉(1672-85, 프레스코화. 예수교회/이탈리아 로마)
조반니 바티스타 가울리, 〈예수 이름의 승리〉(프레스코 천장화. 예수교회/이탈리아 로마)
피에르 르 그로스(Pierre Le Gros, 1666-1719), 〈이단을 타도하는 신앙〉(조각. 예수교회/이탈리아 로마)
장 밥티스트 테오동(Jean-Baptiste Théodon, 1646-1713), 〈우상숭배를 깨부수는 신앙의 승리〉(조각. 예수교회/이탈리아 로마)

안토니오스 수도원

안토니오스 수도원 입구(Monastery of St. Anthony)

주소: Monastery of St. Anthony, Ras Gharib, Red Sea Governorate 1996702, Egypt

홈페이지: https://egypt.travel/en/attractions/st-anthony-and-st-paul-monasteries

파울로스 수도원(Monastery of St. Paul)

주소: St. Paul Monastery, Ras Gharib, Red Sea Governorate 1996801, Egypt

홈페이지: https://egypt.travel/en/attractions/st-anthony-and-st-paul-monasteries

성 카트린 수도원(St. Catherine's Monastery)

주소: St. Catherine's Monastery, South Sinai Governorate 8730070, Egypt

홈페이지: https://www.sinaimonastery.com

카파도키아 수도원

성 바실리오스 채플(Chapel of St. Basil)

주소: Aziz Basil Şapeli, 50180 Göreme/Nevşehir Merkez/Nevşehir, Türkiye

홈페이지: https://www.goreme.bel.tr/tr/aziz-basil-sapeli

뱀교회(Church of the Snake)

주소: Yılanlı Kilise, Węża, Karaseki, Unnamed Road, 50180 Göreme, Nevşehir Merkez/Nevşehir, Türkiye

홈페이지: https://www.cappadociahistory.com/post/snake-church-y%C4%B1lanl%C4%B1-kilise

허리띠교회(Church of the Buckle)

주소: Tokalı Kilise, Karaseki, Müze Cd. 36/1, 50180 Göreme, Nevşehir Merkez/Nevşehir, Türkiye

홈페이지: https://www.cappadociahistory.com/post/buckle-church-tokali

규뮤쉴레르 수도원(Gumusler Monastery)

주소: Gümüşler Manastırı, Efendibey, 51310 Gümüşler, Niğde Merkez/Niğde, Türkiye

홈페이지: https://nigde.ktb.gov.tr/TR-74360/gumusler-manastiri.html

데린쿠유 지하도시(Derinkuyu Underground City)

주소: Derinkuyu Yeraltı Şehri, Bayramlı, Niğde Cd., 50700 Derinkuyu/Nevşehir, Türkiye

홈페이지: https://muze.gov.tr/muze-detay?DistId=DKY&SectionId=DKY01

카이마클리 지하도시(Kaymakli Underground City)

주소: Kaymaklı Yer Altı Şehri, Cami Kebir Mahallesi yeraltı şehri Belediye Caddesi, 50760 Nevşehir Merkez/Nevşehir, Türkiye

홈페이지: https://muze.gov.tr/muze-detay?DistId=KYY&SectionId=KYY01

성 요르고스(게오르기우스) 교회당(St. George Orthodox Church)

주소: Aya Yorgi, Yavuz Sultan Selim, Dr. Sadık Ahmet Cd. No:44, 34083 Fatih/İstanbul, Türkiye

홈페이지: https://www.yollardan.com/aya-yorgi-kilisesi-bilgileri

파티흐 모스크(거룩한 사도 교회, Fatih Mosque)

주소: Fatih Camii, Ali Kuşçu, Hattat Nafiz Caddesi No:6, 34083 Fatih/İstanbul, Türkiye

홈페이지: http://www.fatih.gov.tr/fatih-camii

페티예 모스크(복되신 하나님의 어머니 교회, Fethiye Mosque)

주소: Fethiye Camii, Balat, 34087 Fatih/İstanbul, Türkiye

홈페이지: https://muze.gen.tr/muze-detay/fethiye

아야 이리니(거룩한 평화, Hagia Irene)

주소: Aya İrini, Cankurtaran, Topkapı Sarayı No:1, 34122 Fatih/İstanbul, Türkiye

홈페이지: https://muze.gen.tr/muze-detay/ayairini

아야 소피아(거룩한 지혜, Hagia Sophia)

주소: Ayasofya Camii, Sultan Ahmet, Ayasofya Meydanı No:1, 34122 Fatih/İstanbul, Türkiye

홈페이지: https://ayasofyacamii.gov.tr

코라 수도원(카리예 모스크, Chora Mosque)

주소: Kariye Camii, Dervişali, Sk. No:18, 34087 Fatih/İstanbul, Türkiye

홈페이지: https://muze.gen.tr/muze-detay/kariye

메테오라 수도원

메테오라 수도원(Meteoron Monasteries)

주소: Μετέωρα, Καλαμπάκα 422 00 Greece

대메테오로 수도원(The Great Meteoron Monastery)

주소: Ιερά Μονή Μεγάλου Μετεώρου, Καλαμπάκα 422 00 Greece

홈페이지: https://www.meteoromonastery.gr/en

성 발라암 수도원(Monastery of Varlaam)

주소: Ιερά Μονή Βαρλαάμ, Μετεώρων, Καλαμπάκα 422 00 Greece

홈페이지: https://meteora.com/meteora-monasteries/varlaam-monastery

거룩한 삼위일체 수도원(Monastery of the Holy Trinity)

주소: Ιερά Μονή Αγίας Τριάδος Μετεώρων, Καλαμπάκα 422 00 Greece

홈페이지: https://meteora.com/meteora-monasteries/holy-trinity-monastery

성 니콜라스 아나파프사스 수도원(Monastery of Saint Nicholas Anapafsas)

주소: Ιερά Μονή Αγίου Νικολάου Αναπαυσά Μετεώρων, Καλαμπάκα 422 00 Greece

홈페이지: https://meteora.com/meteora-monasteries/saint-nicholas-anapafsas-monastery

성 루사노 수도원(Monastery of Saint Rousanou)

주소: Ιερά Μονή Ρουσάνου, Μετεώρων, Καλαμπάκα 422 00 Greece

홈페이지: https://meteora.com/meteora-monasteries/rousanou-nunnery

성 스테판 수도원(Monastery of Saint Stephan)

주소: Ιερά Μονή Αγίου Στεφάνου, Μετεώρων, Καλαμπάκα 422 00 Greece

홈페이지: https://meteora.com/meteora-monasteries/saint-stephen-nunnery

한국정교회 성 니콜라스 대성당

주소: 서울특별시 마포구 마포대로18길 43

전화: 02-362-7005

홈페이지: https://www.orthodoxkorea.org

몬테카시노 수도원

몬테카시노 수도원(Abbey of Montecassino)

주소: Abbazia di Montecassino, Via Montecassino s.n.c. 03043 Cassino (Fr), Italia

홈페이지: http://www.abbaziamontecassino.org/index.php/en

한국 베네딕투스회 왜관 수도원

주소: 경상북도 칠곡군 왜관읍 관문로 61

전화: 054-970-2000

홈페이지: http://www.osb.or.kr

한국 베네딕투스회 요셉수도원

주소: 경기도 남양주시 불암산로 105-75

전화: 031-527-8115

홈페이지: http://benedict.kr

프란체스코 수도원

프란체스코 수도원 교회당(Basilica of Saint Francis of Assisi)

주소: Basilica di San Francesco d'Assisi, Piazza Inferiore di S. Francesco, 2, 06081 Assisi PG, Italia

홈페이지: https://www.sanfrancescoassisi.org/html/ita/index.php

누오바 교회(프란체스코 생가 교회, Chiesa Nuova)

주소: Chiesa Nuova, Piazza Chiesa Nuova, 7, 06081 Assisi PG, Italia

홈페이지: https://www.assisiofm.it/chiesa-nuova-assisi-101-1.html

산 루피노 대성당(Assisi Cathedral)

주소: Cattedrale di San Rufino, Piazza San Rufino, 3, 06081 Assisi PG, Italia

홈페이지: https://www.assisimuseodiocesano.it

산 다미아노 교회(Church of Saint Damian)

주소: San Damiano, Via San Damiano, 85, 06081 Assisi PG, Italia

홈페이지: http://www.assisiofm.it/san-damiano-assisi-104-1.html

천사들의 성모 마리아 대성당(Papal Basilica of Saint Mary of the Angels)

주소: Basilica di Santa Maria degli Angeli, Piazza Porziuncola, 1, 06081 Santa Maria degli Angeli PG, Italia

홈페이지: https://www.porziuncola.org/home_en.html

아시시의 성 클라라(산타 키아라) 바실리카(Basilica of Saint Clare)

주소: Basilica di Santa Chiara, Piazza Santa Chiara, 1, 06081 Assisi PG, Italia

홈페이지: https://www.assisisantachiara.it

산마르코 수도원

산마르코 수도원(산마르코 국립박물관, Museum of Saint Mark)

주소: Museo di San Marco, Piazza San Marco, 3, 50121 Firenze FI, Italia

홈페이지: https://www.florence-museum.com/sanmarco-museum-tickets.php

산마르코 대성당(Basilica of Saint Mark)

주소: Basilica di San Marco, Piazza San Marco, 1, 50121 Firenze FI, Italia

홈페이지: https://www.sanmarcofirenze.it

산타 마리아 노벨라 수도원(Basilica of Santa Maria Novella)

주소: Basilica di Santa Maria Novella, Piazza di Santa Maria Novella, 18, 50123 Firenze, Italia

홈페이지: https://www.smn.it/en

퐁트네 수도원

퐁트네 수도원(Abbey of Fontenay)

주소: Abbaye de Fontenay, 21500 Montbard, France

홈페이지: https://www.abbayedefontenay.com/en

시토 수도원(Abbey of Cîteaux)

주소: Abbaye Notre-Dame de Cîteaux, 21700 Saint-Nicolas-lès-Cîteaux, France

홈페이지: https://www.citeaux-abbaye.org/en

베즐레 수도원(마리 마들렌느 바실리카, Basilica of Saint Mary Magdalene)

주소: Abbaye Sainte-Marie-Madeleine de Vézelay, 89450 Vézelay, France

홈페이지: https://www.basiliquedevezelay.org

파운틴스 수도원

파운틴스 수도원(Fountains Abbey)

주소: Fountains Abbey, Fountains, Ripon, North Yorkshire, HG4 3DY, England

리보 수도원(Rievaulx Abbey)

주소: Rievaulx Abbey, Rievaulx Bank, Rievaulx, Helmsley, North Yorkshire, YO62 5LB, England

홈페이지: https://www.english-heritage.org.uk/visit/places/rievaulx-abbey

휘트비 수도원(Whitby Abbey)

주소: Whitby Abbey, Abbey Lane, Whitby, YO22 4JT, England

홈페이지: https://www.english-heritage.org.uk/visit/places/whitby-abbey

아이빙엔 수도원

아이빙엔 힐데가르트 수도원(Eibingen Abbey)

주소: Abtei St. Hildegard, Klosterweg 1, 65385 Rüdesheim am Rhein, Deutschland

홈페이지: https://www.abtei-st-hildegard.de/english

힐데가르트 순례교회(St. Hildegard pilgrimage church)

주소: Wallfahrtskirche St. Hildegard, Marienthaler Str. 3, 65385 Rüdesheim am Rhein, Deutschland

홈페이지: http://heilig-kreuz-rheingau.de

옛 루페르츠베르크 수도원 지하 유적(힐데가르트 협회)

주소: Rupertsberger Hildegard-Gesellschaft, 16, Am Rupertsberg, 55411 Bingen am Rhein, Deutschland

홈페이지: http://rupertsberger-hildegardgesellschaft.de

힐데가르트 기념교회

주소: Hildegardzentrum Bingerbrück, Gutenbergstraße 2, 55411 Bingen am Rhein, Deutschland

홈페이지: http://rupertsberg.com

로쿠스 채플

주소: Wallfahrtskirche St.-Rochus-Kaelle, Rochusberg 2, 55411 Bingen am Rhein, Deutschland

홈페이지: http://bistummainz.de/pfarrgruppe/bingen

베들레헴 채플

주소: Bethlehemskapelle, Rochusberg, 55411 Bingen am Rhein, Deutschland

홈페이지: https://bistummainz.de/pfarreienverbund/bingen/rochusbruderschaft/rochus-kapelle/dritte-rochuskapelle-im-jahr-1895/der-aussenbereich/Die-Bethlehemskapelle

힐데가르트 포럼

주소: Hildegard-Forum der Kreuzschwestern, Rochusberg 1, 55411 Bingen am Rhein, Deutschland

홈페이지: https://www.hildegard-forum.de/en

Museum am Strom

주소: Museum am Strom, Museumstraße 3, 55411 Bingen am Rhein, Deutschland

홈페이지: https://www.bingen.de/en/culture/museum-am-strom

아빌라의 수도원

테레사 수도원

주소: Carmelitas Descalzos, Plaza la Santa, Nº 2, 05001 Ávila, España

홈페이지: http://www.teresadejesus.com

강생수도원(Monastery of Incarnation)

주소: Monasterio de la Encarnación, P.º la Encarnación, 1, 05005 Ávila, España

홈페이지: https://www.avilaturismo.com/en/monatery-of-la-encarnacion

산호세 수도원(Convent of Saint Joseph)

주소: Convento de San José, Calle las Madres, 2, 05001 Ávila, España

홈페이지: https://www.spain.info/en/places-of-interest/convent-san-jose-avila

아빌라 대성당(Ávila Cathedral)

주소: Catedral de Ávila, Plaza de la Catedral, 8, 05001 Ávila, España

홈페이지: https://catedralavila.es

이냐시오 순례길

이냐시오 순례길(Ignatian Camino, Camino Ignaciano)

홈페이지: https://caminoignaciano.org/en/the-ignatian-way

로욜라 성소(Sanctuary of Loyola)

주소: Loiolako Santutegia, Lugar Barrio Loiola - Núcleo, 16, 20730 Loyola, Gipuzkoa, España

홈페이지: https://loyola.global/en

몬세라트 수도원(Abbey of Montserrat)

주소: Abadia de Montserrat, 08199 Montserrat, Barcelona, España

홈페이지: https://abadiamontserrat.cat/en

만레사 동굴과 예배당(Cave of Saint Ignatius)

주소: Santuari de la Cova de Sant Ignasi, Camí de la Cova, 17, 08241 Manresa, Barcelona, España

홈페이지: http://www.covamanresa.cat/en

알칼라 대학교(University of Alcalá)

주소: Universidad de Alcalá, Plaza de San Diego, s/n, 28801 Alcalá de Henares, Madrid, España

홈페이지: https://www.uah.es/en

콜레주 드 몽테규(즈브비에브 기념도서관, Sainte-Geneviève Library)

주소: Bibliothèque Sainte-Geneviève, 10 Place du Panthéon, 75005 Paris, France

홈페이지: https://www.bsg.univ-paris3.fr/iguana/www.main.cls

콜레주 드 상트바르브(Sainte-Barbe Library)

주소: Bibliothèque Sainte-Barbe, 4 Rue Valette, 75005 Paris, France

홈페이지: https://www.bsb.univ-paris3.fr/accueil-bsb

몽마르트 생피에르 교회당(Church of Saint-Pierre de Montmartre)

주소: Paroisse Saint-Pierre de Montmartre, 2 Rue du Mont-Cenis, 75018 Paris, France

홈페이지: http://www.saintpierredemontmartre.net

예수교회(Church of the Gesù)

주소: Chiesa del Santissimo Nome di Gesù all'Argentina, 16 Via degli Astalli/Piazza del Gesù, Roma, Italia

홈페이지: https://www.chiesadelgesu.org

예수회 고백자들의 집(이냐시오의 방, Professed House of Jesus)

주소: Camerette di Sant'Ignazio di Loyola, Piazza del Gesù, 45, 00186 Roma, Italia

홈페이지: https://www.chiesadelgesu.org/le-stanze-di-santignazio

박경수

서울대학교 서양사학과(B. A.)를 졸업한 후 장로회신학대학교에서 교역학(M. Div.)과 신학석사(Th. M.) 과정을 마쳤다. 이후 미국 프린스턴신학교에서 교회사로 석사학위를, 클레어몬트대학원에서 종교개혁사 전공으로 박사학위(Ph. D.)를 받았다.

현재 장로회신학대학교에서 교회사 교수로 후학들을 양성하고 있으며, 아시아칼빈학회(회장), 한국칼빈학회, 한국기독교교회협의회 신학위원회, 공적신학과교회연구소, 한국교회사학회 등에서 활동하고 있다.

저서로 『스코틀랜드 교회치리서』, 『인물로 보는 종교개혁사』, 『개혁교회, 그 현장을 가다』, 『종교개혁, 그 현장을 가다』, 『기독교강요 핵심톡톡 Q&A 30』, 『신학 논쟁 핵심톡톡 Q&A 24』, 『종교개혁 핵심톡톡 Q&A 33』, 『박경수 교수의 교회사 클래스』, 『한국교회를 위한 칼뱅의 유산』, 『교회의 신학자 칼뱅』 등이 있고, 이 외에도 다수의 공저와 논문이 있다. 또한 번역서로 『칼뱅의 생애와 작품 세계』, 『여성과 종교개혁』, 『츠빙글리의 생애와 사상』, 『스위스 종교개혁』, 『기독교신학사』, 『초기 기독교 교부』 등이 있다.